黄坤 著

MICROECONOMICS IN SIMPLE TERMS

平话

微观经济学

 经济管理出版社
ECONOMY & MANAGEMENT PUBLISHING HOUSE

图书在版编目（CIP）数据

微观经济学平话/黄坤著 . —北京：经济管理出版社，2024. 5
ISBN 978-7-5096-9545-6

Ⅰ. ①微…　Ⅱ. ①黄…　Ⅲ. ①微观经济学　Ⅳ. ①F016

中国国家版本馆 CIP 数据核字（2024）第 020191 号

组稿编辑：郭　飞
责任编辑：郭　飞
责任印制：黄章平
责任校对：蔡晓臻

出版发行：经济管理出版社
　　　　　（北京市海淀区北蜂窝 8 号中雅大厦 A 座 11 层　100038）
网　　址：www. E-mp. com. cn
电　　话：（010）51915602
印　　刷：唐山玺诚印务有限公司
经　　销：新华书店
开　　本：880mm×1230mm/32
印　　张：11. 375
字　　数：255 千字
版　　次：2024 年 5 月第 1 版　　2024 年 5 月第 1 次印刷
书　　号：ISBN 978-7-5096-9545-6
定　　价：68. 00 元

序

上课铃响了，一个卓别林打扮的瘦小身影快步跨上讲台，教室里一片哗然。黄三少并不开口，只见他左翻右掏，最后不知从哪个口袋里摸出一张崭新的百元大钞。然后，把它交给前排的同学检验其真伪。经过前排 4 位同学的"看、摸、听、测"，他们最终认定这张钞票是真的。黄三少接过钞票，快步走上讲台，面向大家慢慢地把钞票越折越小，最后他向捏着钞票的两根手指吹了口气，那张百元大钞居然消失不见了！不知从何时起，教室里鸦雀无声，同学们张大嘴巴，屏住呼吸，目光在讲台方圆十几平方米一遍遍地扫描，试图能找到失踪钞票的下落……

黄三少满意地踱下讲台，气定神闲地说道：同学们，失去这张钞票会给我带来什么后果？给你们带来什么影响？会不会给国家和国际社会带来麻烦呢？

田甜：钱少了 100 元，您能买的东西会比以前少了。比如，少买几本书，或者少买几件衣服。

黄三少点了点头，送去赞许的目光。

郝浩：您的钱少了对我们来说是件好事儿，因为我们可以买到更多的东西。

黄三少：此话怎讲？愿闻其详！

郝浩：假如原来有 10000 块钱的东西，国家发行了 10000 元的钞票。刚才您把 100 元钞票变没了，钞票少了 100 元，而东西一点都没少。也就是说，剩下的 9900 元钞票可以买到 10000 块钱的东西。所以，除了您之外，所有人都得到了好处。

黄三少：孺子可教也！（向郝浩竖起了大拇指）

薛溪：如果 9900 元的钞票可以买到 10000 块钱的东西，那么东西就变便宜了。比如，本来 1 块钱的东西，现在 9 毛 9 就可以买到了。

黄三少：你们的经济学素养这么好，不会是教务处派来的卧底吧？（笑）大家继续发挥想象力，看看还有什么后果或影响。

项尚：您的膝盖可能会遭殃。

（哄堂大笑）

黄三少俯身摸了摸膝盖，硬硬的，还在；揉一揉，不疼。

薛溪：老师，我们都知道您刚才变的是魔术，钞票并没有真正的消失。如果这张百元大钞被我捡到了。我们还能得到像刚才郝浩说的那种好处吗？

田甜：当然会呀。如果钱能变到我这儿就更好了。

郝浩：肯定不会。因为这 100 元从老师的口袋穿越到薛溪或田甜的钱包，钱并没有凭空消失，也就是说，钱的总数没变，大家也就不会得到我刚才所说的好处。

项尚：有道理！我们得不到好处。老师的钱少了，估计膝盖还得遭罪。

（哄堂大笑）

黄三少：别总惦记我的膝盖。假如这张钞票真正从地球上消失了呢？

薛溪：国家税收会减少吧？因为您的钱少了，交的税也就少了。

郝浩、田甜和项尚恍然大悟，异口同声地说：对，对，对。

黄三少：非也，非也！消失的那100块钱是我的税后收入，也就是说，它的存在与否不会影响我已经缴纳的税收。你们表现得已经非常棒了，大家再想想还有没有什么后果或影响？

同学们转笔、挠头、耸肩、托腮，都做一副江郎才尽的沉思状。

黄三少：假如我一个月税后收入10000元，房贷月供5000元，生活开支4000元，衣服500元，图书500元。现在少了100元，我就要减少某些开支。我可以少买100元的衣服，或者少买100元的图书，或者衣服和图书各少买50元。当然，也可以减少生活开支，等等。这是对我最直接的影响。

同学们：对我们有坏的影响吗？

黄三少：有！假如我少买一件价值100元的衣服，使得生产这款衣服的企业变得无利可图，企业将停止生产这款衣服，那么无论你怎么喜欢它的款式，你都将无法购买到这款衣服。

同学们：有点意思。会给社会带来什么麻烦呢？

黄三少：如果我媳妇偏爱搓衣板，那么我变丢100元的行为就会增加对搓衣板的需求。如果搓衣板是木头做的，那么木材的需求就会相应地增加。随着木材的需求增加，被砍伐的树木就会增多，进而影响到气候变化、农作物的产量、农民的收成、工业品的成本……

项尚：如果搓衣板是塑料做的，那么塑料的需求将会增加，环境污染将会加重，口罩的需求量将会增加……

黄三少：很好！你都会抢答了。另外，由于对搓衣板的需求增加，生产搓衣板的企业利润会增多，工人的收入相应增加，工厂可能会雇佣更多的工人，失业人员的减少可能会增强社会安定……

田甜：经济学太神奇了！老师，您变丢100块钱这点事儿不至于还影响美国人民吧？

黄三少：没错儿！远隔万里的美国人民也会受到影响。现在7.1~7.2元人民币兑换1美元。现在人民币少了100元，人民币对美元的比率（即汇率）是变大还是变小了？

郝浩：变小了，人民币更值钱了。这是好事儿啊！

黄三少：不一定。如果我们从外国买东西，人民币值钱了是好事，因为可以买到更多的东西。如果我们把东西卖给外国人，人民币值钱了，东西也就变贵了，卖得就少了，可能就是坏事了！

薛溪：经济学果然魅力无穷！一张消失的钞票竟然能演化出这么复杂、有趣的故事。除了钱的事儿，经济学还能干点啥？

项尚：经济学能帮我找个女朋友吗？

（哄堂大笑）

黄三少：经济学书里不一定有你的颜如玉，但是它可以解释一些身边的有趣现象。比如，为什么没有多少实用价值的钻石那么昂贵，而对人们至关重要的水却那么便宜？为什么家里的房间整洁干净，而学校的宿舍却不好好收拾？为什么近些年有的地方高学历的人找不到工作，而农民工却成了香饽饽？为什么有的国家富得流油，而有的国家却穷得叮当响呢？

总的来说，经济学是一种思维方式。经济学有什么用，有诗为证：

也许

经济学不能赋予你智慧

但它可以帮助你

把纷扰的世界看得更加清楚

也许

经济学不能让你光宗耀祖

但它可以辅佐你

平履仕途

也许

经济学不能让你发家致富

但它可以告诉你

为什么过得那么清苦

经济学是一箱工具

随时为你服务

有了它

人生即将风雨无阻

以上是我理想的面对面课堂，下文是我梦想的背对背讲座。

是为序。

目　录

第一回　惊鸿一瞥牢记根
——经济学概览

> 丘也闻有国有家者，不患寡而患不均，不患贫而患不安。盖均无贫，和无寡，安无倾。
>
> ——《论语》

现实中，我们这些普罗大众每时每刻不仅患"不均"，还患"寡"。于是乎我们不仅要想方设法把蛋糕做大，还要殚精竭虑地琢磨如何把蛋糕分好。如果短时间内，我们无法把蛋糕做大，或者蛋糕意外融化，那么我们还需要采取精神胜利法减少欲望，让自己学会安贫乐道。如此艰巨的任务，我们怎样才能顺利解决"寡""均"和"安"的问题呢？答曰：学好经济学，问题都解决。

我经常给学生们讲，知识点就像一颗颗珍珠，如果像项链或手链一样把它们串起来，那么这些知识点不仅不会被遗漏，而且很容易被记住。因此，在讲具体内容之前，我们首先来了解一下本书的知识体系。

第一回简单介绍了经济学的基本概念和基本内容，让大家对经济学有一个大致的了解。第二回重点介绍了微观经济学的基础理论——供求理论。供给和需求如何决定均衡价格，以及供需弹性等方面的内容。

第三回、第四回、第五回进一步细化供求理论。第三回讲供求理论的需求方面，主要介绍消费者如何配置其面临的稀缺资源，以实现其效用最大化。第四回和第五回讲供求理论的供给方面，从生产和成本角度分别介绍企业如何配置其稀缺资源，以实现成本既定时产量最大化或产量既定时成本最小化。

在单独介绍完需求和供给，也就是买卖双方之后，第六回、第七回、第八回分别介绍了买卖双方在不同交易场所中相互作用的情况。买卖双方交易的场所就是大家经常听到的"市场"。在经济学中，根据买卖双方交易的标的不同，市场可以分为两大类：产品市场和要素市场。两者最明显的区别是：在产品市场上消费者是买者，企业是卖者；在要素市场上企业是买者，消费者是卖者。

注意：经济学中的要素市场不是大家经常听到的石油、天然气、钢铁、木材和矿石等原材料市场。经济学中的生产要素特指：劳动、资本、土地和企业家才能四种要素[①]。由于要素市场的需求和供给具有不同于产品市场的特征，所以我们将在第八回单独介绍它。

在经济学中，根据市场上买卖双方的数量、对价格的控制力、进出市场的难易程度，以及产品的差异化程度等分类指标，市场

---

① 《中共中央　国务院关于构建更加完善的要素市场化配置体制机制的意见》首次将数据纳入生产要素的范畴。

还可以分为完全竞争市场和不完全竞争市场两大类。不完全竞争市场还可以进一步细分为垄断竞争市场、寡头市场和垄断市场。

以产品市场为例（这是暗含的）①，第六回和第七回分别介绍了在完全竞争市场和不完全竞争市场上买卖双方如何相互作用，以决定均衡价格和均衡数量。

在讲前八回内容时，我们都隐含一个假设，即产品市场之间没有联系，要素市场之间没有联系，产品市场和要素市场之间也没有联系。而现实中，它们之间是密切联系的。第九回则去掉该假设，介绍一般均衡理论，即寻找是否存在一组价格和数量使得所有的产品市场和要素市场都达到均衡状态。如果存在这样一组价格和数量使得所有的市场都实现了均衡，接着就要回答另外一个问题：这个均衡时的资源分配状态是不是有效率。第九回后面的福利经济学将告诉大家：只有完全竞争市场的一般均衡结果是有效率的。也就是说，不完全竞争市场的配置资源是有效率损失的。

除此之外，当存在外部性、公共物品和不完全信息时，市场配置资源也是缺乏效率的。这个时候，政府就要发挥作用，制定经济政策，以纠正"市场失灵"状态。这将是第十回的主要内容。

以上介绍的知识脉络，大家一下子记不住是非常正常的。现在你们只要对它有个大致的了解就行。就像某个景点的导览图，谁也不可能过目不忘，对吧？

---

①　理论上，要素市场也分为完全竞争的要素市场和不完全竞争的要素市场。但是，大多数教科书在介绍完全竞争市场和不完全竞争市场上买卖双方的行为，以及它们相互作用以决定均衡价格和均衡数量时，都默认为买卖双方交易的标的是各种产品。

接下来我们讲第一回。该回主要介绍四个方面的内容：第一，什么是经济学？第二，经济学的昨天、今天和明天。第三，为什么要学习经济学？第四，什么是微观经济学？

就像一千个人眼中有一千个哈姆雷特一样，每个经济学者对经济学都有自己的认识。但是，不管人们眼中的哈姆雷特有多大差异，大家都有一个共识：哈姆雷特是一个为父报仇的丹麦王子。同样地，不管经济学者给经济学下的定义如何不同，它们都会包含一个要点，即经济学是研究如何配置稀缺资源的一门社会科学。换句话说，如果有朝一日我们实现了共产主义，社会商品极大丰富，资源不再稀缺，那时候经济学也就消失了，我也将失业。不过，在我有生之年，经济学这碗饭我还是可以放心地吃。

大家要注意，资源的稀缺性是相对于人类无穷的欲望而言的。正如朱载堉①的这首《不足歌》所描绘的，人类的欲望是多姿多彩、无穷无尽的。

终日奔忙只为饥，才有得食又思衣。置下绫罗身上穿，抬头又嫌房屋低。盖下高楼并大厦，床前缺少美貌妻。娇妻美妾都娶下，又虑出门没马骑。将钱买下高头马，马前马后少跟随。家人招下十数个，有钱没势被人欺。一铨铨到知县位，又说官小势位卑。一攀攀到阁老位，每日思想要登基。一日南面坐天下，又想神仙下象棋。洞宾与他把棋下，又问哪是上天梯。上天梯子未做下，

---

① 朱载堉，朱元璋的九世孙，明代著名的律学家（被后世誉为"律圣"或"乐圣"）、音乐家，中华文化四十先贤之一。

阎王发牌鬼来催。若非此人大限到，上到天梯还嫌低。

　　歌中的主人翁吃饱了，想穿好；穿好了，想住好。吃穿住的问题解决了，他又有了更高级别的需求：美貌的妻子、忠实的仆人，还有出行的宝马良驹。这样人人艳羡的生活，他还不满足，有了钱他还想有权，当官、当皇帝。最后，人间都容不下他的欲望，他就直接升仙了！如果不是阎王及时救驾，估计宇宙都会被他的欲望撑爆！

　　现实中，我们的欲望虽然没有他那么离谱，也是非常大的。闭上眼睛想一想，然后把你的欲望清单列出来，估计会把你自己吓呆。

　　我认为，欲望是对人类最危险的"病毒"，并且具有极强的传染性。更可怕的是，世界上几乎每个人都携带这种尚无解药的"病毒"。

　　话说回来，既然资源的稀缺性是相对的，就会出现两种情形：一是不管你的资源有多少，只要是有限的，你都会面临资源稀缺的问题，因为你的欲望是无限大的；二是不管你的资源有多少，只要你的欲望比它小，你就不会面临资源稀缺的问题。作为平民百姓的我们基本上面临的都是第一种情形。也许只有那些信念坚定的苦行僧们没有资源稀缺之忧。

　　行文至此，我突然悟到一个实现幸福的万能公式：资源≥欲望。我们之所以过得不开心，觉得自己不幸福，从根本上来说是因为我们目前的资源无法满足我们所有的欲望。说到这儿，估计大家都明白了：要想实现幸福，无非两条路：一是披星戴月刻苦学习，朝九晚五辛勤工作，丰富自己的资源①；二是减少自己的欲望。

各位看官，读到这儿你有没有领悟到幸福的真谛？

世界上绝大多数人都是凡夫俗子，所以资源的稀缺性是普遍存在的。只不过每个人缺的东西不一样罢了。有的人缺钱，有的人缺时间，有的人缺少爱……你缺少什么呢？

既然资源对我们绝大多数人来说都是稀缺的，那么我们都将面临一个问题：如何配置我们的稀缺资源，以满足我们的各种欲望②。

配置资源的方式主要有两种：计划和市场。在改革开放之前，我国主要采用计划方式来配置资源。比如，每年按照计划生产粮食、布匹、猪肉和煤油等，然后再按照计划分配给老百姓。改革开放之后，我们逐步地采用市场方式来配置资源。通俗地说，就是通过买卖的方式来配置资源。总的来说，市场比计划能更好地配置稀缺资源，但计划也不是一无是处。今后我们会讲到，在市场失灵的领域，计划可以发挥更好的作用。目前绝大多数国家都同时采用计划和市场来配置稀缺资源。萨缪尔森称这种经济为混合经济。

在对经济学的概念有了大致了解之后，接下来我们介绍经济学

---

① 此处的资源泛指一切可以满足某种欲望的物质或精神财富，比如：金钱、知识、技能、人脉，以及专利、商标、著作权和祖传的"秘方"等知识产权，等等。

② 当然，企业和国家也面临类似的问题。比如，在投入固定的情况下，企业面临着多雇人，还是多买机器的问题；在财政预算确定的情况下，国家面临着补贴哪些行业的战略抉择问题，等等。

的基本内容、基本假设、研究方法和分类。

大家首先要记住一点：我们今后讲到的各种经济理论和经济规律都是基于各种假设条件得到的。其中，最基本的是理性的经济人假设，即假设参与经济活动的每一个人（包括法人）都是完全理性的。换句话说，假设每个人都是自私自利的。

另外一条重要的假设是完全信息假设。这一条很多教科书都没有明确提及。简单来说，完全信息假设是假设参与经济活动的每个人（包括法人）都可以无成本地获取任何与经济决策相关的信息。

如果没有这两条基本假设，绝大多数的经济理论和经济规律都将无法成立。

经济学的研究方法有很多。大家经常看到或听到的主要包括：实证分析与规范分析、边际分析、局部均衡与一般均衡分析、静态分析与动态分析，等等。这些方法介绍起来比较枯燥，等我们用到的时候，再结合例子讲吧。

经济学分类非常多。这里只讲一种最基本的分类，即根据研究，对象经济学可以分为微观经济学和宏观经济学。微观经济学研究企业和个人等单个经济单位如何配置稀缺资源。宏观经济学研究一个国家或地区作为一个经济整体如何配置稀缺资源。其实，我觉得还可以包括中观经济学。这个词很少有人提及。纵向来看，它是产业经济学；横向来看，它是区域经济学。

我们对一个人感兴趣，通常都想探究 TA 的前世今生。如果你对经济学开始有了那么一点点好感，是不是也想知道它的前世今生呢？

　　"经济"一词最早出现在古希腊哲学家色诺芬①的著作《经济论》中，原意是指"家庭管理"。后来许多学者都发表了零零碎碎的经济学方面的观点。直到1776年亚当·斯密出版了《国民财富的性质和原因的研究》（简称《国富论》），经济学才成为一门独立的学科，所以亚当·斯密被誉为经济学之父。这本书刚一出版，就在英国引起了轰动。一位名叫大卫·李嘉图的证券经纪人有一天无意中读到这本书，激发了他对经济学的兴趣，在批判吸收亚当·斯密理论的基础上，于1817年出版了他的代表作《政治经济学及赋税原理》。

　　亚当·斯密和大卫·李嘉图是古典经济学的主要代表人物。古典经济学的主要观点包括劳动价值论，即商品的价格高低是由生产该商品所付出的劳动多少决定的；提出了"看不见的手"可以让自私自利的人相互作用，满足彼此的需求，增加国民财富的观点；他们提倡经济自由主义，希望政府尽可能少地干预经济活动，做一个"守夜人"政府。

　　后来有学者发现，某些商品的价格与其付出的劳动不成正比，这显然违背了劳动价值论。英国的杰文斯、奥地利的门格尔和法国的瓦尔拉斯几乎在同一时间提出了边际效用理论。他们认为，商品的价格应该由最后一单位商品的效用决定。

---

　　① 色诺芬（约公元前430至约公元前355），雅典人，古希腊历史学家、作家和哲学家，苏格拉底的弟子。

1890 年，英国剑桥大学的马歇尔教授将上述三位学者的边际效用论，以及当时流行的供求论、节欲论和生产费用论等综合在一起，提出了一种折中的理论体系。再加上瓦尔拉斯、庇古、克拉克[①]和威克斯蒂德等的新观点，便构成了新古典经济学的理论体系。在完全竞争和充分就业的假定前提下，新古典经济学从供给与需求的角度来分析市场价格，以解决资源在生产上的配置、资源的报酬等问题，建立了一个理想化的资本主义经济模式。

可惜好景不长。19 世纪末 20 世纪初，西方国家出现了垄断现象。这是新古典经济学无法解释的现象。为了解释该现象，张伯伦和罗宾逊夫人分别提出了垄断竞争和不完全竞争理论，试图弥补新古典经济学的漏洞。这是对新古典经济学的第一次修订。

1929 年，西方国家爆发了严重的经济危机。这是新古典经济学没有预料到的，也是无能为力的。1936 年，凯恩斯主义应运而生。他主张政府应该主动干预经济活动，以解决失业和经济周期性波动等问题。这是对新古典经济学的第二次修订。

马歇尔综合之后的边际效用论仍是一种基数效用论。它认为效用可以用 1、2、3、4、5 等基数来度量。为什么一个鸡蛋给你带来的效用是 8 个单位，而不是 800 个单位？这显然很难解释。于是，希克斯提出了序数效用论。他认为，人们可以对其所消费的

---

① 美国经济协会于 1947 年在克拉克诞辰 100 周年之际设立了约翰·贝茨·克拉克奖。该奖项每两年评选一次，入选的基本资格为在美国大学任教、40 岁以下的学者。克拉克奖章被视为诺贝尔奖的重要风向标。据统计，1/3 的克拉克奖获得者后来也获得了诺贝尔经济学奖。巧合的是，首届约翰·贝茨·克拉克奖获得者保罗·萨缪尔森也是美国首位获得诺贝尔经济学奖的经济学家。

商品的效用进行排序，而不必给出具体的效用数值。比如，如果你此时此刻想吃一个苹果，而不是一个馒头，这意味一个苹果的效用大于一个馒头的效用，不用管苹果和馒头的绝对效用到底有多大。显然，序数效用论更符合实际。另外，希克斯还推广并普及了瓦尔拉斯的一般均衡理论。这是对新古典经济学的第三次修订。

第二次世界大战之后，西方国家要恢复经济。学者们对要不要国家干预经济展开了争论。以萨缪尔森为首的美国经济学家逐步创立了新古典综合派。该学派将新古典经济学以及对它的三次修订融合起来，将研究个量问题的经济学称为微观经济学，将研究总量问题的经济学称为宏观经济学。微观经济学以充分就业为前提，宏观经济学则研究不同就业水平下的经济问题。换句话说，微观经济领域不要国家干预，宏观经济领域国家应该干预。此前不可调和的矛盾变成了一个理论体系的不同方面。

20 世纪 70 年代以后，西方国家出现了经济滞胀，即经济停滞和通货膨胀并存的现象，这是新古典综合派无法解释的经济现象。为了解释该现象，许多经济学家纷纷提出了自己的观点。影响比较大的有以弗里德曼为首的货币主义和以卢卡斯为代表的理性预期学派。另外还有新凯恩斯主义、新剑桥学派、供给学派、新奥地利学派，等等。我把这种局面称为"群雄争霸"。

后来，经济学研究开始分散，出现了众多分支。比如，制度经济学、博弈论、计量经济学、产业经济学、区域经济学和环境经济学等。

这就是经济学一路走到今天的大致历程。有兴趣的同学可以读一读《经济思想史》。

随着人工智能、区块链、云计算和大数据的发展，经济学将面临一场大的革命。有的学者认为，这些技术甚至会颠覆经济学。这部分内容还不成熟，我就不多讲了。只举几个例子。比如，机器人将会在越来越多的岗位上替代人类，这将带来新的失业问题。再比如，有了大数据和3D打印技术，产品的定制化将成为趋势，这将改变当前的流水线式的批量生产模式。由于产品都是个性化的，企业只要按需生产，然后交付即可。而现在的大多数产品都是企业先生产出来，然后再拿到市场上去卖。如果不好卖，还要打广告、搞营销，等等。

阅读至此，有些人可能有些不耐烦了，愤而问曰：你唠唠叨叨数千字，来句痛快话，学习经济学到底有啥用？换句话说，我们为什么要学习经济学？

学习经济学好处多，各位兄台且听我慢慢说。

我们先看看著名的经济学家是怎么说的。琼·罗宾逊[①]曾经说过："我们学习经济学的目的，只是为了懂得如何不被经济学家所

---

① 琼·罗宾逊就是前面曾提到的罗宾逊夫人，她提出了不完全竞争理论，修订了新古典经济学。她曾经是最有希望获得诺贝尔经济学奖的女经济学家。2009年，埃莉诺·奥斯特罗姆成为首位获得诺贝尔经济学奖的女经济学家。之前，经济学圈内人士曾戏称获得诺贝尔经济学奖需要具备两个必要条件：一是活得足够长，因为诺贝尔奖只颁发给活着的人；二是必须是男性，因为2009年之前所有的诺贝尔经济学奖获得者都是男性。2019年艾丝特·杜芙若成为第二位获得诺贝尔经济学奖的女经济学家，也是目前最年轻的诺贝尔经济学奖获得者。

蒙骗。"

如果你经常读书、看报、关注经济新闻，你可能会发现专家们的观点经常相互矛盾。比如，前几年有的学者建议国家取消住房公积金制度，以降低企业的负担，而更多的学者反对取消住房公积金制度，认为此举并不会真正降低企业的负担。那到底谁是对的呢？学了经济学之后，你也许就会有自己的判断，不再被经济学家们的观点所左右。

萨缪尔森认为："在人的一生中，你永远都无法回避无情的经济学真理。"因此，每个人都应该学点经济学。萨缪尔森说得比较含蓄、抽象。

下面我们来看看另外一位畅销书的作者曼昆是如何看待这个问题的。他认为：

（1）学习经济学有助于了解我们所生活的世界。比如，学了经济学之后，你就会明白：为什么牛奶盒子是方的，而可乐瓶子是圆的；为什么小广告总出现在车站附近的电线杆子上，而且这些小广告都是"刻章""办证"之类的；为什么你现在用的微信、支付宝和百度地图等 App 都是免费的；等等。

（2）经济学的学习会使人更精明地参与经济活动。比如，经济学可以帮你找到更好的工作。如果你毕业之后去创业，经济学将有助于你招聘更合适的员工，以最低的成本生产出最受欢迎的产品，赚取最多的利润。如果你去搞投资，经济学也会帮助你赚更多的钱。

（3）经济学会使人们更加理解经济政策的潜力与局限性。举个例子，为了缓解公共卫生事件对经济的影响，国家会鼓励网络消费。学了经济学，你就会明白该项政策会对人们的工作和生活产生哪些影响，包括好的和不好的。

读到这儿，你有没有嘴角下意识地轻蔑一笑：迂腐之至也！简单的问题复杂化。这个问题哪有那么复杂。为什么要学习经济学，因为这门课是必修的，我没得选择！（此处应该有共鸣的掌声！）你说的当然没错儿！不知你有没有想过，为什么《经济学》这门课会成为财经类专业的必修课？显然不是为了经济学老师们的饭碗，而是为了把你们培养成一个个优秀的财经人才。

对于"为什么要学习经济学？"这个问题，我同意以上著名经济学家的观点。为了激发大家的学习兴趣，我写了一首打油诗：

经济学的作用

也许

经济学不能赋予你智慧

但它可以帮助你

把纷扰的世界看得更加清楚

也许

经济学不能让你光宗耀祖

但它可以辅佐你

平履仕途

也许

经济学不能让你发家致富

但它可以告诉你

为什么过得那么清苦

经济学是一箱工具

随时为你服务

有了它

人生即将风雨无阻

现在还剩下最后一个问题，也是和我们这门课最直接相关的问题：什么是微观经济学？

微观经济学研究单个经济单位如何配置其面临的稀缺资源，以实现其经济利益最大化。其研究对象是企业和个人，或者说是企业和消费者。研究内容就是企业和个人的生产和消费决策。主要理论包括：均衡价格理论、效用理论、生产理论、竞争理论、分配理论、一般均衡和福利、市场失灵和微观经济政策。这些理论我们今后会讲到，这里就先不介绍了。

在讲具体内容之前，我们对微观经济学先来一个鸟瞰。这也是一个最基本的经济模型。

大家别一听模型就头皮发麻，眼前浮现的都是 X、Y、α 和 β 之类的数学符号。其实，模型就是对现实的一种简单抽象，它可以用数学公式来表达，也可以用图形、语言来表达。从图 1-1 可以看到：在产品市场上，消费者是需求方，企业是供给方；产品从企业流入到消费者，而资金从消费者流入到企业。在要素市场上，消费者是供给方，企业是需求方；要素从消费者流入到企业，而资金从企业流入到消费者。这就是高度简化的微观经济学，是不是非常简单！

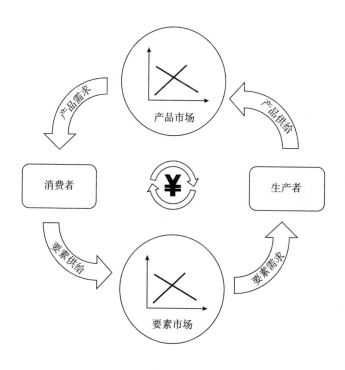

图1-1 微观经济学示意图

好了，第一回的内容到这里就讲完了。下面有一道思考题，大家可以停下来想一想，调动你的小宇宙做一做。请记住：你是一位理性的经济人！

　　思考题：动动你聪明的脑袋瓜尝试回答以下问题：第一个问题，一瓶550毫升的石井山泉在校园超市卖1.88元，在禾木超市卖1.18元，在沙漠应该卖多少钱？为什么？第二个问题，假如一瓶石井山泉可以喝50口，价值1.5元，你喝下一口后，剩下的矿泉水值多少钱？如果那一口是一位你崇拜的偶像或令你神魂颠倒的世界明星喝的，那么剩下的矿泉水又值多少钱？为什么？

　　经过一番烧脑的思考之后，你可能有了上述问题的答案。根据我多年的教学经验，你可能记住了我的忠告——你是一个理性的经济人。但是，你却掉进了一个名曰"常识"的陷阱里。这是怎么回事儿呢？你们听我讲一个故事就明白了。

　　假如有一天你听从内心的召唤，想来一次说走就走的沙漠徒步旅行。经过一番研究，你最终选定了一条从未关—京儿雪的网红线路。在某个良辰吉日，你背着充足的干粮和水以及必要的装备，雄赳赳气昂昂地出发了，一路风平沙静，喝着可乐，唱着歌，就到了第一个补给点——沙如雪。受某些事件的影响，补给站的人已经一个多月没看到会说话的动物了，见到你格外亲近，硬是请你吃了碗泡面。你觉得来而不往非礼也。临走时，你浏览了一下满满的货架，决定买瓶水意思一下。一问你差点儿惊掉了下巴！一瓶550毫升的石井山泉才1块钱！你不动声色地买了10瓶，然后悄悄地离开了。可你高兴没多久，就发现自己犯了一个巨大的错误！那额外的10瓶水耗费了你过多的体力。等你蹒跚着来到第二个补给点——风来晚时，水还够。你看着落满沙土的空货架，有气无力地随口问了一句："石井山泉多少钱一瓶？""550毫升的100，

5 升的 1000。"你立刻满血复活微笑着再次出征，心中暗自庆幸上次的英明。当你奄奄一息地爬到第三个补给点——柳下客时，你基本上水尽粮绝。你掏出仅剩的 1000 元准备买 10 瓶时，却被告知石井山泉 10 元一瓶。此时你被太阳晒得半生不熟的脑袋可能就彻底糊了：为什么沙漠里的一瓶矿泉水价格变化那么大呢？"走出沙漠，听一听黄三少在 B 站讲的《微观经济学》你就明白了"！一位中年男子漫不经心地答道。

故事讲到这里，你应该明白了：沙漠里一瓶水的价格不仅取决于有多少人买，更取决于有多少水可以卖？你们的常识告诉你们沙漠里水资源比较稀缺，所以沙漠里的水"应该"比较贵，可能是 2 元、10 元、100 元、100 万元，甚至无穷大。可是，思考题中并没有给出这个暗含的假设，即沙漠里的水资源是稀缺的。因此，今后你们在回答经济学问题时，一定不要不自觉地附加"额外"的假设！

大家不要气馁，经济学家也经常犯这种错误。

对于第二个问题，我估计你答得不错。自己喝完的水基本不值钱，而偶像或明星喝过的水可能值很多钱。同样是一瓶喝过的剩水，价格为啥会差那么多呢？因为一瓶水的价格不仅取决于多少水可卖，更取决于有多少人愿意买。

推而广之，一种商品的价格是买卖双方共同决定的。预知买卖双方如何决定交易价格请听下回分解。

要点回顾

本回主要勾勒了经济学的轮廓，让读者对经济学有一个大致的了解。首先重点介绍了经济学的概念，指出稀缺资源的相对性和普遍性；其次简要回顾了经济学的前世今生，交代了经济学主要流派的大致演进；再次引用著名经济学家的言论说明学习经济学的好处；最后借用经济学的一个基本模型对微观经济学进行了惊鸿一瞥。本回要点如下：

（1）经济学是一门研究如何配置稀缺资源的社会科学。根据研究对象的不同，经济学通常分为微观经济学和宏观经济学。

（2）微观经济学以单个经济单位（家庭、企业和单个市场）为考察对象，运用个量分析方法，研究单个经济单位的经济行为以及相应的经济变量如何决定，分析的是资源配置问题。由于资源配置在市场经济中是通过价格机制决定的，故微观经济理论又被称为价格理论。

（3）宏观经济学以整个国民经济活动为考察对象，运用总量分析方法，研究社会总体经济问题以及相应的经济变量如何决定，研究这些经济变量的相互关系。这些变量中的关键变量是国民收入，因此宏观经济理论又被称为国民收入决定理论。

（4）经济学的基本假设包括理性的经济人假设和完全信息假设。

（5）经济学的研究方法主要有规范分析和实证分析、局部均衡分析和一般均衡分析、边际分析、静态分析和动态分析，等等。

（6）资源的稀缺性是相对于人类无穷的欲望而言的。世界上几乎所有人都面临资源稀缺问题，换句话说，资源的稀缺性是普遍存在的。稀缺资源的分配方式主要有计划和市场两种。目前世界上绝大多数国家都同时采用计划和市场两种方式来配置稀缺资源，萨缪尔森称这种经济为混合经济。

第二回　供需均衡把价稳

——需求、供给、市场均衡和弹性

人心惟危，道心惟微，惟精惟一，允执厥中。

——《尚书·大禹谟》

程颐曰："不偏之谓中，不易之谓庸。中者，天下之正道；庸者，天下之定理。"朱熹认为，《中庸》是孔门传授心法之作。由此可见，中庸之道是儒家文化的精髓之一。

照葫芦画瓢。经济学中的中庸之道可以这样表述：不多不少谓之中，权衡取舍谓之庸。中者，各种经济力量之均衡；庸者，各个参与主体之优化。经济学中最重要的均衡就是供需均衡。这就是萨缪尔森为什么说"教会鹦鹉说'供给'和'需求'，鹦鹉也能成为经济学家"的原因所在。

本回主要介绍五个方面的内容：第一，买方的需求；第二，卖方的供给；第三，买卖双方如何相互作用决定均衡价格和均衡数量，并考察某个市场条件的变化对市场均衡的影响；第四，市场的供求对价格等因素变化的反应程度，即供给弹性和需求弹性；第五，考察政府出于良好意愿的价格政策。

首先，我们要搞清楚需求的定义。一种商品的需求量是指消费者在一定时期内愿意而且能够购买的该种商品的数量。也就是说，经济学意义上的需求等于日常所说的"需要"加上支付能力。

大家还记得那首《不足歌》吗？里面提到的豪宅深院和宝马良驹等很多东西都是我们需要的，如果我们买不起它们，那么它们就不属于经济学意义上的需求。

鱼我所欲也，熊掌亦我所欲也。鱼买得起，需求是也。熊掌买不起，乃欲望也！

话说回来。这里的"一定时期"根据统计的目的不同，可以指一天、一周、一个月、一个季度或者一年。

在明白了需求的含义之后，你是不是想知道一种商品的需求量会受哪些因素影响呢？通常包括如下六种因素：商品的当期价格、相关商品的价格、商品的预期价格、消费者的收入、消费者的偏好和消费者的人数。

"商品的当期价格"里的"当期"是我特意加上的，大多数教科书都没有"当期"二字。如果不加，同学们很容易和商品的预期价格搞混淆。一般来说，商品的当期价格高，买的人就少，即需求量小。相反的情况下，需求量就大。这是妇孺皆知的道理。但是，后面会讲到一种罕见的特殊商品——吉芬物品①，它的价格越高，需求量反而越大。

要知道"相关商品的价格"如何影响商品的需求量，首先要

---

① 19世纪英国学者罗伯特·吉芬在爱尔兰观察到一个现象：当土豆价格上涨的时候，人们消费更多的土豆。这个现象就是著名的"吉芬悖论"，土豆这种商品当时被称为"吉芬物品"。后来吉芬物品泛指一切价格与需求量同向变动的商品。

搞清楚,"相关商品"指的是什么?相关商品一般分为两类:一是它的替代品,即它和所考察的商品可以相互替代以满足消费者的某种需求,比如,苹果和橙子都能满足消费者对维生素C的需求;二是它的互补品,即所考察的商品必须和它一起消费才能满足消费者的某种需求,比如,燃油汽车和汽油或柴油就是一对互补品。

接下来,我们以替代品或互补品的价格上涨为例,考察它们的价格变动对所考察商品需求量的影响。

当橙子的价格上涨时,根据前面的分析可知,消费者对橙子的需求量会减少。为了摄入足量的维生素C,消费者必定会增加苹果的需求量。当汽油价格上涨时,消费者对汽油的需求量会怎么样?肯定会减少,对吧?由于汽油变贵,消费者可能考虑购买电动汽车,从而减少对燃油汽车的需求量。

综上所述,替代品的价格上涨,商品的需求量增加;互补品的价格上涨,商品的需求量减少。反之,替代品的价格下降,商品的需求量减少;互补品的价格下降,商品的需求量增加。

商品的预期价格。如果你预计苹果明天会涨价,你今天会多买还是少买点苹果呢?没错,会多买点。相反的情况也是一样。推而广之,商品的预期价格上涨,需求量增加,预期价格下降,需求量减少。

消费者的收入。一般来说,消费者的钱越多对商品的需求量越大。有"一般"就有"特殊",后面我们会讲到的"低档物品"就会随着消费者收入的提高,需求量反而会减少。大家先知道有这么一类特殊的商品即可,等我们讲到它的时候再详细讲。

消费者的偏好。这个比较好理解。你越喜欢的东西当然会买得越多啦!

消费者的人数。许多教科书里讲消费者的人数越多需求量越大。我觉得这个解释不太严谨,因为它们附加了一个假设:消费者是一模一样的,用经济学的行话来说就是假设消费者是同质的。现实中,3 个人买的苹果可能比 300 个人买的都多。这一点大家知道就可以了。

刚才我们从理论上分析了影响商品需求量的因素。现实中,对商品需求量影响最大的,或者说最重要的,还是商品的当期价格。因此,大多数教科书通常将需求定义为:

一种商品的需求是指在其他因素不变的条件下,消费者在一定时期内在各种可能的价格下愿意而且能够购买的该种商品的数量。

为了更好地刻画价格和需求量之间的关系,经济学家发明了三种工具:需求表、需求曲线和需求函数。需求表和需求曲线分别以表格和几何图形的形式直观地呈现出价格和需求量之间的关系。它们只能刻画价格和需求量之间的关系。

我们知道,影响需求量的因素不仅有商品的当期价格,还有消费者收入和相关商品的价格等因素。需求函数则可以考察所有影响因素对需求量的影响。但是,它不够直观。

需求函数的隐函数,一般是长这样的:

$$Q^d = f(p, p_i, p_e, M, U, N, O) \qquad (2-1)$$

括号内的字母表示各种影响因素,其中,p、p_i 和 p_e 分别表示商品的当期价格、相关商品的价格和商品的预期价格,M 表示消费者的收入，U 表示消费者的偏好，N 表示消费者的人数，O 表示其他因素。

如果只考虑价格对需求量的影响，那么需求函数就简化为：

$$Q^d = f(p) = a - bp \qquad (2-2)$$

为了更好地理解需求表、需求曲线和需求函数之间的联系，我们来看一个例子。假设某种商品的需求情况如表 2-1 所示。

表 2-1　某种商品的需求情况

价格	1	2	3	4	5
需求量	50	40	30	20	10

其实，这个表格就是该商品的需求表。把表格里的需求信息，绘在坐标系里就得到该商品的需求曲线，如图 2-1 所示。

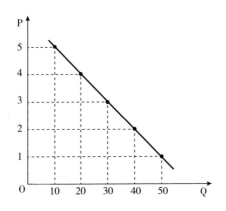

图 2-1　某商品的需求曲线

另外，根据需求表的信息，我们还可以求出该商品的需求函数为：

$$Q^d = 60 - 10P \qquad\qquad (2-3)$$

仔细观察需求曲线，大家有没有发现：需求量和价格之间是反方向变动的关系，即价格上涨，需求量减少；价格下降，需求量增加。这就是传说中的需求定律。

如果你把需求曲线多看几眼，会不会发现它有点熟悉的陌生感呢？恭喜正在埋头苦读的你，答对了！作为自变量的价格出现在了纵轴，而作为因变量的需求量沦落到了横轴，这违背了函数绘图的惯例。我敢于在这里大张旗鼓地说这个事儿，肯定不是我画错了。那是为什么呢？这是因为价格是经济学中最重要的变量，把它放到纵轴可以更好地观察它的变化。这句话的深意你们可能慢慢才能体会到。

值得提醒的是，现实中的需求曲线更多的是曲线，而不是直线。那为什么大多数教科书中的需求曲线通常画的都是直线呢？原因有二：一是直线型的需求曲线比较简单，因为两点就可以得到一条直线；二是直线型的需求曲线有很多重要的、令经济学家着迷的特质，这一点我们今后会讲到。

接下来，我们来区分两个重要的概念：需求量的变动与需求的变动。

需求量的变动是指在其他条件不变时，由商品当期价格变动引起的需求数量的变动。再次强调一下，是商品的"当期"价格，而不是"预期"价格的变动。需求量的变动在图形上表现为需求点沿着同一条需求曲线移动，简称"线上移动"。

如图 2-2（a）所示，当价格为 P_1 时，需求量为 Q_1，对应于需求曲线上的 A 点。当价格由 P_1 降到 P_2 时，需求量由 Q_1 增加到 Q_2，需求点沿着需求曲线 D 从 A 点移动到 B 点。这就是需求量的变动。

一字之差的"需求的变动"是指当商品的当期价格不变，由于其他因素引起的需求数量的变动。特别强调的是商品预期价格的变动引起的需求数量的变动属于需求的变动而不是需求量的变动。需求的变动在图形上表现为需求点在不同的需求曲线上移动，简称为"线的移动"。

如图 2-2（b）所示，当价格为 P_1 时，需求量为 Q_1，对应于需求曲线 D_1 上的 A 点。假如随着消费者收入的提高，需求曲线由 D_1 移动到 D_3，需求点由 A 点移动到 B 点。如果由于商品预期价格下降，需求曲线由 D_1 移动到 D_2，需求点则由 A 点移动到 C 点。这就是需求的变动。

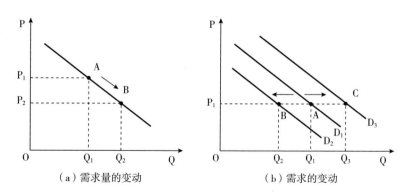

（a）需求量的变动   （b）需求的变动

图 2-2　需求量的变动和需求的变动

综上所述，需求量的变动，图形中只有一条需求曲线；需求的变动图形中有多条需求曲线。

在搞清楚需求的概念、需求表、需求曲线、需求函数，以及需求量的变动与需求的变动的区别之后，接下来我们讲供给的概念、供给表、供给曲线、供给函数，以及供给量的变动与供给的变动的区别。

首先我们讲供给的定义。一种商品的供给量是生产者在一定时期内愿意而且能够提供出售的该种商品的数量。这里是"生产者"愿意而且能够提供"出售"的商品数量。而前面讲的需求是"消费者"愿意而且能够"购买"的商品数量。注意两者之间的区别。两者的联系是都有"愿意而且能够"。这里的"愿意而且能够"是指想卖而且有东西可卖。

相信大家都读过杜甫的《茅屋为秋风所破歌》，诗中有两句是这么写的"……安得广厦千万间，大庇天下寒士俱欢颜……"写下这些诗句时，诗圣自己风雨无阻的茅屋都被没了，哪有千万间的广厦提供给其他人呢？所以，这就不属于"愿意而且能够"提供商品，只是一种虚无缥缈的美好愿望罢了。

而此时此刻，我愿意给正在阅读的你们提供经济学教育服务，而且我也有能力提供这种服务。这就属于"愿意而且能够"提供商品。多说一句，服务也可以视为一种商品。有些经济学书上把商品和服务并列，也有些经济学书籍中只写商品。这时候它们就把服务视为一种商品。

在明白了供给的含义之后，你是不是想知道一种商品的供给量会受哪些因素影响呢？

一般来说，一种商品供给量的大小通常受到商品的当期价格、生产成本、技术水平、相关商品的价格、预期和生产者的人数六种因素的影响。

商品的当期价格。以前些年被热炒的"蒜你狠"为例，看到大蒜价格疯涨，农民伯伯纷纷把留着自家吃的陈年老蒜拿到集市上去卖，农产品企业相继打开仓库大量出售大蒜。简而言之，随着大蒜价格的上涨，大蒜的供给量将增加①。

生产成本。在商品价格给定的条件下，生产成本越高，企业的利润越低，企业不愿意多卖，即减少供给量。如果企业的利润率保持不变，生产成本越高，价格也就越高，可以预见买的人必然会少，所以企业也会减少供给量。简而言之，生产成本越高，供给量越小。

技术水平。一般来说，随着技术水平的提高，企业的生产成本会降低。有的同学可能会举双手反对，理由是他上初中时用的手机才 1000 多块钱，现在好一点的手机都四五千元了。鉴于目前手机企业之间竞争比较激烈，企业不可能有暴利，这从侧面反映了企业的生产成本应该增加了，而不是降低了！首先，我向这位同学的思考和推理投去赞许的目光！（透过文字，你感觉到了

---

① 补充一点：由于大蒜等农产品的种植具有季节性，所以大蒜的当期价格上涨时，大蒜供给量的增加只能来自于农民和农产品企业的库存。通常情况下，今年大蒜的好收成会激发农民会在下一年度扩大大蒜的种植面积，进而增加下一年度的大蒜供给量。注意，一般来说，价格上涨，供给量增加中的"供给量"指的是商品的当期供给量。

吗?)但是,我不得不指出,他的分析有一个致命的漏洞,即附加了一个假设:两部手机是一个模子刻出来的。用经济学的行话来说就是:假设两部手机是同质的。现实中,两个手机的差异是巨大的。比如,屏幕的大小、处理器的速度和摄像头的个数,等等。刚才我们讲过,生产成本降低通常会使企业增加供给量。因此,技术水平越高,供给量越大。

相关商品的价格。相关商品的价格影响供给量的逻辑是这样的:假设某商品的相关商品价格上涨,相关商品的需求量将减少。如果相关商品是该商品的替代品,那么该商品的需求量将增加。在其他条件不变的情况下,该商品需求量的增加将导致其价格上涨,进而激发企业增加该商品的供给量。如果相关商品是该商品的互补品,那么该商品的需求量将减少。在其他条件不变的情况下,该商品需求量的减少将导致其价格下降,进而促使企业减少该商品的供给量。这个逻辑链条较长,故相关商品的价格对某商品供给量的影响通常有一定的时滞。

预期。注意,这里的"预期"不是商品的预期价格,而是对未来前景的预期。如果前景比较乐观,就增加供给;否则就减少供给。这是妇孺皆知的道理。我就不唠叨了。

生产者的人数。像分析"消费者的人数"对需求量的影响一样,如果假设生产者是同质的,那么生产者的人数越多,供给量就越大。如果没有这个假设,那么该结论就有可能不成立。比如,存在3家企业提供的商品数量多于3000家企业提供该种商品数量的情形。

像"需求"一样，在诸多影响供给量的因素之中，商品的当期价格是最重要的，也是经济学家最关心的，所以通常将一种商品的供给定义为：在其他因素不变的条件下，生产者在一定时期内在各种可能的价格下愿意而且能够提供出售的该种商品的数量。

与需求类似，为了更好地刻画价格和供给量之间的关系，经济学家也发明了三个工具：供给表、供给曲线和供给函数。

为了更好地理解供给表、供给曲线和供给函数之间的联系，我们来看一个简单的例子。假设某种商品的供给情况如表2-2所示。

表2-2　某种商品的供给情况

价格	2	3	4	5	6
供给量	0	20	430	60	80

实际上，这个表格就是该商品的供给表，将表格里的供给信息绘在坐标系里就得到该商品的供给曲线，如图2-3所示。

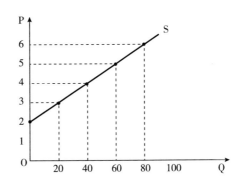

图2-3　某种商品的供给曲线

大家有没有发现这部分内容与需求的相应内容差不多，只不过把"需求"换成了"供给"而已。供给函数通常表示为：

$$Q^s = f(p, p_i, E, C, T, N, O) \tag{2-4}$$

其中，p、和 p_i 分别表示商品的当期价格和相关商品的价格，E 表示预期，C 表示生产成本，T 表示技术水平，N 表示生产者的人数，O 表示其他因素。

如果只考虑价格对供给量的影响，那么供给函数将简化为这种常见形式：

$$Q^s = f(p) = c + d \times P \tag{2-5}$$

另外，根据供给表的信息，我们还可以求出该商品的供给函数：

$$Q^s = -40 + 20P \tag{2-6}$$

根据供给表和供给曲线，我们可以很直观地看出，价格和供给量之间是同向变动关系。这就是传说中的供给定理。这里插一句，大家还记得：价格和需求量之间是什么关系吗？没错儿！反向变动关系。

接下来，我们来区分一对重要的概念：供给量的变动与供给的变动。这部分内容同样与需求的相应内容非常类似。区别只在于：需求曲线向右下方倾斜，而供给曲线向右上方倾斜。因此，我简单总结一下：供给量的变动是供给点沿着同一条供给曲线移动，简称线上移动。如图 2-4（a）所示，当价格从 P_1 升至 P_2 时，供给点沿着供给曲线从 A 点移动到 B 点。供给的变动是供给点在不同的供给曲线之间移动，简称线的移动。如图 2-4（b）所示，当

价格为 P_1 时，由于生产技术水平的提高，供给曲线由 S_1 移动到 S_3，供给点便由 A 点移动到 C 点。或者由于生产成本的提高，供给曲线由 S_1 移动到 S_2，供给点则由 A 点移动到 B 点。

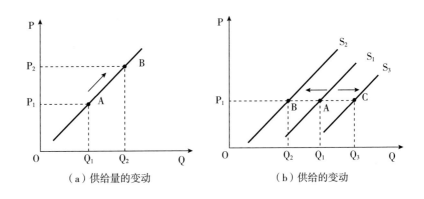

（a）供给量的变动　　　　　（b）供给的变动

图2-4　供给量的变动和供给的变动

行文至此，我们已经单独介绍了本回的两个主角——需求和供给，接下来我们将介绍供给和需求如何决定均衡价格，并考察某个市场条件的变化会对市场均衡产生怎样的影响。

经济学中的"均衡"是一个从物理学引入的概念。在物理学中，均衡是指一个物体同时受到几个方向的外力作用而合力为零时，该物体所处的静止或匀速直线运动的状态。

在经济学中，均衡是指有关变量在一定条件的相互作用下，所达到的一种相对静止的状态。如果没有其他因素影响，该状态将一直保持下去。换句话说，该状态没有内在的变革倾向。或者说，缺乏自我否定的动力。

　　根据该状态所覆盖的范围，可以分为局部均衡和一般均衡。局部均衡就是指某个或某些市场实现了均衡。一般均衡则是所有的市场都实现了均衡。

　　在经济学中，供给和需求是影响均衡最主要的力量。为了简化分析，在随后的内容里，我们将主要考察供需两种力量如何决定均衡。因此，我们将市场均衡界定为市场供给和市场需求相等的一种状态。该状态下的价格和数量是今后屡屡提及的均衡价格和均衡数量。在几何图形上，市场均衡表现为供给曲线和需求曲线的交点。

　　如图 2-5 所示，供给曲线和需求曲线的交点 E 就是均衡点，对应的 P^* 和 Q^* 就是均衡价格和均衡数量。在此状态下，想卖的都卖了，想买的都买了，也就是很多经济学书籍中所说的"市场出清了"，即没有人卖不完，也没有人买不到，所以买卖双方都没有动力主动背离这个状态。这就是刚才说的"没有内在的变革倾向"。

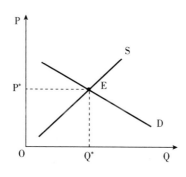

图 2-5　市场的均衡价格和均衡数量

有的同学可能会问，如果一开始的价格不是均衡价格会怎么样呢？这是一个含金量很高的问题！给你点个赞！如图 2-6 所示，假如现在的价格是高于均衡价格的 P_1，此时需求量是 Q_1，而供给量是 Q_3。这时候会出现供大于求的情形，存在有一定的过剩量。也就是说，有一部分东西卖不掉。如果企业想把这部分过剩量卖掉，它应该怎么办？估计你们会异口同声地说：降价促销！随着价格的下降，过剩量会越来越少，直到价格降为 P^*，过剩量减少到零，市场又回到了均衡状态。

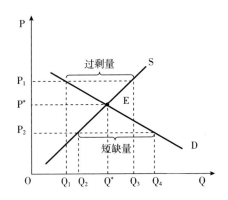

图 2-6　市场均衡的自动恢复

如果当前的价格是低于均衡价格的 P_2，此时需求量是 Q_4，而供给量是 Q_2。这时会出现供不应求的情形，即存在一定的短缺量。也就是说，有一部分人买不到东西。商品如此抢手，企业当然不会错过发财的机会。现在不涨价更待何时。随着价格的上涨，短缺量会越来越少，直到价格上涨到 P^*，短缺量减少到零，市场也回到了均衡状态。很神奇吧?！这个神奇的规律就是供求规律，即不管最初的市场价格是高于还是低于均衡价格，在供求两种力量的共同作用下，市场价格终将会自动恢复到均衡价格。

大家有没有注意到供求规律发挥作用时，坐标系里供给曲线和需求曲线都只有一条。也就是说，当商品的当期价格发生变化时，商品的供给量和需求量会发生变动，但均衡点只有一个。

接下来的问题是：如果商品的非当期价格之外的因素发生变化，使得供给曲线或需求曲线发生位移，或者两者同时发生位移，那么商品的价格还会自动恢复到原来的均衡点吗？

答案是绝大多数情况下，不能！为什么呢？下面我来解释一下。把大象关进冰箱需要三步。我们分析均衡变动也需要三步：第一步，要明确所考察的事件是使供给曲线移动还是需求曲线移动，还是两者都移动。第二步，确定需求曲线或供给曲线的移动方向。第三步，用供求图说明该移动如何改变均衡价格和均衡数量。

为了方便记忆，我把它们简化为三问：谁在动？往哪儿动？动了谁？

为了让大家更好地理解分析均衡变动的三个步骤，我们来举个例子。假如我们想考察非洲猪瘟对国内猪肉价格和消费量的影响。

第一步，我们要确定非洲猪瘟会影响国内猪肉市场的供给还是需求，还是两者都影响。非洲猪瘟让一些猪病死了，而不是改变了你对猪肉的态度，所以它会影响国内猪肉的供给，而不是需求。

第二步，确定非洲猪瘟会减少还是增加国内猪肉市场的供给。非洲猪瘟会让母猪死掉，而不是让公猪下崽，所以它会减少国内猪肉市场的供给。

第三步，非洲猪瘟减少了国内猪肉市场的供给，那么这会对国内猪肉的价格和消费量产生什么影响呢？也许有的同学已经急不可耐地想问我：老师，您是不是三个月没吃肉了？猪肉价格都涨翻天了，您都不知道啊？这位同学说的现实情况我是知道的。但是，理论上还有很多其他可能，且听我一一道来。

第一种情景：供给不变，需求变动对均衡价格的影响。以苹果市场为例，如图 2-7（a）所示，假设苹果市场的初始均衡价格是 P_0，均衡数量是 Q_0。随着人们健康意识的增强，"一天一个苹果，医生将远离我"，人们对苹果的需求将增加，在图形上表现为需求曲线向右移动。由于供给不变，新的均衡价格上涨到 P_1，新的均衡数量增加到 Q_1。

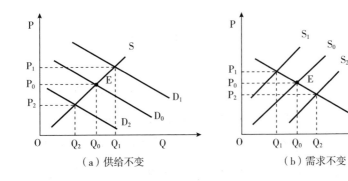

（a）供给不变　　　　　　　（b）需求不变

图 2-7　市场均衡的变化

当然，也可能是另外一种情形，比如苹果的替代品橘子的价格下降了，人们将多买橘子少买苹果，在图形上表现为需求曲线向左移动。同样，由于供给不变，新的均衡价格由 P_0 降到 P_2，新的均衡数量由 Q_0 减少到 Q_2。简而言之，当供给不变时，需求增加使得均衡价格上涨，均衡数量增加，反之亦然。

第二种情景：需求不变，供给变动对均衡价格的影响。仍以苹果市场为例，如图 2-7（b）所示，假设初始的均衡价格是 P_0，均衡数量是 Q_0。随着苹果种植技术水平的提高，或者当年风调雨顺，再加上蜜蜂的勤奋，苹果的产量增加，在图形上表现为供给曲线向右移动。由于需求不变，新的均衡价格下降到 P_2，新的均衡数量增加到 Q_2。

同样，也可能是另外一种情况，比如，今年风不调雨不顺，又碰上隔壁的油菜花把蜜蜂迷晕，苹果的产量下降，在图形上表现为供给曲线向左移动。同样，由于需求不变，新的均衡价格由 P_0 上涨到 P_1，新的均衡数量由 Q_0 减少到 Q_1。简而言之，当需求不变时，供给增加使得均衡价格下降，均衡数量增加，反之亦然。

综上所述，我们得到著名的供求定理：当供给不变时，需求的变动引起均衡价格和均衡数量同方向变动；当需求不变时，供给的变动引起均衡价格反方向变动，均衡数量同方向变动。

前文我们单独分析了供给和需求只有一个可变的情形，接下来我们考察第三种情景：供需同时可变时，均衡价格和均衡数量会发生怎样的变化。

　　仍以苹果为例。如图2-8所示,假设初始的均衡价格为P_0,均衡数量为Q_0。如果苹果的需求和供给同时增加,新的均衡价格由P_0上涨到P_1,新的均衡数量由Q_0增加到Q_1。那我们是不是可以照葫芦画瓢,得出结论:是否供需同时增加时,均衡价格上涨,均衡数量增加,反之亦然呢?

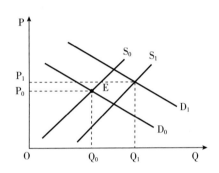

图2-8　供需同增时市场均衡的变化

　　答案是否定的,因为供需两者同时发生变化时,均衡结果会变得非常复杂。供给和需求同时增加,除了图2-8所描述的情形还有可能出现,均衡价格不变和均衡价格下降情形,这取决于供给增加量和需求增加量的相对大小。

　　继续刚才的例子,如果苹果的供给和需求的增加量恰好相等,那么苹果的均衡数量毫无疑问会增加,但均衡价格却保持不变!我相信你们一定可以举一反三。有兴趣的看官可以自己照葫芦画瓢,尝试画一画其他情形,比如供需同减或一增一减的情形。

在搞清楚了供需决定均衡价格和均衡数量，以及均衡的变动后，我们接下来讲经济学中一块非常重要的内容——弹性。

像"均衡"一样，"弹性"也是经济学从物理学引入的一个概念。在物理学中，弹性是指物体在外力作用下发生形变，当外力撤销后能恢复到原来大小和形状的性质。在经济学中，弹性表明当一个经济变量发生1%变动时，所引起另一个经济变量变动的百分比。弹性的计算公式如下：

$$e=\frac{\Delta Y/Y}{\Delta X/X}=\frac{\Delta Y}{\Delta X}\times\frac{X}{Y} \tag{2-7}$$

翻译成大白话就是：弹性等于因变量的变动比例除以自变量的变动比例。一般来说，只要两个经济变量之间存在函数关系，我们就可以用弹性来表示因变量（Y）对自变量（X）变化的反应敏感程度。

在经济学中，最重要的弹性主要有供给弹性和需求弹性。需求弹性包括需求的价格弹性、交叉价格弹性和收入弹性。供给弹性中人们主要关注供给的价格弹性。因此，今后如果没有特别说明，供给弹性指的就是供给的价格弹性。

不管是供给弹性还是需求弹性，根据价格变动的范围，弹性还可以分为弧弹性和点弹性。

弧弹性：

$$\widehat{e}=\frac{\Delta Y/Y}{\Delta X/X}=\frac{\Delta Y}{\Delta X}\times\frac{X}{Y} \tag{2-8}$$

点弹性：

$$e = \lim_{\Delta X \to 0} \frac{\Delta Y/Y}{\Delta X/X} = \frac{dY/Y}{dX/X} = \frac{dY}{dX} \times \frac{X}{Y} \tag{2-9}$$

我们可以从它们的计算公式看出，两者都是两个分式相乘，其中第二个分式是相同的。两者的区别在于第一个分式。弧弹性考察的是因变量在一段弧上的变化量除以自变量的变化量，而点弹性考察的是某点的斜率。今后我们会看到，在某些特殊的情况下，两者是相等的。

在对弹性有了基本的了解之后，接下来我们隆重介绍一下经济学中最重要的弹性——需求的价格弹性。它的全名是需求的当期自价格弹性。

需求的价格弹性表示在一定时期内一种商品的需求量变动对于该商品的价格变动的反应程度。或者说，它表示在一定时期内一种商品的价格变化1%时所引起的该商品的需求量变化的百分比。计算公式如下：

$$e = -\frac{\Delta Q/Q}{\Delta P/P} = -\frac{\Delta Q}{\Delta P} \times \frac{P}{Q} \tag{2-10}$$

需求的价格弹性也有点弹性和弧弹性之分。它们的计算公式是不是有点眼熟？没错儿！它们与刚才介绍的点弹性和弧弹性的通用公式长得比较像。

需求价格的弧弹性：

$$\widehat{e}_d = -\frac{\Delta Q/Q}{\Delta P/P} = -\frac{\Delta Q}{\Delta P} \times \frac{P}{Q} \tag{2-11}$$

需求价格的点弹性：

$$e_d = \lim_{\Delta p \to 0} -\frac{\Delta Q}{\Delta P} \times \frac{P}{Q} = -\frac{dQ}{dP} \times \frac{P}{Q} \qquad (2\text{-}12)$$

只不过把因变量 Y 变成了需求量 Q，把自变量 X 变成了价格 P。另外多了一个负号。为什么要加负号呢？这是因为一般情况下需求量与价格呈反向变动关系，即价格上涨需求量减少，价格下降需求量增加。这意味着公式中的 ΔQ 和 ΔP 的符号是相反的，再加上 P 和 Q 都是正数，如果不加负号，那么计算出来的需求价格弹性就是一个负数。我们知道，单纯比较两个负数，绝对值大的数小于绝对值小的数。比如，−5<−3。而需求价格弹性的大小一般只关注绝对值。因此，为了表述方便，也避免产生歧义，大家习惯性地在需求价格弹性的公式中加入了负号①。

在终于搞明白了负号添加的意义之后，我还有几句话要交代一下。我也准备把你们的疑惑提前化解。你们将来可能会遇到这种情形，即考题中没有明确告诉你是求弧弹性还是求点弹性。在这种情况下，如果题干中有从某个价格变动到另外一个价格的信息，那么就采用弧弹性的计算公式。如果题干给出了需求函数，那么就采用点弹性的计算公式。一会儿我们会讲到。

在线性需求函数下，两个公式计算的结果可能是相等的。注意，我这里说的是"可能"而不是"一定"，为什么呢？这就牵涉

---

① 值得注意的是，并不是所有教科书的需求价格弹性的计算公式中都加入了负号。这下估计你们更糊涂了，那我们考试时怎么办？不用凉拌！看书下菜，即学校指定教科书中加了负号，你考试时也加，否则就不加。

到第二个问题：弧弹性计算公式中的 P 和 Q 到底选择弧的哪一个端点对应的价格和需求量呢？因为选择的端点不同，弧弹性的大小是不一样的。

为了更好地理解点弹性和弧弹性以及它们之间的关系，下面我们来看一个例子[①]。

假设某商品的需求函数为 $Q_d = 2400 - 400P$，相应的需求曲线如图 2-9 所示，求需求曲线上 ab 这段弧的价格弹性。

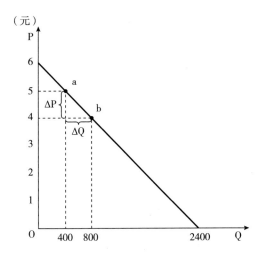

图 2-9　某商品的需求曲线

如果价格从 a 点的 5 元降到 b 点的 4 元，相应的需求量由 400 增加到 800。将起点 a 的价格 P=5 和需求量 Q=400 代入弧弹性的

计算公式，得到该商品的需求价格弧弹性为5。如果价格从b点的4元涨到a点的5元，相应的需求量由800减少到400，将起点b的价格P=4和需求量Q=800代入弧弹性的计算公式，得到该商品的需求价格弧弹性为2。由此我们可以看到，弧弹性的大小与起点的选择有关。

为了解决这个问题，有些学者建议采用中点法，即取两个端点价格和需求量的均值$\overline{P}$和$\overline{Q}$代替公式中的P和Q。如果采用中点法计算，价格和需求量的变动量不变，价格和需求量取两个端点的均值，得到该商品的需求价格弧弹性为3。

接下来，我们看看需求曲线上a点和b点的点弹性。

根据需求函数$Q_d=2400-400P$，我们可以得到$dQ/dP=-400$，如果不知道为啥等于-400，请移步《高等数学》学习一下导数的知识。如果求a点的点弹性，把a点对应的P=5和Q=400，以及刚刚求得的$dQ/dP=-400$代入点弹性的公式，得到a点的需求价格弹性为5。

同理，把b点对应的P=4和Q=800，以及$dQ/dP=-400$代入点弹性的公式，求得b点的需求价格弹性为2。

大家注意到了吗？从a点开始的ab段的弧弹性等于a点的点弹性，从b点开始的ab段的弧弹性等于b点的点弹性。简而言之，在线性需求情形下，如果采用起点法来计算弧弹性，那么弧弹性等于起点的点弹性。注意，如果采用中点法计算弧弹性，那么弧弹性就不再等于某个端点的点弹性了。这就是我刚才说的。在线性需求函数的情形下，弧弹性和点弹性可能是相等的，而不是一定相等。

在刚才的例子里，a 点和 b 点在同一条线性需求曲线上，dQ/dP 是相同的，所以两者的弹性大小只与它们的 P 和 Q 有关，换句话说，只与它们所处的位置有关。a 点比 b 点的位置高，弹性也比较大。那么是不是由此可以得出推论：在同一条线性需求曲线上，点的位置越高，弹性越大。

以 C 点为例，根据点弹性的计算公式，结合图 2-10 来验证一下该推论的正确性。

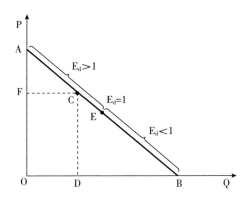

图 2-10　需求价格弹性的几何求法

在线性需求曲线的情形下，dQ/dP 也是需求曲线的斜率。我们知道，通常一条直线的斜率还等于它与横轴的夹角的正切值。特别需要注意的是，需求曲线的纵坐标是自变量 P，横坐标是因变量 Q，所以需求曲线的斜率等于它与纵轴的夹角的正切值。具体分析如下：

$$E_d = -\frac{dQ}{dP} \times \frac{P}{Q} = \frac{BD}{CD} \times \frac{CD}{OD} = \frac{BD}{OD} = \frac{BC}{AC} = \frac{OF}{FA} \tag{2-13}$$

从 C 点弹性的这个几何表达式很容易看出，C 点的位置越高，其弹性越大，因为 C 点越高，FO 越大，即分子越大，而 AF 越小，即分母越小，其比值自然越大。由此推论得证。

接着说，既然 C 点的位置越高，弹性越大，那么进一步推论就很容易得到：需求曲线与横轴相交的 B 点的需求价格弹性等于 0，AB 的中点 E 的需求价格弹性等于 1，需求曲线与纵轴相交的 A 点的需求价格弹性无穷大，BD 段的需求价格弹性介于 0 和 1，DA 段的需求价格弹性大于 1。

有的看官看到这儿，可能心里会犯嘀咕：我们辛辛苦苦忙活半天，整出这些结论有啥用呢？别着急，用处马上就来了。

刚才我们比较了同一条需求曲线上不同点的弹性大小，接下来我们比较一下同一个点在不同的需求曲线上的弹性大小。

根据刚才辛苦推导出来的点弹性的几何公式，我们是不是很容易地得到 E 点在那条比较细的需求曲线上的弹性等于 OF/FA。同理，我们可以轻易地得到 E 点在那条比较粗的需求曲线上的弹性等于 OF/FC。由图 2-11 可以看出，FC 的长度大于 FA 的长度。因此，我们可以得出结论：E 点在平缓的需求曲线上的弹性大，而在陡峭的需求曲线上的弹性小。推而广之，商品的需求曲线越陡峭，其弹性越小；越平缓弹性越大。

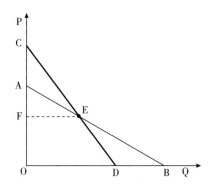

图 2-11 不同需求曲线的弹性大小比较

值得注意的是，如果是两条需求曲线相比，一定是对应的点进行比较。什么是对应的点呢？就是价格变动范围一致的。比如，都是价格在 5 元附近发生一个微小的变动。

费劲把舞台道具准备好，大戏终于要上演了。需求的价格弹性之所以备受万般宠爱，是因为它与企业的销售收入有着千丝万缕的联系。

下面我们来看第一幕：薄利多销。

每逢佳节必剁手，不管家里有没有？出门更衣挠乱头，家中零食永不够。

不知大家有没有注意到：不管是"光棍节"还是"女神节"，打折促销力度比较大的都是衣服、零食和化妆品之类。为什么呢？因为它们通常都是富有弹性的商品，而富有弹性的商品的价格与销售收入呈反方向变动关系。这是怎么回事呢？我们来看图 2-12（a）。

假如一件你放到购物车 5 天 21 小时 13 分 14 秒的商品在某个节日价格从 P_1 降到 P_2，需求量从 Q_1 增加到 Q_2，我们看看企业的销售收入会发生什么变化？当价格为 P_1 时，企业销售收入为矩形 P_1AQ_1O 的面积。当价格降到 P_2 时，企业销售收入变为矩形 P_2BQ_2O 的面积。为了更直观地看出价格下降前后企业销售收入的变化，我们把价格下降前后企业销售收入的相同部分去掉，剩下的矩形 CBQ_2Q_1 的面积表示因降价增加的销售收入等于多卖的商品 (Q_2-Q_1) 乘以降价后的价格 P_2，剩下的矩形 P_1ACP_2 面积表示因降价减少的销售收入等于每一单位商品的降价幅度 (P_1-P_2)，乘以降价后卖出的商品数量 Q_1。现在我们可以很明显地看到剩下的矩形 P_1ACP_2 的面积大于剩下的矩形 P_1ACP_2 的面积，也就是说，价格从 P_1 降到 P_2 后，企业的销售收入反而增加了。这就是刚才所说的，价格与销售收入呈反向变动关系。

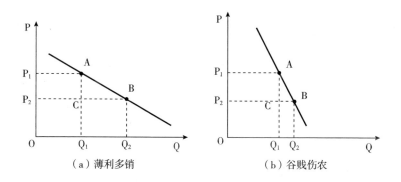

图 2-12　弹性大小与企业收益的关系

听到这儿，你在恍然大悟的同时，是不是也有点被欺骗的感觉？表面上人家把你当公主，实际上你是人家的奴仆。在这种情况下，我一般都是这么安慰"被骗"的公主：如果一件衣服你认为值 188 元，平时卖 168 元，降价促销后你花 118 元就买到了，你觉得自己被骗了吗？俗语云：与人方便，与己方便。如果你不让商家赚钱，人家哪有义务向你提供吃喝玩乐的商品呢？

接着看，第二幕：谷贱伤农。

风调雨顺庄稼好，今年收成创新高；疲惫未消愁绪闹，谷贱伤农谁有招？

俗话说，有困难找政府！时而见诸报端的大白菜烂在地里，西瓜倒在沟里，苹果都喂猪了等新闻里，往往都有政府帮着卖的身影。为什么会出现丰产不丰收的情况呢？因为通常农产品的需求价格弹性都是缺乏弹性的，而缺乏弹性的商品的价格与销售收入呈同方向变动关系。因农产品丰产导致供给大幅度增加，在需求变化不大的情况下，价格自然会下降，进而导致农民的收入减少。

以小米为例，如图 2-12（b）所示最初的均衡价格为 P_1，均衡数量为 Q_1。假如今年风调雨顺，农民管理也到位，小米丰产了，供给曲线向右移动，均衡价格变为 P_2，均衡数量变为 Q_2。我们来看一下价格变化前后农民的销售收入发生了什么变化。

当价格为 P_1 时，农民的收入为矩形 P_1AQ_1O 的面积。当价格降到 P_2 时，农民的收入变为矩形 P_2BQ_2O 的面积。为了更直观地看出价格下降前后，农民的收入变化，我们也把价格下降前后企业销售收入的相同部分去掉，剩下的矩形 CBQ_2Q_1 的面积表示因降价增加的销售收入等于多卖的商品（Q_2-Q_1）乘以降价后的价格 P_2，剩下的矩形 P_1ACP_2 面积表示因降价减少的销售收入等于每一单位商品的降价幅度（P_1-P_2），乘以降价后卖出的商品数量 Q_1。现在我们可以很明显地看到剩下的矩形 P_1ACP_2 的面积小于剩下的矩形 P_1ACP_2 的面积。也就是说，价格从 P_1 降到 P_2 后，农民的收入反而减少了。这就是刚才所说的价格与销售收入呈同向变动关系。

在搞清楚谷贱伤农的道理之后，我们来解开另外一个疑问：为什么政府会出手救农民呢？除了社会主义的优越性之外，还有保护农民的种粮积极性，以维护国家的粮食安全。如果农民受到了伤害无人搭理，他一怒之下发誓再也不种粮食了，那么今后全国人民可能就要喝西北风了。有的同学可能会说，国内农民不种了，那就进口粮食呗。如果一个国家的粮食依赖进口，在和平年代当然问题不大，一旦发生不测，那后果将是不堪设想的！

你们在若有所悟之后，是不是又会突发奇想：今后农民卖不出去的东西国家都买了。不能让农民受苦受累还流泪！就像杜甫分房一样，空有一腔美好的愿望是不行的，还得有实力。因国家财力有限，只能收储粮食和猪肉等战略储备物资，所以才有西瓜、大白菜和苹果烂在地里的新闻。

综上所述，如果不摸清商品需求价格弹性的脾气，商家就制定价格，很可能会遭殃的。比如，对于富有弹性的商品，采取涨价的策略，反而会减少销售收入。缺乏弹性的商品如果采取降价促销的策略，那将会产生东施效颦的效果。

前文我们隆重介绍了需求价格弹性大于 1 和小于 1 两种比较重要的情形。有兴趣的看官，可以尝试分析需求价格等于 1 的情形，此时不管商家采取哪种价格政策，它的收入都不会发生任何变化。

总的来说，商品的需求价格弹性和销售收入有着密切的联系。如果商家没有搞清楚所卖商品的需求价格弹性的属性，那么它就不可能获得最多的销售收入。立志成为商业大亨的你肯定想急切地知道：如何判断一种商品的需求价格弹性的类型呢？换句话说，有哪些因素影响商品的需求价格弹性呢？

别急，且听我慢慢道来。

（1）商品的可替代性。一般来说，商品的可替代性越高，它的需求价格弹性就越大。为什么呢？因为商品的可替代性高，意味着它很容易被替代。比如，我经常提到的苹果的可替代性就非常高。如果苹果变贵了，很多人们就会买橙子或其他富含维生素 C 的水果，所以苹果的需求价格弹性比较大。这个比较容易理解。

（2）商品用途的广泛性。这个不太好理解。我想了又想，编了又编，还是没有找到特别恰当的例子。我们暂且以手机为例试试，看看大家能不能明白。有的看官可能马上会说，手机除了接打电话，发个微信，上个网，还有啥功能？我觉得至少还有以下功能：压个泡面、砸个核桃、当个镜子，晚上照个亮，碰到一条恶犬还能当个板砖用。这样看来，手机就是一件多功能的商品。当手机很便宜时，你可能会买六部手机，分别用来打电话、压泡面、砸核桃、照镜子、做手电和当板砖。如果手机变贵，你就减少手机不重要功能的需求。比如，不再买手机压泡面和砸核桃。如果商品的功能少，比如香烟只能用来抽，当香烟价格上涨了，烟民们没法减少香烟其他功能的需求。总结一下：一般来说，商品的功能越多，它的需求价格弹性越大；功能越少，需求价格弹性越小。

透过文字我看到微笑着缓缓摇头的你可能会说，香烟的需求价格弹性小是因为烟民吸烟上瘾离不开香烟，和香烟的功能多少应该关系不大。此时，我除了投去钦佩的目光，只能补充一句：一种商品的需求价格弹性大小是诸多因素综合的结果。为了方便理解，我们才逐个讲述。

（3）商品对消费者生活的重要程度。这个例子比较好找，我几年前就想好了（一笑）。食盐是对我们非常重要的商品。不管食盐有多贵，我们都要买，因为一段时间不吃盐，我们就会变成白毛女或白毛男了。无论食盐有多便宜，我们都不能多吃，因为吃多了会得甲亢病。因此，食盐的需求价格弹性非常小。同理，如果一件商品对你来说可有可无，价格略微上涨，你就会大幅度减少对它的需求。也就是说，它的需求价格弹性比较大。

总结一下：商品对人们的生活越重要，它的需求价格弹性越小。反之，就越大。注意，同一件商品对不同的人来说，重要程度可能不同，那么它的需求价格弹性也就不同。经济学中的大多数结论都是针对大多数情况而言的。用行话来说就它们描述的是均值时的情形。

（4）消费支出在消费者预算总支出中所占的比重。名字比较长，道理却很简单。2 元一斤的青菜，涨价 50%，也就 3 元一斤，你一般不会减少购买量，因为买菜的支出占你消费总支出的比重比较小。一辆汽车 20 多万，涨价 5%，就贵了 1 万多，你很可能就不买了，因为买车支出占你预算支出的比重比较大。简单来说，花钱多的商品弹性大，花钱少的商品弹性小。

（5）消费者调节需求量的时间窗口。举个例子，流行性感冒期间口罩价格上涨了，如果给你 10 天的时间去寻找口罩的替代品，你基本找不到。这意味着口罩价格即使大幅度上涨，口罩的需求量也不会大幅度减少，也就是说口罩的需求价格弹性比较小。如果给你调节需求的时间是 10 年，那么你就非常有可能找到口罩的替代品，此时口罩的需求价格弹性就比较大。

总结一下：消费者调节需求量的时间窗口越长，商品的需求价格弹性越大。简单来说，就是给你留的选择时间越长，商品的需求价格弹性越大。

终于送走了弹性家族的大明星——需求的价格弹性，现在我们稍微介绍一下两个配角——需求的交叉价格弹性和收入弹性。

先来看需求价格弹性的孪生兄弟——需求的交叉价格弹性。需求的交叉价格弹性是在一定时期内一种商品的需求量变动对于相关商品价格变动的反应程度。

$$e_{XY} = \frac{\Delta Q_X / Q_X}{\Delta P_Y / P_Y} = \frac{\Delta Q_X}{\Delta P_Y} \times \frac{P_Y}{Q_X} \qquad (2-14)$$

它与需求的价格弹性有两点不同：一是公式前的负号没有了，因为需求的交叉价格弹性可正可负，也就没有必要画蛇添足了；

二是 Q 和 P 都多了下标，因为 Q 是 X 商品的需求量，而 P 是相关商品 Y 的价格，所以要加下标区分一下。

大家还记得吗？相关商品包括替代品和互补品。前面我们从内涵上给它们做了区分。现在可以用需求的交叉价格弹性来区分。如果两种商品的需求交叉价格弹性大于零，那么它们就互为替代品。比如，苹果的价格上涨，橘子的需求量增加，所以它们的需求交叉价格弹性大于零。如果两种商品的需求交叉价格弹性小于零，那么它们就是一对互补品。比如，燃油汽车的价格上涨，燃油汽车的需求量下降，进而对石油的需求量减少，所以它们的需求交叉价格弹性小于零。如果需求的交叉价格弹性等于零，它们之间就没有关系，因为一种商品的价格变化，对另一种商品的需求量没有任何影响。

接着看另外一个配角——需求的收入弹性。

需求的收入弹性是在一定时期内某种商品需求量变动对消费者收入量变动的反应程度。

$$e_M = \frac{\Delta Q/Q}{\Delta M/M} = \frac{\Delta Q}{\Delta M} \times \frac{M}{Q} \qquad (2-15)$$

由式（2-15）可知，它与需求的价格弹性有两点不同：一是公式前的负号没有了，因为需求的收入弹性可正可负，也就没有必要六个指头挠痒痒——多一道了；二是价格 P 换成了收入 M（Money）。需求的收入弹性除了可以衡量需求量对消费者收入变动的反应程度，还可以对商品进行分类。比如，根据需求收入弹性的正负，把商品分为正常品和低档物品或劣等品。根据收入弹性是大于 1 还是小于 1，正常品又可以分为奢侈品和必需品。

这里强调一下：低档物品或劣等品，并不是低劣物品或假冒伪劣商品，而是消费等级比较低。也就是说，低档物品属于收入低的时候买的多，收入高了买的少的商品。比如，馒头和土豆①，有钱人家谁还吃馒头，都改吃面包了！

此外，需求的交叉价格弹性和收入弹性也有点弹性和弧弹性之分。

最后压轴登场的是供给的价格弹性。

供给的价格弹性表示在一定时期内一种商品供给量变动对该商品价格变动的反应程度。

$$\widehat{e}_s = \frac{\Delta Q / Q}{\Delta P / P} = \frac{\Delta Q}{\Delta P} \times \frac{P}{Q} \tag{2-16}$$

$$e_s = \lim_{\Delta p \to 0} \frac{\Delta Q}{\Delta P} \times \frac{P}{Q} = \frac{dQ}{dP} \times \frac{P}{Q} \tag{2-17}$$

它与需求的价格弹性的区别也有两点：一是公式前的负号没有了，因为一般来说供给和价格是同向变动关系，供给的价格弹性通常为正。二是公式左边的 e 加了下标 s，强调是供给的价格弹性。同样，供给的价格弹性也有点弹性和弧弹性之分。它们的公式与需求的价格弹性公式差不多，这里我就不多介绍了。

类似地，如果供给曲线是直线，在同一条供给曲线上，不同点

---

① 这里多交代一句：同一种商品对不同的人来说，可能属于不同等级的商品。以馒头为例，对于视金钱如粪土的富人来说，馒头属于低档物品；对于喜欢吃面食的北方百姓来说，馒头属于必需品；对于常年处于缺衣少食状态的乞丐来说，一个完整的馒头可能就是奢侈品。

的供给价格弹性也是不同的。供给曲线或其延长线与横轴的交点越靠左，即越接近于原点，供给价格弹性越大；越靠右，即越远离原点，供给价格弹性越小；在原点左边，供给价格弹性大于1，和原点重合，供给价格弹性等于1，在原点右边，供给价格弹性小于1。

对于不同的供给曲线来说，供给曲线越陡峭，其供给价格弹性越小，垂直的供给曲线的供给价格弹性等于0，与横轴平行的供给曲线的供给价格弹性无穷大。

弹性这一幕演完之后，接下来，上演的是魔术——"看不见的手"和"看得见的手"。

前文我们讲过，价格机制这只"看不见的手"可以传递资源的稀缺情况，协调整个社会的经济活动，使得资源达到最优化配置。还讲过，如果市场价格最初偏离均衡价格，那么价格机制会促使它自发地回到均衡价格。我们知道，世界上没有完美的事物。价格机制也有它的缺陷，比如，它以完全竞争市场为前提。我们后面会讲到，如果背离了这个假设会导致市场失灵，即市场配置资源是没有效率的。为什么呢？我们暂且不表。即使市场没有失灵，"看不见的手"配置的结果也可能是不合意的。在这种情况下，"看得见的手"——政府就要出场了。这里单说政府对市场均衡价格不满意的情形。

通常，政府的价格政策分为两类：一类是最高限价政策，是指政府规定某种产品的最高价格；另一类是最低限价政策，是指政府规定某种产品的最低价格。大家一定要记住：最高限价总是低于均衡价格，最低限价总是高于均衡价格。至于为什么，我一会儿再解释。

在生活中，我们生病要打针吃药。俗话说，是药三分毒。同样，政府针对不合意价格开出的药方——价格政策（包括最高限价和最低限价）也有副作用。它们会有哪些副作用呢？

我们先看最高限价的情形。在生活中我们经常会遇到各类票贩子，也就是"黄牛党"。比如，明星的演出票，重要场次的足球和篮球门票，等等，都属于"黄牛党"的经营项目。国家三令五申，打击力度也是越来越大，为啥倒票现象还是屡禁不止呢？我们来分析一下。大家开动你聪明的脑袋瓜想一想：这些票的供给和需求都有啥特点？答曰：需求比较大，而供给相对较少。就是通俗所说的，供不应求。实际上，供给不仅少，而且基本上是固定的，即供给曲线是垂直的。因此，在图 2-13（a）中，我把供给曲线画成垂直的了。

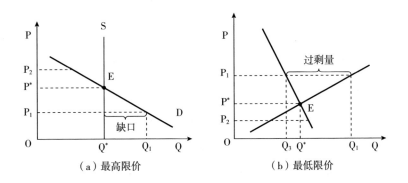

（a）最高限价　　　　　　（b）最低限价

图 2-13　限价政策的效应

由图 2-13（a）可知，如果政府不管，看不见的手使得均衡价格等于 P^*，均衡数量等于 Q^*。如果政府觉得 P^* 的价格太高了，损害了人民的利益，或者不利于安定团结，那么政府就会出台最高限价政策。假如经过一番测算政府认为，最高价格等于 P_1 是比较合适的，这时候供给量是 Q^*，需求量是 Q_1，有一部分供需缺口。嗅觉灵敏的"黄牛党"马上就嗅出了其中的商机：只要搞到票，每一张票至少可以获得 P^*-P_1 的收入。在暴利的驱使下，"黄牛党"便开启了冒险之旅，通过各种不正当的渠道，搞到票，然后转手把它们高价卖掉。

俗语又云：有钱能使鬼推磨。只要利润够高，"黄牛党"就不会消亡。

如果国家规定的最高限价不是 P_1，而是高于均衡价格的 P_2，会出现什么情况？商品供大于求，有一部分过剩？No，No，No！注意国家规定的是最高价格！在这种情况下，"看不见的手"会使得价格回到均衡价格 P^*。这意味着政府的最高限价政策会失效。所以前面我强调：最高限价一定要低于均衡价格。

最后我们看最低限价的情形。现实中最低限价的情况相对来说是比较少见的。最典型的例子是国家以保护价收购农民余粮。这会产生什么副作用呢？

如图 2-13（b）所示，在没有政府干预的情况下，市场的均衡价格等于 P^*，均衡数量等于 Q^*。如果政府觉得 P^* 的价格太低了，有损农民的种粮积极性，危害国家的粮食安全，那么政府就会出台最低限价政策。假如又经过一番测算，政府认为最低价格等于P_1是比较合适的，这时候供给量是Q_3，需求量是Q_1，有一部分过剩量。政府把这部分过剩量买下来不就皆大欢喜了吗？怎么会有副作用呢？因为今年农民热烈感受到了党和国家的温暖，明年以播种更大面积粮食的方式来报答党和政府，那么可以预计明年过剩的粮食会更多。如果国家继续以保护价收储，那么后年过剩的粮食会更多。如此这般，终有一年这项政策会把国家财政拖垮的。这就是最低限价政策的副作用。

类似地，如果国家规定的最低限价不是P_1，而是低于均衡价格的P_2，会出现什么情况？没错儿！在这种情况下，看不见的手会使得价格回到均衡价格P^*。这意味着政府的最低限价政策会失效。所以前面我也强调了：最低限价一定要高于均衡价格。

子曰："学而不思则罔，思而不学则殆。"各位看官，阅读至此，你们有没有思考过一个问题，不，是两个问题：需求曲线为什么向右下方倾斜？而供给曲线向右上方倾斜？欲知第一个问题的详细解释，请听下回分解。而第二个问题的答案则要等到第四回、第五回、第六回来分解。

要点回顾

本回主要介绍了需求和供给、市场均衡及其变化，需求弹性和供给弹性，以及政府的限价政策。首先介绍了需求的概念、影响需求的主要因素、需求表、需求曲线、需求函数、需求量的变动与需求的变动的区别；其次介绍了供给的概念、影响供给的主要因素、供给表、供给曲线、供给函数、供给量的变动与供给的变动的区别；再次分析了需求和供给如何决定均衡价格和均衡数量，以及市场条件发生变化后，市场均衡会发生怎样的变化；又次后详细讲解了需求的价格弹性、交叉价格弹性、收入弹性和供给的价格弹性；最后简要介绍了政府通常采用最高限价和最低限价的价格政策。本回的要点如下：

（1）需求是在每一价格水平下消费者愿意而且能够购买的商品数量；影响需求量的因素主要包括商品的当期价格、预期价格，相关商品的价格，消费者的收入、偏好和人数；需求量的变动是商品的当期价格变动引起的需求数量的变动，在图形上表现为线上运动，需求的变动是除了商品当期价格之外的因素变动引起的需求数量的变动，在图形上表现为整条需求曲线的移动。

（2）供给是在每一价格水平下生产者愿意而且能够提供的商品数量；影响供给量的因素主要包括商品的当期价格，技术水平，生产成本，预期和生产者人数；供给量的变动是商品的当期价格变动引起的供给数量的变动，在图形上表现为线上运动，供给的变动是除了商品当期价格之外的因素变动引起的供给数量的变动，在图形上表现为整条需求曲线的移动。

（3）当供求相等时市场便实现了均衡。如果市场价格最初偏离了均衡价格，那么在供求力量的共同作用下，价格自动恢复到均衡价格。注意：这里供给曲线和需求曲线都没有发生位移。如果某个市场条件发生变化，使得需求曲线或供给曲线发生位移，或者使得两者都发生位移，那么均衡价格和均衡数量至少有一个会发生变化。

（4）弹性包括点弹性和弧弹性，两者的主要区别在于弹性公式的第二项是起始点的价格和数量还是它们的价格均值和数量均值；若商品的弹性大于1表示该商品是富有弹性的，弹性小于1表示该商品是缺乏弹性的，弹性等于1表示该商品具有单位弹性。

（5）正常物品的需求价格弹性大于零，吉芬物品的需求价格弹性小于零；若需求价格弹性大于1，降价可以增加企业的收益，可以解释"薄利多销"现象；若需求价格弹性小于1，则涨价可以增加企业的收益，可以解释"谷贱伤农"现象。

（6）如果需求曲线为直线，那么同一条需求曲线上不同点的弹性大小不同，且离纵轴越近的点弹性越大；对于不同的需求曲线，需求曲线越平缓弹性越大，越陡峭弹性越小。

（7）若两种商品的需求交叉价格弹性大于零表示它们之间是替代关系；若两种商品的需求交叉价格小于零表示它们之间是互补关系；若两种商品的需求交叉价格弹性等于零表示它们之间没有关系。

（8）若某种商品的需求收入弹性小于零，表示该商品属于低档物品；若需求收入弹性大于零且小于1，表示该商品属于必需品；若需求收入弹性大于1，表示该商品属于奢侈品。

（9）如果供给曲线是直线，那么同一条供给曲线上不同点的供给弹性大小不同，且供给曲线或其延长线与横轴的交点越接近于原点，供给价格弹性越大；越远离原点，供给价格弹性越小；交点在原点左边，供给价格弹性大于 1，交点和原点重合，供给价格弹性等于 1，交点在原点右边，供给价格弹性小于 1。对于不同的供给曲线来说，供给曲线越陡峭，其供给价格弹性越小。

（10）最高限价一定要低于均衡价格，最低限价一定要高于均衡价格。最高限价通常会导致"黄牛党"现象出现，最低限价通常会带来生产过剩，增加财政负担。

第三回 鱼和熊掌愁煞人

——消费者的最优消费决策

> 鱼，我所欲也；熊掌，亦我所欲也。二者不可得兼，舍鱼而取熊掌者也。生，亦我所欲也；义，亦我所欲也。二者不可得兼，舍生而取义者也。
>
> ——《孟子·告子上》

如果你手头宽裕，神通广大，味道鲜美的鱼和营养丰富的熊掌都可以满足你的口腹之欲。如果你武艺高强、富可敌国或者拥有尚方宝剑，取义也许就不必舍身。换句话说，在日常工作生活中，我们之所以面临种种艰难抉择，是因为我们的各类预算总是捉襟见肘。如果短期内，我们的预算（或稀缺资源）无法增加或者说是固定的，那么我们该如何进行选择以让自己感到最满意呢？第三回将主要回答该问题，即消费者在面临预算约束的情况下如何进行最优的消费决策。具体包括：第一，基数效用论下消费者实现均衡的条件；第二，序数效用论下消费者实现均衡的条件；第三，解释需求曲线为什么向右下方倾斜，并推导出需求曲线；第四，在不确定的环境下做出消费决策时用到的一些基本知识。

不管是基数效用，还是序数效用，它们都是效用。那啥是效用呢？效用是指消费者在消费商品时所感受到的满足程度。具有以下几个特点：

第一，效用具有主观性。这个很容易理解。因为效用是消费者感受到的满足程度。毛主席好像曾经说过，要想知道李子的滋味，要亲自尝一尝才知道。至于李子好不好吃，那就看个人的主观感受了。引申一下，同一种商品对不同的人来说，效用可能是不同的。因为效用具有主观性。萝卜白菜各有所爱嘛！

第二，同一种商品的效用因时间、地点不同而不同。也就是说，同一种商品对同一个人来说，因消费的时间和地点不同，该商品给消费者带来的满足程度可能也是不同的。

不知大家有没有听说过一道菜：珍珠翡翠白玉汤。别着急流口水。且听我说说这道菜的来历。话说朱重八在落难时，据说他干娘用粘成蛋的米饭、中午从菜市场地上捡来的烂菜叶子和夏季剩了三天的馊豆腐，放在一个破瓦罐给他熬了一碗汤，几天没吃饭而且正发烧的朱重八狼吞虎咽地吃完后，舔了舔嘴唇，问干娘这是什么人间美味。他干娘就随口说道：珍珠翡翠白玉汤。后来朱重八蜕变为朱元璋，他吃遍了天上飞的、地上跑的、水里游的、土里钻的。有一天突然想吃珍珠翡翠白玉汤，就命令御厨去做，结果杀了几波厨子，还是没有吃到当年的味。最后不得不请他干娘亲自来做。他干娘说，陛下，我做了你也会杀了我，因为当年饥寒交迫的你吃啥都香。如今贵为天子的你吃啥都一个味——不好吃。朱元璋听罢也就不再提吃珍珠翡翠白玉汤的事儿了。同一个人同一碗汤，吃的时间和地点不同，味道有天壤之别。用行话来说，就是效用的差别非常大。

第三，效用是中性的，不具有伦理学意义。比如，你说臭豆腐特香，榴莲非常美味，我说臭豆腐打死也不吃，榴莲倒贴钱也不买。不能因此得出我是正常人，你是非正常人的结论。

在理解了效用的概念和特点之后，接下来我们隆重介绍基数效用和序数效用这两个马上要登场的主角。

在19世纪和20世纪初，经济学家采用1、2、3、4、5等基数来度量效用，由此建立起来的理论称为基数效用论。该理论采用边际效用分析方法来寻找消费者的最佳选择。该理论有一个重大的缺陷就是用基数来度量效用有非常大的随意性。比如，吃1个苹果的效用是10个单位，还是100个单位？

为了弥补这个缺陷，20世纪30年代后，一些经济学家提出用像第1、第2、第3等序数来度量效用。这样，不管苹果的效用是10个单位，还是100个单位，都不重要，只要能比较出苹果和橘子效用的相对大小，就可以知道消费者的选择。

总结一下：基数效用论认为，效用可以用1、2、3等基数来度量，效用可以加总。而序数效用论认为，效用应该用第1、第2、第3等序数来度量，效用不可加总。序数效用论暂且按下不表，这里单说基数效用论。

既然效用可以加总，自然会有总效用。总效用（Total Utility，TU）是指消费者在一定时间内从一定量的商品消费中所得到的效用总和。注意，这里总效用既可以指消费n单位某商品的总效用，也可以指消费N种商品的总效用。

为了更好地理解总效用的概念，我们来举个例子。假设你吃1个苹果可以给你带来10个单位的效用，再吃1个苹果可以带来8个单位的效用，那么你吃两个苹果的总效用就是18个单位。如果下次你先吃1个苹果，带来10个单位的效用，又吃了1把香蕉，带来12个单位的效用，那么此时的总效用就是22个单位。

接着我们来介绍一个非常重要的概念——边际效用。边际效用（Marginal Utility，MU）是指消费者在一定时间内增加一单位商品的消费所得到的效用量的增量。如果效用函数是离散的，边际效用等于总效用的变化量除以消费量的变化量。如果效用函数是连续可导的，那么它等于总效用的一阶导数。

边际效用理论是奥地利的门格尔、英国的杰文斯和法国的瓦尔拉斯在19世纪70年代几乎同时提出来的。

为了更好地理解边际效用的概念，我们继续以吃苹果为例。假设你吃1个苹果获得10个单位的效用，吃两个苹果获得18个单位的效用。那么第2个苹果给你带来多少单位效用的增量呢？18-10＝8个单位。如果你还意犹未尽，那就再多吃几个苹果。如果你吃3~7个苹果的总效用分别是24、28、30、30、28个单位，那么第3~7个苹果给你带来的效用增量将分别是6、4、2、0和-2。有的看官可能好奇，效用的增量咋还能是负数的？其实，随着消费某种商品的数量不断增加，不仅增加的效用会变成负数，总效用也可能变成负数。比如，你一次性吃7个半斤重的苹果就可以免费体验一下负效用的感觉——一个字"撑"，两个字"想吐"……

在分别介绍了边际效用和总效用的概念之后，我们来看看它俩之间的关系：当边际效用大于零时，总效用递增；当边际效用小于零时，总效用递减；当边际效用等于零时，总效用最大。因此，我们可以得出结论：当消费者只消费一种商品时，消费者的最优选择（即消费多少单位商品）的条件，即消费者实现效用最大化的条件是边际效用等于零。

看出来边际效用的重要性了吧？其实，它头上最闪亮的光环是边际效用递减规律。

边际效用递减规律是指，其他条件不变，在一定时间内对某种商品连续消费，消费者从每一单位中得到的效用增量是递减的。为什么会递减呢？有两种解释：一是生理或心理的原因。再好的东西吃多了都撑，不是吗？二是商品本身用途的多样性。俗话说，好钢用在刀刃上。人们买的第一单位钢用在了效用最大的刀刃上，第二单位钢用在了效用次之的刀身上，第三单位钢则用在了效用最小的刀把上。边际效用也是递减的，是不是？

在理解边际效用递减规律时，有几点需要注意一下：

（1）不同商品的边际效用递减的速度通常是不同的。比如，苹果的递减速度一般小于550毫升石井山泉的递减速度。为啥？因为相同数量的水和苹果，前者更容易让人撑呗！

（2）不要忘记钱的边际效用也可能是递减的。比如，王健林的第一个小目标给他带来的效用，肯定比他最后挣到的一个亿带来的效用增量大。有的同学可能会说，老师，我见钱眼开，钱越多越高兴。谁钱多了不高兴？关键是每多挣一块钱，你的效用增量是不是递减的。

（3）一般来说，边际效用不会为负值。负值意味着浪费。你说谁傻呀，吃苹果能吃撑了，对不对？当然，特殊情况除外，如著名小品《吃面》中那位想出名的电影爱好者。我建议大家有空的时候看看这个小品，相信大家在看完之后，一定会加深对边际效用递减规律的认识。另外，大家在观看的时候别光顾着笑，要留意他每一次盛面、吃面的动作，以及他所说的每一句话。

如果你看完了视频还有疑问，就很可能与我马上要讲的拓展知识有关。这些内容是一般教科书上没有的，是我自己瞎琢磨的。

（1）边际效用递减规律和单位。各种教科书在讲边际效用递减规律时都没有讲"每一单位商品带来的效用增量是递减的"中的"单位"到底是啥单位。下面以香烟为例，我们来见识一下"单位"对边际效用递减规律的重要性。假如以"口"为单位，烟民在抽最初几口烟的时候，效用可能并不递减，甚至是递增的。如果以"根"为单位，烟瘾大的烟民，也有可能最初的几根边际效用不递减。如果以"盒"为单位呢？估计世界上正常的人都不会坐在某个地方，连续地抽。毫无疑问边际效用会递减。

（2）除了"单位"，边际效用递减规律是否发挥作用，还与产品的同质性有关。假如你现在有一款怀旧版的诺基亚功能机，你女朋友在过生日时送给你一部华为最新款的折叠手机，第二部手机给你带来的效用增量会递减吗？一般不会，对吧？如果你走了不管啥运，中了500万彩票，你立即淘来一部大哥大。你我都相信第三部手机给你带来的效用增量依然不会递减。如果你做梦成了土豪，在梦里又买了一部镶满钻石的水果手机（未来版）。第四部手机给你带来的效用增量至少不会减少。没问题吧？为什么会出现这种情况，这是因为连续消费的每一单位商品（如每部手机）是不一样的。因此，它们带来的边际效用不会递减。

针对边际效用递减规律我是有感而发，即兴赋诗一首：

满汉全席人垂涎，

一日如意赛神仙；

若使余生每日餐，

恐无世人敢尝鲜。

言归正传。刚才我们讲了，当消费者只消费一种商品时，消费者实现效用最大化的条件是边际效用等于零。现实中我们每天都要消费很多商品。此时消费者又该如何继续选择以实现效用最大化呢？简单来说，就是一句话：最后一块钱不管买啥给你带来的效用增量（即边际效用）都是一样的。

假如你现在消费两种商品①：商品 1 和商品 2，它们的价格分别为 P_1 和 P_2，你的消费量分别为 X_1 和 X_2，你的收入为 I（Income），那么用高大上的公式表示就是这样的：

$$\begin{cases} P_1X_1 + P_2X_2 = I \\ \dfrac{MU_1}{P_1} = \dfrac{MU_2}{P_2} = \lambda \end{cases} \quad (3-1)$$

或

---

① 不失一般性地，这里用商品 1 和商品 2 来表示消费者可以选择的两种商品。各位看官可以把商品 1 和商品 2 替换为任何你们最想购买的两样东西。

$$\begin{cases} P_1X_1+P_2X_2=I \\ \dfrac{MU_1}{MU_2}=\dfrac{P_1}{P_2} \end{cases} \qquad (3-2)$$

第一个等式表示某消费者的钱恰好花完，第二个等式表示最后一块钱给某消费者带来的边际效用相等。一般来说，P_1、P_2 和 I 都是已知的，边际效用 MU_1 和 MU_2 可以通过计算得到，剩下的就是求解二元一次方程组。这对走过高考独木桥的你们来说，那是隔着锅台拿窝窝——手到擒来。

如果你消费的是 n 种商品，那么道理还是一样的，只不过公式变长了一点而已。

眼尖的同学可能想急切地提醒我：老师，您漏讲了一个参数 λ。其实，我没忘，只是把它的登场顺序往后调了一下。这个 λ 表示什么呢？最后一块钱放在兜里给你带来的效用。

前文我们讲过，货币的边际效用也可能是递减的。为了简化分析，我们今后都假设货币的边际效用是不变的，甚至假设它等于零。还记得吗？消费者消费一种商品时的均衡条件：边际效用等于零，此结论背后的隐含假设就是货币的边际效用等于零。如果你不太能接受这个假设的话，我们可以换个思路来讲，结果还是一样的。比如，我们把存钱也视为一种消费行为的话，那么上述公式依然成立，但去掉了你不太喜欢的假设条件。

在搞清楚了基数效用论下消费者实现效用最大化的均衡条件之后，我们接着回答一个非常重要的问题——需求曲线为什么向右下方倾斜。在回答该问题之前，我们先看看，在基数效用论下，如何推导出需求曲线。就像孙悟空搬救兵一样，首先你要知道妖怪的来历，才能找到主人降服妖怪。

俗话说，杀鸡不用牛刀。这次我们用牛刀削个苹果。刚刚我们讲过，消费者消费两种商品的均衡条件是两种商品的边际效用与价格之比相等，且等于货币的边际效用 λ。如果消费者只消费一种商品，那么该均衡条件便退化为 $MU/P = \lambda$。稍微做一下变换得到，价格 $P = MU/\lambda$。

为了更好地理解，下面我们通过一个例子来看看需求曲线是如何推导出来的。假设某消费者吃苹果的边际效用如表 3-1 所示，并假定 $\lambda = 2$。根据刚才得到的公式：$P = MU/\lambda$，我们就可以求得当吃第一个苹果时，消费者愿意支付的价格是 8，同理，可求得消费者愿意为第二个苹果支付的价格是 6，依次类推，求得第 3 个、第 4 个、第 5 个苹果的价格分别为 4、2、0。现在大家仔细看这个表，是不是有点眼熟？如果把边际效用那一行隐去，是不是就变成大家所熟知的需求表了？根据需求表，绘制需求曲线是不是易如反掌？

表 3-1　某消费者关于苹果的边际效用和愿意支付的价格

商品数量	1	2	3	4	5	6
边际效用	16	12	8	4	0	-2
商品价格	8	6	4	2	0	-1

接下来，我来解释一下需求曲线为啥向右下方倾斜。还记得刚

才求得的公式 P＝MU/λ 吗？还以苹果为例，随着吃的苹果越来越多，根据边际效用递减规律，苹果给你带来的边际效用越来越小，根据公式，你愿意支付的价格也就越来越低。这样需求量和价格之间就呈现出反向变动关系。这意味着需求曲线向右下方倾斜。

在弄明白需求曲线为何通常向右下方倾斜之后，接下来我们讲一块重要的内容——消费者剩余。消费者剩余是消费者在购买一定量的某种商品时，愿意支付的最高总价格和实际支付的总价格之间的差额。说起来挺拗口，举个例子大家就明白了。继续刚才的例子。假如市场上苹果的价格为 2 元/个，第一个苹果你愿意支付的价格为 8 元，那么第一个苹果就会给你带来 6 元的消费者剩余。第二个苹果你愿意支付的价格为 6 元，它给你带来的消费者剩余为 4 元，第三个苹果你愿意支付 4 元，它将给你带来 2 元的消费者剩余。总的来说，你吃了 3 个苹果会给你带来 12 元的消费者剩余。

需要强调的是消费者剩余是一种心理感受，并不是真正省下的钱，因为 1 个苹果卖 2 元，你买了 3 个苹果，给了商家 6 元钱。两相不欠，何省之有？如果商家看你长得善良，少收了 1 块钱，那 1 元钱才是你真正省下的。

如果需求曲线是通常所见的线性需求曲线，那么消费者剩余就没有必要像刚才一样费劲巴拉地加总了，因为它有更简洁的计算方法。根据消费者剩余的定义，结合需求曲线，大家有没有发现，图 3-1 中需求曲线之下价格之上和纵轴围成的三角形 AP_0E 的面积，就是消费者剩余。为啥？因为需求曲线上的点所对应的价格，都是消费者在该需求量上愿意支付的最高价格，而市场价格是他实际支付的价格。

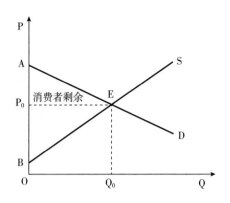

图 3-1　消费者剩余

如果你们学过微积分的话，还可以利用微积分知识计算消费者剩余。如果你没学过微积分，或者好像没学过，并且恰巧需求曲线是线性的，那么就用你小学学过的三角形面积公式来计算消费者剩余。如果你考试时不幸遇到非线性的需求曲线，那就只能祈祷上苍赐予你点定积分知识。俗语云：靠天靠地不如靠自己。多学点高数知识说不定平时可以修心养性，考试时如同搬来天外救兵。

接下来我们讲效用论的另一门派——序数效用论。该门派的独门武器是无差异曲线。在介绍无差异曲线之前，我们先做一点铺垫。

序数效用论认为，效用不适宜也没有必要用基数来精确度量，消费者只要能对各种消费组合的效用大小排序即可。消费者依据什么进行排序呢？答曰：偏好！那啥又是偏好呢？偏好就是消费者对所消费商品的喜好程度。当一个苹果和一个橘子摆在你的面前，你毫不犹豫地拿起苹果就啃。这就说明你偏好苹果。

俗话说，萝卜白菜各有所爱。这不仅说明不同的人有不同的偏好，还说明不同的人对同一商品的偏好程度可能也不同。

在经济学中，为了使分析过程简化，以便得出更有价值的结论，经济学家对偏好做了几点重要假设：

（1）偏好具有完备性。即消费者可以比较出任意两组商品的好坏。比如，A 组合好于 B 组合，A 组合和 B 组合一样好，或者 A 组合不如 B 组合好。为什么要有这个假设呢？因为现实中，我们有时候无法区分两种商品组合的好坏。比如，有一次我到一个饭店吃饭，服务员给我推荐三道菜：猴头、燕窝和鲍鱼，最终我选择了醋溜土豆丝，为啥呢？因为那三道菜我压根儿没吃过，无法给它们排序，而土豆丝是我的最爱。另外，在出去吃饭时，我们经常会遇到有人点"随便"这道菜的情形，对不对？在 TA 说出"随便"一词的那一刻，TA 的大脑无法给菜单上的菜品按喜爱程度排个顺序，即此时 TA 的偏好不具有完备性。

（2）偏好具有传递性。如果你认为 A 组合比 B 组合好，B 组合比 C 组合好，那么 A 组合一定比 C 组合好。有的同学可能会说，这条假设不是画蛇添足吗？难道还有例外？是的。例外总是有的。比如，你认为苹果比橘子好，橘子比香蕉好，结果苹果和香蕉摆在一起时，你果断选择了香蕉。这就违背了刚才那条假设。如果没有这条假设，后面要讲到的无差异曲线分析就无法进行。

（3）偏好的非饱和性。就是东西多了比少了好。初看起来，这条假设又是一句废话。其实不然。比如，你喜欢吃苹果，假如有人送给你一卡车苹果，你作何感想？你肯定发愁这么多苹果该放哪儿啊！对吧？但是，一般来说，这条假设还是成立的。

铺垫完了之后，接着隆重介绍序数效用论这一幕的绝对主角——无差异曲线。

无差异曲线是用来表示消费者偏好相同的两种商品的所有组合的。同一条无差异曲线上所有商品组合给消费者带来的效用是一样的，也就是无差异的。它具有如下几个特点：

（1）无差异曲线凸向原点。如果你明白函数的凸性，自然知道这句话的意思。如果你是一个数学小白，那也没有关系。你可以理解为它的大肚子是朝向原点的（见图3-2）。

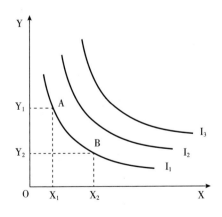

图3-2 无差异曲线

（2）离原点越远的无差异曲线，它代表的效用水平越高。这个比较好理解。离原点越远，它上面的商品组合里含有的商品数量就越多。根据偏好的第三条假设，即偏好的非饱和性，自然可以推出，它所代表的效用水平越高。

（3）坐标系内无差异曲线是稠密的，但永远不会相交。就像你在一张纸上密密麻麻画了无数条弯的平行线（见图3-2）。

在图3-2中，我们画了三条代表性的无差异曲线，其实在任意两条之间还可以画无数条。照着这张图，我们再说说无差异曲线的含义。从图中可以看到商品 X 和商品 Y 的两对组合（X_1，Y_1）和（X_2，Y_2）在同一条无差异曲线 I_1 上，这意味着消费者消费 X_1 单位的商品 X 和 Y_1 单位的商品 Y 带来的效用与消费 X_2 单位的商品 X 和 Y_2 单位的商品 Y 带来的效用是相同的。从图中也可以非常直观地看到无差异曲线是如何凸向原点的。最后剩下的疑问可能就是为啥它们挨得那么近，会永远不相交呢？

下面借用你们初高中数学里偶尔用到的反证法来证明一下。假设无差异曲线是可以相交的。如图3-3所示，无差异曲线 I_1 和 I_2 相较于 B 点，C 和 A 分别在无差异曲线 I_1 和 I_2 上。由于 B 和 C 同在无差异曲线 I_1 上，A 和 B 同在无差异曲线 I_2 上，根据无差异曲线的定义可知，$U_B = U_C$，$U_A = U_B$。根据偏好的传递性假设，可以推出 $U_A = U_C$。

可是，图3-3中可以明显地看出 U_C 小于 U_A。为啥？因为 A 点和 C 点表示的商品组合里，商品 X 的数量都是 X_1 个单位，而 C

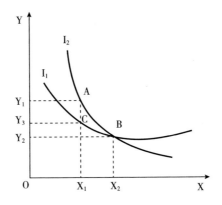

图 3-3　相交的无差异曲线

点组合里商品 Y 的数量 Y_3 小于 A 点组合里商品 Y 的数量 Y_1。根据偏好的非饱和性假设，就可以推出 C 点的效用水平低于 A 点效用水平。这与原假设是矛盾的，于是命题得证。即无差异曲线不能相交，否则它就违背了偏好的重要假设。

有一般就有特殊。刚才给大家看的无差异曲线图是一般情形，那特殊情形会是啥样呢？我们来看一下。

图 3-4（a）表示 X 和 Y 两种商品之间是完全替代的情形。注意是"完全"替代。部分替代就是一般情形了。图 3-4（b）表示 X 和 Y 两种商品之间是互补关系的情形。要解释这两种特殊情形下无差异曲线的形状为啥是这样的，我们需要引入一个新的概念：边际替代率。

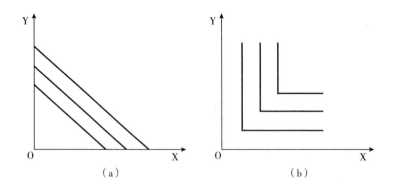

（a）　　　　　　　　　　　（b）

图 3-4　完全替代品和互补品的无差异曲线

在维持效用水平不变的前提下，消费者增加一单位某种商品的消费量时所需要放弃的另一种商品的消费数量，被称为商品的边际替代率。用公式来表示就是：

$$MRS_{12} = -\frac{\Delta X_2}{\Delta X_1} \qquad\qquad (3-3)$$

这里我要提醒两点：

第一，等式右边有一个负号。为啥有负号呢？这是因为要保持效用水平不变，增加一种商品的消费，必须减少另外一种商品的消费，否则根据偏好的非饱和性假设，效用将增加。这意味着 ΔX_1 和 ΔX_2 的符号是相反的。为了保证边际替代率是正数，所以加了一个负号。

第二，要搞清楚谁替代谁。MRS_{12} 表示的是 1 单位商品 1 能替代多少单位商品 2，商品 1 消费量的变化量 ΔX_1 要放在分母，商品 2 消费量的变化量 ΔX_2 要放在分子。

如果两种商品消费量的变化量比较小，我们也可以把边际替代率写成：

$$MRS_{12} = -\frac{dX_2}{dX_1} \quad\quad\quad (3-4)$$

式（3-4）表明边际替代率等于无差异曲线过该点的切线的斜率绝对值。因为无差异曲线是凸向原点的，它的切线的斜率都是负数，所以要说等于切线的斜率绝对值。

还记得吗？在基数效用论下，有一个边际效用递减规律。在序数效用论下，也有一个类似的规律——边际替代率递减规律。

在维持效用水平不变的前提下，随着一种商品消费量的连续增加，消费者为得到每一单位的这种商品所需要放弃的另一种商品的消费数量是递减的。以苹果和橘子为例，你吃的苹果越多，再吃一个苹果给你带来的满足感就越小，同时，你吃的橘子越少，再少吃一个橘子给带来的思念感越就强烈，所以你愿意放弃的橘子数量也就会越少。

再看一个更直观的例子。如图 3-5 所示，从 A 点到 B 点 1 单位食品可以替代 2 单位衣服，从 B 到 C，1 单位食品可以替代 1 单位衣服，从 C 点到 D 点，1 单位食品可以替代 2/3 单位衣服，从 D 点到 E 点，1 单位食品就只能替代 1/3 单位衣服了。

刚才我们讲了边际替代率还等于无差异曲线切线的斜率绝对值。因此，边际替代率递减规律也可以从无差异曲线切线的斜率变化看出来。有兴趣的看官可以画一张图验证一下。

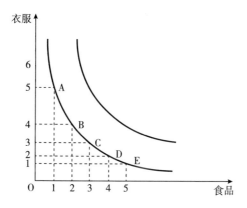

图 3-5　边际替代率

　　过目不忘的你肯定还记得图 3-4，即商品 X 和商品 Y 是完全替代关系和互补关系时的无差异曲线图。在两种商品是完全替代的情形下，由于无差异曲线是一组平行线，所以无差异曲线上的每一点的切线都与它本身重合，斜率自然是一样的。因此，如果两种商品之间是完全替代的关系，那么它们的边际替代率是不变的！注意：这里只是说边际替代率不变，并没有说它等于 1。

　　在两种商品是互补的情形下，无差异曲线是一组呈直角的曲线。其实，理性的消费者只会选择拐角的这些点，水平和垂直线上的商品组合是不会买的。因为在商品 X 给定的情况下，比角点处更多的商品 Y 根本不会带来更多的效用。你说你买它做甚！在这组角点处，两种商品的边际替代率无疑等于 0。不过要知道，理论上垂直段的边际替代率是无穷大的。

　　在讲完无差异曲线和边际替代率后，我们接下来讲序数效用论的另一块基石——预算线。

预算线表示在消费者的收入和商品的价格给定的条件下，消费者的全部收入所能购买到的两种商品的各种组合。用公式来表示就是：

$$P_1X_1 + P_2X_2 = I \qquad (3-5)$$

P_1 和 P_2 分别表示商品 1 和商品 2 的价格，X_1 和 X_2 分别表示商品 1 和商品 2 的消费量，I 表示消费者的收入。把上式变换一下，就变成商品 X_2 的消费量是商品 X_1 消费量的函数：

$$X_2 = -\frac{P_1}{P_2}X_1 + \frac{I}{P_2} \qquad (3-6)$$

把该函数绘制在坐标系里，就是我们现在说的预算线。

图 3-6 中三角形 AOB（包括边界）表示消费者的预算集。翻译成大白话就是，该区域内的点表示的商品组合，消费者都买得起。比如，区域内的 G 点和边界上的 A 点和 B 点。区域外的 H 所表示的商品组合是消费者买不起的。

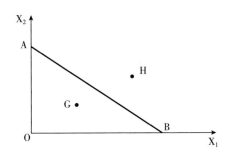

图 3-6　预算线

　　大家注意到了吗？在刚才预算线的定义里，我们给定了很多假设，如消费者的收入不变，商品的价格不变。如果这些假设有一个或多个发生改变了会怎么样？跟着变呗。咋变呢？一般分为四种情况。

　　第一，两种商品的价格保持不变，消费者收入增加或减少，这时候预算线会向右或向左平移。语言有时候是苍白的。这次咱们来点公式函数啥的，看完你就会发现，数学有时候是很美的。

　　我们假设收入增加 t 倍（t 可以是任意正数），由于两种商品的价格没有发生变化，所以预算线的函数表达式变为：

$$X_2 = -\frac{P_1}{P_2}X_1 + \frac{tI}{P_2} \tag{3-7}$$

　　与刚才的预算线的函数表达式相比，斜率没有变，还是 $-P_1/P_2$，而纵轴上的截距变成了原来的 t 倍。因此，预算线发生了平移，若 t 大于 1，右移，t 小于 1，左移。

　　第二，收入不变，两种商品的价格同比例变动。假设两种商品的价格都上涨 t 倍，由于收入不变，此时预算线的表达式变为：

$$X_2 = -\frac{tP_1}{tP_2}X_1 + \frac{I}{tP_2} = -\frac{P_1}{P_2}X_1 + \frac{1}{t} \times \frac{I}{P_2} \tag{3-8}$$

　　与最初的预算线的函数表达式相比，斜率没有变，还是 $-P_1/P_2$，而纵轴上的截距变成了原来的 1/t 倍。因此，预算线发生了平移，若 t 大于 1，左移，t 小于 1，右移。

　　第三，收入不变，商品 1 的价格变化，而商品 2 的价格保持不变。假设商品 1 的价格上涨 t 倍，由于收入和商品 2 的价格不变，此时预算线的表达式变为：

$$X_2 = -\frac{tP_1}{P_2}X_1 + \frac{I}{P_2} = -t\frac{P_1}{P_2}X_1 + \frac{I}{P_2} \qquad (3-9)$$

与最初的预算线的函数表达式相比，斜率变成了原来的 t 倍，而纵轴上的截距保持不变。因此，预算线发生了旋转。若 t 大于 1，向左旋转，t 小于 1，向右旋转。

第四，收入与两种商品的价格同比例变动。假设两种商品的价格和收入都上涨 t 倍，此时预算线的表达式变为：

$$X_2 = -\frac{tP_1}{tP_2}X_1 + \frac{tI}{tP_2} = -\frac{P_1}{P_2}X_1 + \frac{I}{P_2} \qquad (3-10)$$

有没有发现它与最初的预算线的函数表达式一模一样？这意味着在这种情况下预算线没有发生任何变动。

讲到这儿，我们就把序数效用论的地基打好了。前文讲过，无差异曲线和预算线是序数效用论这座大厦的地基。现在地基已经打好，我们开始盖大厦。不管是基数效用论，还是序数效用论，最终的目标都是帮助消费者选择最佳的商品组合，或者说，帮助消费者实现最优的消费决策。

大家还记得吗？预算线左边的点是钱没花完的点，如图 3-7 中的 C 点，右边的点是钱不够的点，如 F 点，而预算线上的点是消费者能买得起的最多商品组合，如 A 点、E 点和 B 点。换句话说，消费者的最佳消费组合一定在预算线上。这里其实有一个小小的暗含假设：最后一单位货币购买两种商品的边际效用大于货币的边际效用。换成大白话就是，钱放在兜里不如花了好。

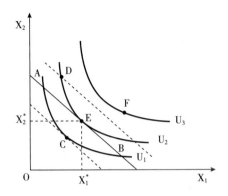

图 3-7 消费者的最佳消费组合

这样，我们就把可能的最佳消费组合缩小到一条线上。上过小学的人都知道，一条线段上有无数个点。那哪一个或哪几个点是最优的呢？我也不知道，除非我祭出另一个法宝——无差异曲线。

如果你刚才没走神，一定记得无差异曲线的一个重要特征：在坐标系内处处稠密。这样，在同一个坐标系内，无差异曲线和给定的预算线之间就有三种关系：相交、相切和相离。为啥呢？因为在同一个平面内，两条曲线之间有四种关系：相交、相切、相离和重合，而通常无差异曲线与预算线的形状不同，无法重合。

由图 3-7 可知，在预算线给定的情况下，与预算线相离的无差异曲线 U_3 虽然代表的效用水平较高，但消费者买不起，这种情况就不考虑了。这样，预算线上的点就分为两类：预算线与无差异曲线的交点（如 A 点和 B 点）、预算线与无差异曲线的切点（如 E 点），因为无差异曲线是稠密的，这一条不交、那一条不切，总有一条相切，无数条相交的。对不对？

如此这般分析，我们就把可能的最佳消费组合点进一步缩小到两个代表性的点：即预算线和无差异曲线的交点或切点。

从图 3-7 中可以轻易地看出，交点 A 和交点 B 所在的无差异曲线 U_1 更接近原点，也就是说，它代表的效用水平较低。因此，我们可以得出结论：预算线和无差异曲线的切点 E 是我们苦苦寻觅的最佳消费组合点。

在这一点它满足什么条件呢？我们总不能每次找最佳组合点时都先画出预算线和无差异曲线，然后找它们的切点吧？你可能在脑中不停地在思考这些问题。实话告诉你们，在现实中你想画无差异曲线可能都没法画，因为你几乎不可能穷尽具有相同效用的商品组合。那怎么办呢？在问了九九八十一遍之后，阿拉丁神灯显灵了：请黄三少继续往下讲。

按神灯旨意，我们继续往下讲。

回想一下，无差异曲线切线斜率的绝对值等于边际替代率。刚才我们已经得出结论：最佳的消费组合点是预算线和无差异曲线相切的点。也就是说，在该点上，预算线是无差异曲线的切线。这样，预算线就扮演了两个角色：预算线和无差异曲线的切线。前面我们讲过预算线的斜率等于 $-P_1/P_2$。又由于同一条直线的斜率肯定是固定不变的，于是我们得到序数效用论下消费者实现效用最大化的均衡条件：

$$MRS_{12} = \frac{P_1}{P_2} \tag{3-11}$$

讲到这儿，我们就把基数效用论和序数效用论下消费者如何选择最佳消费组合的内容讲完了。

心思缜密的你有没有产生这样的担心和疑虑：依据两种理论进行决策，会不会选出不同的商品组合？如果是的话，那么哪个组合更好呢？如果不是的话，那么它们又是怎么殊途同归的呢？

首先把你的小心脏踏踏实实地放到肚子里。然后气定神闲地听我分析它们是如何殊途同归的。

前文我们讲过，在同一条无差异曲线上，不同商品组合点的效用水平是相同的。这意味从一个组合点到另一个组合点变化时，商品组合里两种商品的数量发生变化，但效用水平不变。也就是说，增加某种商品的消费所带来的效用增量，与减少某种商品的消费所导致的效用减量是相等的。用公式来表达就是：

$$\Delta X_1 MU_1 + \Delta X_2 MU_2 = 0 \tag{3-12}$$

注意，这里又隐含了一个小小的假设：在 ΔX_1 和 ΔX_2 的微小变化范围内，两种商品的边际效用是不变的。这样，增加 ΔX_1 个单位商品 1 的消费，就会带来 $\Delta X_1 \times MU_1$ 的效用增量。同理，减少 ΔX_2 个单位商品 2 的消费，就会导致 $\Delta X_2 \times MU_2$ 的效用减量。由于 ΔX_1 和 ΔX_2 通常都比较小，边际效用递减一般也不明显，所以这个假设不算很强，一般情况下都是成立的。

将刚刚得到的公式进行一番梳洗打扮，变成了我们想要的模样：

$$\frac{MU_1}{MU_2} = -\frac{\Delta X_2}{\Delta X_1} \tag{3-13}$$

眼尖的看官估计已经发现了，等号右边的$-\Delta X_2/\Delta X_1$就是边际替代率。于是乎，公式最终为：

$$\frac{MU_1}{MU_2} = MRS_{12} \qquad (3-14)$$

再把之前推导出的两种效用论下的均衡条件搬出来码到一起，就得到：

$$MRS_{12} = -\frac{\Delta X_2}{\Delta X_1} = \frac{MU_1}{MU_2} = \frac{P_1}{P_2} \qquad (3-15)$$

大家发现了吗？基数效用论和序数效用论的均衡条件最终在"价格之比"处会师了。

大家应该还记得：序数效用论下消费者实现效用最大化的均衡点位于无差异曲线和预算线的切点。一般来说，消费者的偏好不会经常改变。这意味着无差异曲线一般不会发生变化。因此，当预算线发生变动时，消费者的均衡点也会发生相应的变动。具体会怎样变动呢？接下来我们将回答该问题，并顺便推导出需求曲线。

前文我们讲过预算线的变动有四种情况，却只有三种结果：平移、旋转和不动。

我们先看旋转的情形，该情形下我们会得到一条价格—消费曲线。如图3-8所示，当消费者的偏好、收入和商品2的价格不变的条件下，随着商品1价格的逐步下降，预算线逐渐向右旋转。注意价格下降时预算线向右旋转，因为在收入不变的情况下，消费者能买的商品1的数量变多了，即在横轴上的截距变大。

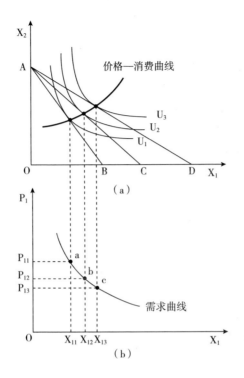

图 3-8 根据价格—消费曲线推导需求曲线

由于无差异曲线在坐标系内是稠密的，所以预算线向右旋转后会与新的无差异曲线相切。把这些相切的点，也是消费者实现效用最大化的均衡点，连起来的线就是传说中的价格—消费曲线（见图 3-8（a））。为啥起这么个名字呢？这是因为这条线是因某种商品的价格变化，导致消费者的均衡点发生变化而得来的。故命其名曰：价格—消费曲线。

根据这条曲线，我们就可以顺便推导出需求曲线。咋推导呢？

我们来看一下。

如图 3-8（b）所示，当商品 1 的价格为 P_{11} 时，根据预算线和无差异曲线的切点，得到此时消费者对商品 1 的最佳消费量是 X_{11}，对应图 3-8（b）中的 a 点；当商品 1 的价格降到 P_{12} 时，根据预算线和无差异曲线的切点，得到消费者对商品 1 的最佳消费量是 X_{12}，对应图 3-8（b）中的 b 点；如果商品 1 的价格继续下降到 P_{13} 时，同样根据预算线和无差异曲线的切点，得到消费者对商品 1 的最佳消费量是 X_{13}，对应图 3-8（b）中的 c 点。把图中 a、b、c 三点连起来的线就是我们梦寐以求的需求曲线。注意，从这个推导过程可以轻易地看出，需求曲线上的点都是消费者实现效用最大化的点。

接下来看预算线平移的情形。大家还记得吗？预算线平移有两种情况：一是消费者的收入发生变化，二是两种商品的价格同比例变化。这种情况的本质也是消费者收入的变化，因为两种商品价格同比例上涨，相当于消费者的实际收入下降，两种商品价格同比例下降，相当于消费者的实际收入增加。注意，两种商品的价格如果不是同比例变化，预算线会旋转，并且横轴和纵轴的截距都会发生变化，这种情况稍微复杂。

接着讲，同样由于无差异曲线是稠密的，预算线平移后会与新的无差异曲线相切。把这些切点连起来的线就是收入—消费曲线（见图 3-9）。这个名字的来由就不用我多解释了吧？因为它是因消费者收入的变化导致消费者均衡发生变化得来的。

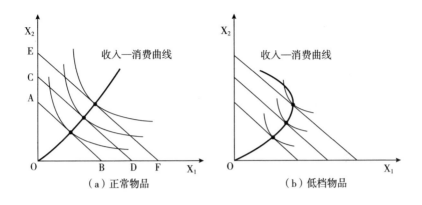

图 3-9　收入—消费曲线

注意，低档物品的收入—消费曲线是向右下方倾斜的。为啥呢？因为该类物品的消费量会随着收入的提高而减少。如图 3-9（b）所示，随着收入的提高，商品 1 的消费量在某个转折点之后开始减少，所以商品 1 属于低档物品。

刚才我们根据价格—消费曲线顺便推导出了需求曲线。你们会不会突然有一个深思熟虑的问题：根据收入—消费曲线顺便能推导出个啥呢？我立马给出一个蓄谋已久的答案：恩格尔曲线①，名字听起来有洋味，表达的意思一点都不难理解。需求曲线刻画的是价格和需求量之间的关系，恩格尔曲线刻画的则是收入和需求量之间的关系。注意：需求曲线所在的坐标系的纵坐标是价格，

①　注意，这位恩格尔是恩斯特·恩格尔（1821—1896），19 世纪德国统计学家和经济学家，以恩格尔曲线和恩格尔定律闻名。2003 年获得诺贝尔经济学奖的恩格尔是美国计量经济学家罗伯特·恩格尔（1942—），主要贡献是协整理论和 ARCH 理论模型等。

而恩格尔曲线所在的坐标系的纵坐标是收入。正常物品的恩格尔曲线向右上方倾斜。低档物品的恩格尔曲线向右下方倾斜。

如图 3-10 所示，当收入小于 I^* 时，商品 X_1 属于正常物品。当收入大于 I^* 时，商品 X_1 变成了低档物品。

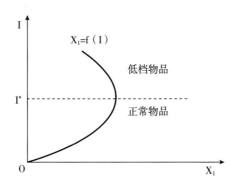

图 3-10　恩格尔曲线

注意：由于自变量收入在纵轴，因变量需求量在横轴，所以收入弹性小于 1 的必需品的恩格尔曲线越来越陡峭，而收入弹性大于 1 的奢侈品的恩格尔曲线越来越平缓。收入弹性小于 0 的低档物品的恩格尔曲线是向右下方倾斜的，并且凹向原点。

听到这儿，有的同学可能想知道恩格尔曲线是怎么推导出来的。其实，很简单。这与价格—消费曲线推导需求曲线的思路和步骤是一样的。给定一个收入，画出预算线，找到它与无差异曲线的切点对应的需求量，然后换一个收入，重复上面的步骤，最终就会找到一对对的收入和需求量的组合，把这些组合绘制在坐标系里，把它们连起来的线就是恩格尔曲线了。有兴趣的同学可以自己画一画。提醒一下：你想画的哪种商品的恩格尔曲线，就把它放在横轴。这样，上下两张图比较容易建立联系，就像我刚才推导需求曲线时那样。

到目前为止，序数效用论下我们还有一个任务没有完成，那就是解释需求曲线为什么向右下方倾斜。要回答该问题，我们需要引入替代效应、收入效应和总效应等概念。

举个例子，大家就明白了。你最喜欢吃的水果是苹果和橘子，有一天苹果便宜了，你多买了 5 个。这多买的 5 个苹果就是苹果价格变化引起的需求量变化的总效应。

进一步分析，我们知道苹果变便宜了，使得橘子相对于苹果来说变贵了，对不对？理性的你决定少买 2 个橘子，多买 3 个苹果。这 3 个苹果就是由于橘子和苹果的相对价格变化引起的苹果需求量变化的替代效应，即用 3 个苹果替代了 2 个橘子。

另外，苹果变便宜后，你兜里的钱名义上没多，实际上变多了。为啥？因为你兜里的钱现在能买到更多的苹果和橘子了。比如你兜里有 100 块钱，苹果原来的价格是 2.5 元/个，现在降为 2 元/个。如果钱都用来买苹果的话是不是可以多买 10 个苹果？

假如你用增加的实际收入多买了 2 个苹果。这 2 个苹果就是由于实际收入变化引起的苹果需求量变化的收入效应。

收入效应（2 个苹果）+替代效应（3 个苹果）= 总效应（5 个苹果）

花了 5 个苹果之力，总算把这 3 个高冷的效应打扮成了邻家小妹的样子。

搞清楚了总效应、替代效应和收入效应的概念和含义之后，接下来我们分别分析正常物品、低档物品和吉芬物品的替代效应、收入效应和总效应。

首先看正常物品。如图 3-11 所示，在最初的均衡点 D 点，商品 1 的最佳消费量是 X_{11}，假如商品 1 的价格下降，预算线向右旋转与新的无差异曲线 U_2 相切于 E 点，在新的均衡点，商品 1 的最佳消费量变成 X_{13}。$X_{13}-X_{11}$ 就是总效应，相当于刚才例子中的 5 个苹果。

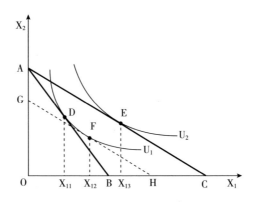

图 3-11　正常物品的替代效应和收入效应

为了把总效应分解成替代效应和收入效应，我们需要画一条辅助线。学名叫预算补偿线。这条辅助线通常有两种画法[①]。大多数

① 注意，这里不是跟孔乙己一样卖弄"回"字的四种写法。预算补偿性的确有两种不同的画法，并且它们的含义不同，都非常重要。

教科书里采用的是希克斯补偿画法，另一种画法是斯卢茨基（Eugen Slutsky）补偿画法。两种画法的区别在于，前者确保原来的预算线和补偿预算线与同一条无差异曲线相切，即希克斯补偿后消费者的效用水平不变，后者确保原来的预算线和补偿预算线所表示的实际收入是相同的，即购买力不变。想了解斯卢茨基补偿画法的同学可参阅范里安的《微观经济学：现代观点》的相关章节。

接下来，我说说神秘的希克斯补偿画法。其实很简单，把旋转后的预算线向左平移，一直移到它与原来的无差异曲线 U_1 相切。图中的虚线 GH 就是希克斯补偿预算线，与 U_1 相切于 F 点。在 F 点，商品 1 的最佳消费量是 X_{12}。由于 D 点和 F 点在同一条无差异曲线上，所以两种商品组合给消费者带来的效用水平是一样的。只不过因商品 1 相对于商品 2 变得便宜了，商品 1 替代了部分商品 2。因此，$X_{12}-X_{11}$ 就是替代效应，相当于刚才例子中的 3 个苹果。

从均衡点 F 到均衡点 E，预算线 GH 平移到 AC，两种商品的相对价格没有变化，消费者的实际收入增加，所以 $X_{13}-X_{12}$ 就是收入效应，相当于刚才例子中的 2 个苹果。

总结一下：商品 1 的价格下降，替代效应使得商品 1 的需求量增加，收入效应也使得商品 1 的需求量增加，也就是说，两种效应都与价格呈反向变动关系，相加的总效应自然也与价格呈反向变动关系，所以正常物品的需求曲线向右下方倾斜。

如果搞明白了正常物品的替代效应和收入效应，那么低档物品和吉芬物品的替代效应和收入效应就比较容易理解了。

接着看低档物品的替代效应和收入效应。如图 3-12（a）所示，像正常物品一样，商品 1 的价格下降，预算线向右旋转与新的无差异曲线 U_2 相切于 E 点，在新的均衡点 E，商品 1 的最佳消费量变成 X_{13}。$X_{13}-X_{11}$ 就是总效应。像刚才一样，画一条辅助线 GH，与原来的无差异曲线 U_1 相切于 F 点。在 F 点，商品 1 的最佳消费量是 X_{12}。$X_{12}-X_{11}$ 就是替代效应。注意，这次 X_{12} 在 X_{13} 的右边。从 F 点到 E 点，消费者的实际收入增加，低档物品的收入效应使得需求量减少了 $X_{12}-X_{13}$。

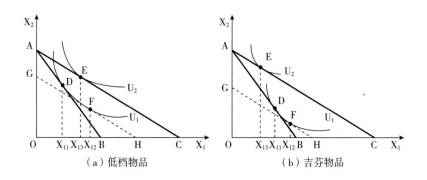

图 3-12　低档物品和吉芬物品的替代效应和收入效应

总结一下：低档物品的替代效应与价格呈反向变动关系，收入效应与价格呈同向变动关系。由于替代效应大于收入效应的绝对值，所以总效应仍与价格呈反向变动关系。因此，低档物品的需求曲线也向右下方倾斜。

最后来分析吉芬物品的替代效应和收入效应。由于吉芬物品属于比较特殊的低档物品，所以它与低档物品的替代效应和收入效应都比较相似，我就不重复了。两者区别在于，吉芬物品的收入效应的绝对值大于替代效应。如图 3-12（b）所示，X_{13} 在 X_{11} 的右边，这使得吉芬物品的总效应与价格呈同向变动关系。因此，吉芬物品的需求曲线向右上方倾斜。

由于正常物品和低档物品的需求曲线都向右下方倾斜，只有吉芬物品①的需求曲线向右上方倾斜。因此，我们常说需求曲线向右下方倾斜。

至此，我们就把序数效用论下需求曲线是如何推导出来的，需求曲线为何向右下方倾斜的问题解答完了。

接下来我们来讲市场的需求曲线。前面我们不管是基数效论，还是序数效用论下推导出的需求曲线都是单个人实现最优消费决策的需求曲线。而我们日常在电视和报纸杂志上听到的或看到的需求一般都是市场需求。与你们朴素的直觉差不多，市场需求就是个人需求的水平加总②。

举个例子，假设市场上只有 A 和 B 两个消费者，如果某种商品免费赠送时，消费者 A 的需求量为 20 和消费者 B 的需求量为 30，那么市场的总需求为 50；如果该种商品的价格为 1 元，消费者 A 和消费 B 的需求量分别变为 24 和 16，那么此时的市场需求量为 40。依次类推，我们就得到每一个价格水平下该种商品的市场

---

① 现实中是否存在吉芬物品，目前尚无定论。
② 注意，这里是水平加总。我可不是六个指头挠痒痒——多一道。在后面我们讲公共物品时，还会讲到垂直加总的情形。别紧张，大家先知道有这么回事儿就行了。

总需求，并据此制作出市场需求表。

将市场需求表里的信息绘制在坐标系里就可以得到市场需求曲线。强调一下，个人的需求曲线上的点都是消费者效用最大化的点。因此，加总后的市场需求曲线上的点也都是给全体消费者带来最大效用的需求量。

至此，本回的核心内容就讲完了。

最后我们讲不确定性条件下消费者的选择行为。

前文我们讲消费者如何进行选择以实现效用最大化，其实，这背后有一个暗含假设，即完全信息假设。说得直白点就是消费者啥都知道。比如，自己喜欢吃啥，啥好吃，哪种东西贵，哪种东西有营养，等等。用专业语言来说就是消费者掌握了与其经济行为有关的所有变量的全部信息。你只要记住消费者是上帝，啥都知道就行了。俗语云：神仙也有打盹儿的时候。我们凡夫俗子可就经常出神了。在日常的工作和生活中，我们经常不知道自己的行为会有什么结果。你不知道昨晚熬夜通宵写的报告领导会不会满意，不知道你暗恋的白雪公主或白马王子愿不愿意与你白头偕老，也不知道昨天买的彩票中奖了没有。在这些不确定的情形下，我们如何选择呢？接下来我们将尝试回答该问题。

首先我们来了解一下，啥是"不确定"？不确定是指经济行为者事先不能准确地知道自己的某种决策的结果。或者说，经济行为者的一个决策可能结果不止一种。比如，B 站上黄三少的《微观经济学》视频，明天有多少人观看。有可能有 11 个人，也有可能有 1001 个人。天知道，对不对？这就是不确定。

如果有一天你决定向你心中暗恋已久的西施或潘安表白，你不知道 TA 愿不愿意做你的那个 TA，但是你知道无非两种结果：愿意或不愿意。这种情形就不再属于不确定，而是属于"风险"了。风险和不确定的区别在于，风险是可控的，即你起码知道有哪几种可能性。比如一个骰子你不可能掷出 6 点以上，抛一枚硬币，不是正面就是反面（别抬杠！见过抛向空中最终立在地面上的朋友请悄悄地飘过）。

不确定就像个未知数。谁都不知道答案。有句话说得好，不要为打翻的牛奶哭泣。我们也不要为充满不确定性的事情过度担忧。我们能做的就是想办法控制住风险。如何控制风险呢？买保险？没错儿，这确实是一条好对策。我们一会儿会讲到。在此之前，我们需要先了解几个全新的概念。

首先来了解一下期望效用和期望值的效用。如果你上过《概率论》这门课，或者自学过概率论相关的内容，应该对"期望"不陌生。如果你是第一次听说"期望"这个词，那也没关系。期望的本质就是一个加权平均数。只不过它的权重通常是概率而已。

在前文我们讲基数效用论和序数效用论时，消费者的每一个决策都是确定的，或者说，只有一个结果。比如，你吃 1 个苹果会给你带来 10 个单位的效用，或者你认为苹果给你带来的效用高于橘子给你带来的效用。翻译成统计学的语言就是：它发生的概率等于 1。我们的目标是效用最大化。

在有风险的情况下，假设一个消费决策有两种结果：w_1 和 w_2，它们发生的概率分别为 p 和 1-p，那么我们此时的目标是期望效用最大化，或者，期望值的效用最大化。

仍然以苹果为例，假如你今天吃的是之前从来没吃过的野生苹果，结果有两种：好吃和不好吃。由于它看起来好看，红扑扑的，闻起来挺香，所以好吃的概率是 80%，不好吃的概率是 20%。进一步假设好吃的苹果能给你带来100个单位的效用，不好吃的苹果只能给你带来 10 个单位的效用。在这种情况下，你吃这个野生苹果的期望效用就是 $100×80\%+10×20\%=82$ 个单位。这个比较容易理解。再假设好吃的满意度为 1，不好吃的满意度为 0，那么吃这个野生苹果的满意度的期望值就是 $1×80\%+0×20\%=0.8$，这个 0.8 的满意度给你带来的效用就是期望值的效用。

用高大上的公式来表达，期望效用和期望值的效用如下：

期望效用：

$$E(U(W_1，W_2))=p×U(W_1)+(1-p)×U(W_2) \qquad (3-16)$$

期望值的效用：

$$U(p×W_1+(1-p)×W_2) \qquad (3-17)$$

再举个买彩票的例子，W_1 表示中彩票后的钱，W_2 表示彩票没中后剩下的钱，p 表示中彩票的概率。这样买彩票的期望效用，就是中彩票的概率乘以中彩票时的效用+彩票没中的概率乘以彩票没中时的效用。买彩票的期望值的效用就是买彩票后收入的期望值给你带来的效用。$pW_1+(1-p)W_2$ 表示买彩票的期望收入。

我们知道买彩票有亏有赚，有的人觉得中奖的概率太小，从来也不买彩票，有的人则被彩票的大奖迷得做梦都想买彩票。还有的人对彩票无感，不知彩票为何物。这些不同的行为就反映了人们对待风险的态度是有差异的。不喜欢买彩票的人属于风险规避者，或者风险厌恶者，热衷买彩票的人属于风险爱好者，对彩票无感的人则属于风险中立者，买不买彩票都可。如果用科学的方式给这三种风险态度下个定义的话，画风是这样的。

风险规避者：

$$U(p×W_1+(1-p)×W_2)>p×U(W_1)+(1-p)×U(W_2) \qquad (3-18)$$

风险爱好者：

$$U(p×W_1+(1-p)×W_2)<p×U(W_1)+(1-p)×U(W_2) \qquad (3-19)$$

风险中性者：

$$U(p×W_1+(1-p)×W_2)=p×U(W_1)+(1-p)×U(W_2) \qquad (3-20)$$

希望你没有被吓晕。其实，它们也是纸老虎，待我给你们戳破它。大家注意看，三个等式或不等式的左边都是期望值的效用，右边都是期望效用。认为左边大的就是风险规避者，认为右边大的就是风险爱好者，认为它俩相等的就是风险中立者。为啥呢？因为一般认为期望值的效用是无风险时的效用。继续彩票例子，假设开始时你有100元，拿出5元买彩票，奖金200元，中奖的概率是2.5%。你买彩票的期望收益就是中奖后的收益295元（100-5+200=295元）×中奖概率2.5%+不中奖的收益95元（100-5=95元）×不中奖的概率97.5%=100元。与你原来的钱一样多，换句话说，从最终的钱来看，你买彩票没啥风险，因为买与不买最终的钱都一样多。因此，期望值的效用称为无风险效用。

你现在可能迷糊了，买彩票没有风险，为啥那么多人不买呢？不是他们傻，而是因为你没有明白我的意思。我刚才说的是，从最终的钱来看，买彩票没啥风险。但是，从最终的效用来看，那就不一样了。风险规避者认为，还是100元放在兜里踏实；风险爱好者认为，万一运气爆棚，100元就变成了295元，多振奋人心啊！风险中立者则认为，买不买彩票一个样。

如果你没买过彩票，我就再给你们举个恋爱的例子。还说表白那点事儿。如果你担心表白失败后，连朋友都做不了，而放弃表白的话，你就属于风险规避者。如果郝浩更喜欢抱得美人归或领得帅哥回的快意，不愿意继续保持现在不咸不淡的朋友关系，而勇敢地表白，那么郝浩就属于风险爱好者。如果另一同学薛溪觉得冒险表白一下挺好，继续保持现在相敬如宾的感觉也不赖，而犹豫不决，那么薛溪就属于风险中立者。

一般来说，大家都是风险规避者。因此，很多人都买了保险。买保险就要交保险费。那保险费是怎么算出来的呢？

假设你的游戏账号值1万元，被盗的概率是20%，如果被盗了，你将损失8000元，你愿意花多少钱买保险呢？别急着求保费。我们换个思路。你愿意支付的最高保费一定满足这样的条件，即支付完保费后的收益至少大于不买保险时收益的预期值，对不对？

按此思路，我们看看你值得为你的游戏账号付多少保费。先计算不投保时收益的预期值为不被盗时的价值 $10000×80\%$+被盗后的剩余价值 2000×20% = 8400 元。如果保费是 1600 元，你支付完保费后的剩余价值为 10000−1600 = 8400 元。因此，你值得为你的游戏账号最高支付 1600 元的保费。

买保险跟很多事情一样都要两厢情愿。你愿意为你的游戏账号支付保费 1600 元，保险公司会不会同意呢？保险公司追求的是利润最大化，不是全世界的安全。因此，只有保险公司做了这笔业务有钱赚，至少不赔钱它才会做。保险公司的利润为保费 1600×80%+被盗时的收益（即保费 1600 元−被盗的损失 8000 元）×20% = 0。也就是说，保险公司做你这笔生意既不赚钱也不赔钱。可做可不做。现实中的保费计算比这要复杂得多，保险公司的利润函数也复杂得多。大家知道这个思路就可以了。

讲到这儿，第三回的内容就全部讲完了。

我们前文讲过，微观经济学的主体包括消费者和企业。消费者作出消费决策的目标是效用最大化。本回我们分别采用基数效用论和序数效用论分析了消费者实现效用最大化的均衡条件。接下来的第四回、第五回将分别从生产和成本的角度来介绍微观经济学的另一个主角——企业。企业的目标是利润最大化。一般来说，利润等于收入减去成本。收入等于价格乘以销售量。而销售量取决于生产量。因此，第四回先讲企业的生产，第五回讲企业的各种成本。预知企业如何在成本既定时实现产量最大化，或者产量既定时实现成本最小化，请听下回分解。

要点回顾

本回沿着需求这条叙事路线展开，主要讲述微观经济学的第一个主角——消费者如何实现效用最大化。首先介绍了效用的概念、分类，基数效用下的总效用、边际效用、边际效用递减规律，消费者实现效用最大化的均衡条件，需求曲线的推导，并解释了需求曲线因边际效用递减规律而向右下方倾斜；然后讲解了序数效用的两大法宝——无差异曲线和预算线、边际替代率，消费者实现效用最大化的均衡条件，由消费者均衡条件变化引出价格—消费曲线、收入—消费曲线，并根据这两条线顺便推导出需求曲线和恩格尔曲线；再然后通过将正常物品、低档物品和吉芬物品价格变化的总效应分解为替代效应和收入效应，解释了因替代效应起主要作用，大多数商品的需求曲线向右下方倾斜，并将基数效用论和序数效用论下推导出的个人需求曲线水平加总就得到市场需求曲线；最后简要介绍了在不确定条件消费者做出最优选择时涉及的不确定、风险、期望效用和期望值的效用，以及保险等内容。大家要记住这些要点：

（1）基数效用论认为，效用可以用1、2、3等基数来度量，也可以加总；而序数效用论认为，效用应该用第1、第2和第3等序数来度量，效用不可以加总。

（2）效用具有主观性。同一种商品对不同的人来说，效用无法比较；同一种商品对同一个人来说，在不同的时间和地点，效用水平可能不同。

（3）总效用和边际效用的关系。当边际效用大于零时，总效用递增；当边际效用小于零时，总效用递减；当边际效用等于零时，总效用取最大值。

（4）边际效用递减规律。边际效用递减规律的前提：收入水平不变，其他产品的消费数量保持不变，产品是同质的，在一定的时间内连续增加某种商品的消费。

（5）基数效用论下消费者实现效用最大化的均衡条件：最后一单位货币不管买什么，其所带来的边际效用是相等的，且等于货币的边际效用。或者，两种商品的边际效用之比等于它们的价格之比。另外，通常钱要花完。

（6）偏好的三个重要假设：完备性、传递性和非饱和性；无差异曲线的特征：凸向原点、离原点越远代表的效用水平越高、在坐标系内处处稠密但永不相交，以及预算线的四种变化情况：两种平移、一种旋转、一种不变。

（7）序数效用下消费者实现效用最大化的均衡条件：两种商品的边际替代率等于它们的价格之比。

（8）根据消费者均衡的变化，引出价格—消费曲线和收入—消费曲线的概念，并据此推导出需求曲线和恩格尔曲线。

（9）当商品价格下降时，正常物品的替代效应和收入效应都会增加商品的需求量，也就是说，正常商品的价格和需求量呈反向变动关系，所以正常商品的需求曲线向右下方倾斜。当商品价格下降时，低档物品的替代效应会增加商品的需求量，它的收入效应会减少商品的需求量，但是它的替代效应的绝对值大于收入效应的绝对值，这样低档物品的价格和需求量也呈反向变动关系，所以低档物品的需求曲线也向右下方倾斜。当商品价格下降时，吉芬物品的替代效应会增加商品的需求量，它的收入效应会减少商品的需求量，但是它的替代效应的绝对值小于收入效应的绝对值，这样吉芬物品的价格和需求量呈正向变动关系，所以吉芬物品的需求曲线向右上方倾斜。

第四回　多快好省向钱奔
——生产者的最优生产决策

庖丁为文惠君解牛，手之所触，肩之所倚，足之所履，膝之所踦，砉然向然，奏刀騞然，莫不中音，合于《桑林》之舞，乃中《经首》之会。

——《庄子·养生主》

《庖丁解牛》是一个家喻户晓的故事。庄子本来想借用这个故事说明养生之道在于顺其自然。现在有些人从工匠精神的角度来解读这个故事，也颇具新意。庖丁把杀牛技艺提升到了道的层次，没有追求极致的工匠精神肯定是做不到的。除此之外，这个故事给我触动最大的是庖丁解牛的效率是如此之高，以至于在牛可能还没有完全咽气之前不知不觉中就被完全肢解了。心生敬佩之余，突然一个奇怪的问题钻入脑中：如果庖丁活到现在，他会是各大屠宰场竞相争夺的屠夫吗？换句话说，屠宰场是更愿意雇佣一个月换一把刀的族庖，一年换一把刀的良庖，还是19年甚至一辈子都不用换刀的庖丁呢？大家别着急往下看，先调动你的小宇宙思考思考，然后再听我分析解答这个问题。

本回将把镁光灯转向微观经济学的另一个主角——生产者或者

企业，开启另一条叙事路线，分析它们如何在成本既定的情形下实现产量最大化，或者在产量既定的情形下，实现成本最小化，主要包括：第一，企业的概念、类型和成因；第二，常见的生产函数；第三，企业的短期生产；第四，企业的长期生产。

在大戏上演之前，我们先来点背景介绍，主要包括企业和生产的基本概念。现在我们每天吃的、穿的、用的、住的东西基本上都是买来的。比如，吃的萝卜、白菜是农民伯伯种的，穿的西服皮鞋是各种服装厂和鞋厂生产的，用的手机是华为等大型科技公司加工组装的，住的楼房别墅是房地产商开发建造的，等等。这些提供商品的企业有大的，如跨国公司华为，有小的，如淘宝上开店的农村大妈；有东莞的制鞋小作坊，也有万科这样的上市公司。它们的大小，组织形式多种多样。你们肯定想问：那什么是企业呢？

在经济学中，企业是指能够作出统一的生产决策的单个经济单位。根据企业的组织形式分为：个人企业、合伙制企业和公司制企业。假如你毕业后响应国家号召进行创业，受北大才子卖黑猪肉发家致富的启发，在你家小区附近开了家乌鸡蛋专卖店。你就成了传说中的个体户或个体企业。如果你的同学看你的生意不错，想和你一起把生意做大，走出小区，走向世界。你也想带着兄弟们一起发财，走向共同富裕。于是，你们签订了合伙协议后，你的个人企业就变成了合伙企业。如果你们签订的是普通合伙协议，那么你的同学就要对你们企业的债务承担无限连带责任。如果签订的是有限合伙协议，那你的同学只对合同金额承担有限连带责任。

打个比方，你们经营不善，亏了 1 亿元。你名下的房子、车子和票子等财产都搭上，还缺 3000 万元。如果是普通合伙的话，剩下的 3000 万元你同学要拿他名下的房子、车子和票子等财产来赔。如果是有限合伙的话，如你同学承诺 100 万元的合伙金额，那么他只要赔 100 万元就可以了。

顺便强调一句，个人企业如果亏损也要承担无限赔偿责任的。这是为什么会出现一家企业倒闭，企业所有者倾家荡产的情况。听到这儿，你是不是脊背发凉，暗暗掐灭了心中一度雄心勃勃的创业小火花？为了挽留像你这样的未来的乌鸡蛋大亨，国家还提供了另外一种选择：有限责任公司。如果公司经营不善，公司所有者只需要承担相当于注册资本额的有限责任。你嘘了一口气，悬着的心终于放了下来，可能你马上又有一个疑问：既然有限责任公司那么好，为啥还有个人企业和合伙企业？答案是公司制企业的门槛较高，并不是所有人都可以轻易注册。比如，有注册资本额的要求，需要定期向税务部门申报纳税信息，等等。有兴趣的同学可以查查《公司法》。

有的看官可能会说，我还听说过国有企业、集体企业和民营企业，它们之间有啥区别？这是按照所有制标准对企业进行的一种分类。顾名思义，企业的所有权归国家的，为国有企业，如中国移动，归集体的，为集体企业，如华西村的村办企业，归私人的为民营企业，如你的乌鸡蛋专卖店。现在时而见诸报端的混合所有制改革，就是国有企业引入民营资本入股。说白了就是国家和私人合办企业，类似于以前的公私合营企业。

公司制企业中还有一类股份制企业。它的注册资本不是个人出资或几个人合伙出资，而是通过发行股票的方式来筹集。比如，想筹集 1000 万元的注册资本，可以发行 1000 万股股票，每股 1 元。谁买了股票，谁就是公司的股东，也是公司的所有者，根据持有的股份享受公司的相应权益。比如，分享企业利润。

如果股份制企业符合国家的上市要求，那么它就成为上市公司。上市公司和没有上市的股份制企业的区别在于，前者的股票可以在上海、深圳和北京的证券交易所公开买卖，后者只能私下签订股权转让协议。

不管什么类型的企业，它们的目标都是相同的，即利润最大化。

在大致了解了企业或企业的概念和内涵之后，有没有人会问这样的傻问题：为什么会有企业呢？如果正在埋头苦读的你点了点头，那么恭喜你！你与诺贝尔经济学奖获得者的所问略同。大概在 90 多年前一个英国大学生就问了类似的问题。1937 年他写了一篇论文《企业的性质》回答了该问题，提出了交易费用理论，文章发表的 54 年后，他因交易费用理论方面的贡献获得了诺贝尔经济学奖。他给出的解释是企业可以降低交易费用。

举个例子，假如我想吃乌鸡蛋，有两种选择：一是自己养乌鸡（母的，因为公乌鸡也不下蛋），让它下蛋给我吃；二是从你那儿买乌鸡蛋吃。如果我选择自己养乌鸡，我首先要买一只乌鸡，给它买一个或自己做一个鸡笼子，给它买好吃的，还要天天喂它，末了我还要定期打扫卫生，给它吃点药预防禽流感啥的，等等。说到这儿，我不禁感慨：想吃一个乌鸡蛋咋这么难呢！你可能说，其实一点都不难，从我这儿买啊，免费送货上门。看出来了吧，这就是企业存在的理由，即它减少了我在吃乌鸡蛋过程中遇到的各种麻烦，用行话来说就是它降低了乌鸡蛋生产过程中的交易费用或交易成本。

企业的存在理由还有一种解释：新古典经济学家认为，分工合作和技术发展是企业产生的根源。在原始的自然经济下，人们都是自给自足。后来有了部落，人们开始互通有无，善于狩猎的部落用吃不完的野兔去换善于种植部落的多余粮食。后来在部落内部也逐步出现了分工，有专门制作狩猎工具的，有专门抓捕猎物的，有专门屠宰猎物的，有专门负责部落间交易的，等等。俗话说，术业有专攻。分工促进了技术进步，技术进步反过来促进分工的进一步深入。当分工到了一定程度，生产一种产品需要很多人一起协作才能完成。如果这些人能同时在同一个地点干活，那么效率肯定会更高，对不对？于是乎，企业便应运而生了。

在对企业的概念和存在理由有了大致了解之后，接下来我们讲企业的生产活动。

根据国家统计局的数据，2022 年末我国的企业法人单位数为 3282.87 万个，生产的产品数以亿计，而且产品多种多样，小到一颗螺丝钉，大到一艘航空母舰。那我们该如何刻画这些复杂程度不一的生产过程呢？这可难不倒聪明绝顶的经济学家。他们发明了一个工具：生产函数。其实，就是一个生产过程"黑箱"。一边连着投入另一边连着产出。

生产函数表示在一定时期内，在给定的技术条件下，生产中所使用的各种生产要素的数量与所能生产的最大产量之间的关系。用公式来表达就是：

$$Q = f(X_1, X_2, \cdots, X_n) \tag{4-1}$$

其中，Q 表示产量，X_1，X_2，$\cdots$，X_n 分别表示各种投入要素。

一般来说，产品不同，投入的要素种类和数量也是不同的。比如，有的需要 2 种，有的需要 20 种，有的可能需要 2000 种，甚至更多。据说一部光刻机有 5 万多个零部件。如果我们逐个研究这些要素与产量之间的关系，然后总结出经济规律，那就太麻烦了。

为了研究方便，经济学家把种类繁多的要素通常分为四类：土地、劳动、资本和企业家才能。注意，这里的"土地"不仅包括黑土地和黄土地，还包括地上的森林、河流和地下的矿藏等一切自然资源。这里的"劳动"指人的脑力和体力劳动，而不是劳动力！现在不是奴隶社会，劳动力是不允许买卖的。"资本"是指机器和厂房等人造资源。"企业家才能"是指企业家的组织管理企业的能力。大家先大致了解一下就可以了，关于生产要素的详细内容我们将在第八回介绍。

在生产函数的定义中，还有三点需要强调，待我一一讲来。

首先，这里的"一定时期"和前面讲需求和供给时一样可以指一日、一周、一个月和一年。在经济学中，"一定时期"有时候又分为短期和长期。注意，经济学意义上的"短期"和"长期"与会计学中的短期和长期或大家日常所说的时间长短是完全不同的两个概念。经济学中的"短期"指至少有一种生产要素的投入量是不变的时期。"长期"指所有的要素投入都可变的时期。换句话说，对有些产品来说，如钢铁，五年可能都是短期，因为炼钢炼铁的高炉通常五年内是不可能变的。对另外一些产品来说，如马路边卖的煎饼，一天可能都属于长期，因为一天之内做煎饼的小车、面、薄脆、辣酱和香菜，以及摊煎饼的人都是可以改变的。

其次，生产函数刻画的是"在给定的技术条件下"投入和最大产出之间的关系。言外之意是，如果技术条件发生了变化，那么同样的投入可能就会有不同的产出。比如，一个人一个拖把一小时可以拖地100平方米。同样，如果把传统拖把换成一个电动拖把，一个人一小时则可以轻而易举地拖地500平方米。从技术的角度来说，如果技术条件可变，那么投入和产出之间就不再一一对应，因此也不再有函数关系，即生产函数不存在。

最后，要强调的是生产函数刻画的是投入和最大产量之间的关系。为什么要强调是"最大"产量呢？举个例子，大家就明白了。我们知道，一个人如果能举起200斤的杠铃，那么他肯定也能举起200斤以下的所有杠铃，对不对？如果不强调是最大产量，那么一定量的投入就可能生产出不同的产量，又破坏了函数关系存在所要求的一一对应关系。更重要的是，如果生产出的产量不是最大的，那就说明生产过程是没有效率的，考察它与投入之间的关系通常是毫无意义的。

在搞清楚生产函数的内涵之后，接下来我们介绍三种常见的生产函数。

（1）固定替代比例的生产函数，也称为线性生产函数，表示在每一产量水平上任何两种生产要素之间的替代比例都是固定的。如果采用劳动和资本两种生产要素进行生产，通常的表达式是这样的：Q=aL+bK。为啥叫固定替代比例的生产函数呢？我们后面将会讲到，两种要素的边际技术替代率在任何产量水平上都等于a/b。通俗点说，两种要素是完全替代的，且替代比例是固定的。比如，1单位劳动可以替代3单位资本，2单位劳动就可以替代6单位资本。举个例子，在犁地时，1头牛通常可以代替4个人，2头牛就可以替代8个人。现在农村犁地基本上都机械化。举这个例子主要是让你们忆祖辈的苦思当下的甜。

（2）固定投入比例生产函数，也称为里昂惕夫生产函数，在每一个产量水平上任何一对要素投入之间的比例都是固定的。注意，刚才讲的是固定"替代"比例的生产函数，这是固定"投入"比例的生产函数，别搞混淆了！同样，如果采用劳动和资本两种生产要素进行生产，通常的表达式是这样的：Q = Min（L/u，K/v），u和v分别表示生产一单位产品所需要投入的劳动和资本数量，也称为劳动和资本的生产技术系数。

举个例子，出租车大家都坐过吧？好像说了一句废话（充满歉意的一笑）。出租车提供的是把你从一个地方送到另一个地方的出行服务。投入要素通常是一辆出租车和一位司机。这就是一个典型的里昂惕夫生产函数。在一次出行服务中，如果一个出租车配三个司机，多余的两个司机除了多耗点油或多浪费点电外，对提供出行服务没有一毛钱的用处。同样，在一次出行服务中，一位司机配两辆出租车，必定会有一辆出租车闲置（暂不考虑自动驾驶的情形）。因此，三位司机加一辆出租车，与一位司机加两辆出租车一样，都只能提供一次出行服务。这就是表达式里为啥取 L/u 和 K/v 两者最小值的原因所在。这一点类似于木桶理论，即木桶的容量取决于最短那块木板的长度。没见过木桶？那就把你的玻璃杯敲掉一块儿，慢慢往里面注水，你仔细观察水位的变化，是不是水位永远也超不过缺口的高度？这下明白了！如果还不明白，那就求助百度给你来一张古代木桶的图片。

　　理性的商家肯定不会浪费投入要素，所以最终的产量 Q=L/u=K/v，变换一下得到 L/K=u/v，即劳动和资本的投入比例总是等于生产技术系数之比。

　　（3）柯布—道格拉斯生产函数，也称为 C-D 生产函数，是美国数学家柯布和经济学家道格拉斯在 20 世纪 30 年代初在研究 1899~1922 年美国制造业数据时构建的一种生产函数。由于该函数具有许多重要的性质，所以深受经济学家们的喜爱。比如，α 和 β 分别表示产量的劳动弹性和资本弹性，即劳动（资本）每变动 1%，产量将变动 α%（β%）。如果该函数用来表示实物的生产，那么 α 和 β 分别表示劳动和资本在实物生产过程中的贡献比例。另外，α 和 β 还表示劳动和资本在生产中的相对重要程度。我们后面将会讲到，如果 α+β=1，表示生产处于规模报酬不变阶段。如果 α+β>1，表示生产处于规模报酬递增阶段。如果 α+β<1，表示生产处于规模报酬递减阶段。如果大家今后从事经济学方面的研

究，你们会发现到处都有它的身影。因此，你们有必要先和它先混个脸熟。如果能把它发展成闺蜜或挚友，当然最好了。

在对生产函数有了初步认识之后，接下来我们介绍企业的短期生产函数和长期生产函数。

首先介绍企业的短期生产函数。在现实中，任何产品的生产可能都需要投入两种以上的要素，如劳动和资本。为了分析方便，也便于大家理解，我们先分析只有两种投入要素——劳动和资本，并且只有劳动一种要素可变的简单情形。用公式来表达就是这样的：

$$Q=f(L,\bar{K}) \tag{4-2}$$

其中，$\bar{K}$ 表示在短期的生产过程中，资本投入量保持不变。

接下来出场的是三个非常重要的人物——总产量、平均产量和边际产量。

总产量表示与可变要素的每一个投入数量相对应的最大总产量，一般用 TP（Total Product）表示。一般来说，如果没有特别说明，生产函数指的都是总产量函数。

平均产量表示平均每一单位可变要素的投入量所生产的产量，一般用 AP（Average Product）表示。AP＝TP/L，即平均产量等于总产量除以可变要素的投入量。

边际产量表示增加一单位可变要素的投入数量所增加的产量，一般用 MP（Marginal Product）表示。边际产量等于总产量的变化量除以可变要素的变化量。如果总产量函数是连续可导的，那么边际产量就是总产量的一阶导数。

再强调一次，这些概念和公式一定要记住！并且，只记住它们各自的模样还不够，还要搞清楚它们之间的长幼尊卑关系。接下来的图 4-1 最好能默画出来。注意，不是照猫画虎，而是胸有成竹。

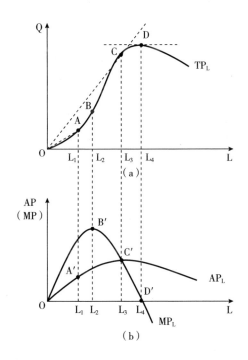

图 4-1 一种要素可变的短期产量曲线

从整体来看，总产量、平均产量和边际产量曲线都呈先增后减的倒 U 形。为啥都呈倒 U 形呢？答曰：边际产量的倒 U 形决定了总产量和平均产量的倒 U 形，而边际产量的倒 U 形需要一会儿讲到的另外一个概念来解释。我们暂且按下不表。现在我们单说它们之间的关系。

首先考察总产量和边际产量之间的关系。当边际产量大于零时，总产量上升，当边际产量小于零时，总产量下降，所以当边际产量等于零时，总产量取得最大值。回想一下刚刚讲过的内容，边际产量是总产量的一阶导数，在图形上表现为总产量的切线斜率。仔细看图 4-1（a），总产量在 B 点的切线斜率是最大的。因此，在图 4-1（b）中对应的 B′点，即边际产量取得最大值点。在总产量曲线的 OB 段，其切线的斜率逐渐变大，对应图 4-1（b）中的边际产量递增，BD 段切线的斜率逐渐变小，对应图 4-1（b）的边际产量递减，在 D 点之后，总产量的切线斜率变成负数，对应图 4-1（b）中的边际产量为负值。

其次考察总产量和平均产量之间的关系。回想一下平均产量的公式，同时看总产量曲线上任意一点与原点连线的斜率。你是不是惊奇地发现它们是相同的？从图 4-1（a）可以看出，总产量曲线上 C 点与原点连线的斜率比总产量曲线上其他点与原点连线的斜率都大，对应图 4-1（b）中的 C′点，即平均产量取得最大值点。在总产量曲线的 OC 段，其上的点与原点连线的斜率逐渐变大，对应图 4-1（b）中的平均产量递增，C 点之后，其上的点与原点连线的斜率逐渐变小，对应图 4-1（b）中的平均产量递减。

最后看平均产量和边际产量之间的关系。我们再看总产量曲线的 C 点，有没有发现 OC 也是总产量曲线的切线？没有？这个真的可以有！刚才讲过总产量曲线的切线斜率等于边际产量。OC 也是

总产量上的点与原点的连线，其斜率等于平均产量。因此，在图
4-1（b）中与 C 点对应的 C′处边际产量和平均产量相交。又由于
在 C′点平均产量取得最大值，所以有时候也说边际产量曲线与平
均产量曲线相交于平均产量的最大值点。

进一步分析，当边际产量大于平均产量时，平均产量上升；当
边际产量小于平均产量时，平均产量下降。读到这儿，估计你们
快晕了。在还没有彻底晕菜之前，我们举个例子。假设某个 CBA
球队 9 名球员的平均身高为 1.98 米，现在篮协主席姚明来球场上
视察。由于姚明这个边际人员的身高为 2.26 米，大于 1.98 米，相
当于边际产量大于平均产量，所以现在球场上 10 个人的平均身高
变为 2.01 米，相当于平均产量会上升。如果换成你去视察，由于
你的身高小于 1.98 米，相当于边际产量小于平均产量，所以加上
你之后的平均身高会变矮，相当于平均产量会下降。

如果你看到数学公式比见到亲爹亲娘还亲，那么你也可以利用
公式来推导平均产量和边际产量之间的关系。

在搞清楚短期内总产量、平均产量和边际产量的关系之后，接
下来我们讲短期生产过程中的一个重要规律——边际报酬递减
规律。

在讲基数效用论时，我们讲过一个重要的规律——边际效用递
减规律。在短期的生产过程中，也有一个类似的规律：边际报酬
递减规律，有时候也称为边际产量递减规律。在技术水平和其他
因素不变的条件下，在连续等量地将某一种可变要素增加到其他
一种或几种数量固定不变要素的过程中，该要素的边际产量先是

递增；在这种要素投入量增加到一定数量后，其边际产量便是递减。

边际报酬递减规律与边际效用递减规律的显著区别在于边际报酬递减规律并不是从第一单位开始就递减，而是投入量到了某一个临界值之后才开始递减。边际效用递减规律则是从第一单位开始就递减。在其他方面，两种规律基本上是相同的。大家逐渐会发现生产和消费在很多方面都是类似的，因为生产也可以看成是一种消费。只不过企业消费的是生产要素，产出的是产品，不是效用罢了。

举个例子，我们都听过这样的故事：一个和尚挑水喝，两个和尚抬水喝，三个和尚没水喝。假设庙里有一个和尚，两根扁担和四个木桶，一个和尚一天能挑 5 趟，共 10 桶水，来了一个和尚后，两个人挑水，水桶虽然没变轻，但路上有人聊天解闷，一天下来两人共挑了 24 桶水，边际产量由 10 桶变成了 14 桶，边际产量是递增的。又来了一个和尚后，两根扁担、三个和尚、四个木桶，不好分工，三个和尚互相推诿扯皮，最终一天磨磨蹭蹭只打了 30 桶水，第 3 个和尚带来的边际产量为 6 桶水，边际产量开始递减了。后面来的和尚越多，边际产量可能变得更小。这就是边际产量递减规律。

像边际效用递减规律一样，边际报酬递减规律的存在也有一定的前提。我们来逐个分析一下。

首先，技术水平不变。如果技术水平是可变的，随着可变投入要素的增加，边际产量可能会增加，而不是减少。仍以和尚喝水的故事为例，假设第三个和尚带来了一辆山地独轮车，一次可以运 4 桶水，三个和尚轮流运，每人运 5 趟，一天轻轻松松运 15 趟，60 桶水。由于技术水平提高了，第三个和尚带来的边际产量为 36 桶水，边际产量没有减少，反而增加了。

其次，其他生产要素投入不变。如果其他生产要素投入也是可变的，那么边际产量递减规律也可能会失效。继续以和尚喝水的故事为例，假如这次第三个和尚来的时候，带来的是一根扁担和两个木桶。这样，三个和尚都可以挑水了。由于三个和尚之间存在竞争关系，大家都想拿第一名，结果一天下来每个和尚挑了 8 趟，16 桶水，三个和尚共打了 48 桶水。第三个和尚带来的边际产量为 24 桶水，边际产量也没有减少。

再次，只有投入超过一定量时，边际报酬递减规律才会出现。刚才我们在和边际效用递减规律比较时，提到了这一点。现在我们解释一下。仍以和尚喝水的故事为例，一个和尚，只需要一根扁担，两个木桶，而庙里有两根扁担，四个木桶，所以一个和尚时，扁担和木桶没有得到充分利用。当再来一个和尚时，扁担和木桶得到了充分利用，所以边际产量增加，当来第三个和尚时，扁担和木桶不够了，和尚之间互相推诿扯皮，降低了生产效率，边际产量开始递减。

现实中，在短期内，一般机器和厂房等投入不变，当工人很少时，机器无法开足马力生产，随着工人增加，机器的利用率越来越高，边际产量递增。当机器的利用率达到 100% 之后，再增加工人的数量，就会出现工人之间扯皮的现象，降低生产效率，导致边际产量开始递减。这就是前面埋下的伏笔，即边际产量曲线呈倒 U 形的原因所在。根据边际产量与总产量、平均产量之间的关系，便知总产量和平均产量也是先递增再递减，所以也呈倒 U 形。

最后，连续增加投入的生产要素是同质的。通俗地说，连续增加的生产要素品质都是一样一样的。比如每次来的和尚都是第一个和尚的同胞兄弟。如果连续投入的生产要素不是同质的，那么边际产量递减规律可能也会失效。比如，其他条件都不变，第三个和尚是倒拔杨柳的鲁智深，一个人挑了四桶水还健步如飞，一天挑了 100 桶水，带来的边际产量为 76 桶水，边际产量不但没减少，反而大幅度增加。

在现实中，虽然人们在长相上有较大差异，但是文化水平相当的工人素质相差却没有那么明显。因此，这个假设前提在大多数情况下还是可以得到满足的。

搞清楚边际报酬递减规律存在的前提条件之后，我们顺便了解了一下技术进步与边际产量之间的关系。一般来说，技术水平越高，边际产量越大。

前文我们讲消费者时，消费者作出消费决策的目标是效用最大化。企业的目标是利润最大化。那企业在生产阶段有啥目标呢？其实，企业的利润和产量是密切相关的。我们暂时把它们割裂开来。先不考虑销售的事儿，企业在生产阶段的目标是生产效率最大化，即产量既定成本最小化或成本既定产量最大化。当短期内只有一种要素投入可变时，理论上企业应该选择边际产量等于零时的要素投入量，因为此时的总产量取得最大值。但是，在现实中，生产都是连续进行的，不能实时计算出每一单位的边际产量。因此，经济学家根据边际产量和平均产量的变化趋势，以及它们之间的关系，将短期的生产过程粗略地分为三个阶段（见图4-1）。

第一阶段为产量从 0 到 L_3 的阶段。在该阶段，平均产量从 0 增到最大值。理性的企业肯定会继续增加劳动投入，不会让生产停留在该阶段。因此，第一阶段不是合理的生产阶段。

再看第三阶段，即边际产量为负值的阶段。随着劳动投入的增加，总产量都下降了，你说哪有那么傻的企业会在此阶段生产，对不对？

最后看第二阶段。根据排除法，我们知道短期生产应该在第二阶段进行。即从平均产量下降到边际产量等于零这一阶段。在此阶段，增加劳动投入，由于边际产量小于平均产量，使得平均产量也开始下降，虽然总产量增加的速度在放缓，但是总产量仍在上升。因此，理性的企业应该将生产停留在第二阶段，并力求接近边际产量等于零的临界点。

讲到这儿，企业的短期生产函数就讲完了，接下来我们讲企业的长期生产函数。

大家还记得吗？在经济学中长期和短期的区别。短期是指至少有一种要素投入是不变的时期，长期是所有要素投入都可变的时期。为了简化分析，这里沿用大多数教科书的做法，即仅考察生产函数中只有劳动和资本两种投入要素的简单情形。这意味着在长期内，劳动和资本都是可变的。企业可以选择劳动和资本的最优组合投入生产过程。那什么是劳动和资本的最优组合呢？如何找到该最优组合？

黄三少曾曰：生产也是一种消费。只不过企业消费的是生产要素，产出的是产品或服务罢了！想通了生产和消费的转化关系之后，我们再来回想一下，序数效用论下消费者实现效用最大化的均衡条件：两种产品的边际替代率等于它们的价格之比，也等于它们的边际效用之比。在推导该均衡条件的过程中，我们用到了序数效用论的两大法宝：无差异曲线和预算线。大家还有一丢丢儿印象吧？

正在掩卷沉思的你是不是心中开始念叨：既然生产也可以看成一种消费，是不是企业也有类似于无差异曲线和预算线的东东？

你还别说，还真被你猜中了！生产界的无差异曲线叫等产量线，生产界的预算线叫等成本线。接下来我们将一一介绍长期生产理论的两大法宝：等产量线和等成本线。

第一个出场的是等产量线。等产量线是在技术水平不变的条件下，生产同一产量水平的两种要素投入量的所有不同组合的轨迹。就像无差异曲线的定义中假设消费者的偏好不变一样，这里假设技术水平不变。如果技术水平可变，那么不同的要素投入也可以生产出相同的产量。这样问题就复杂了。技术水平和要素组合同时发生变化，我们就无法得知产量的增加或减少到底是技术水平变化导致的，还是要素组合变化导致的，抑或是两者同时变化导致的。

等产量线和无差异曲线名字看起来没有联系，其实它们长得非常像。为了让它俩看起来也像亲兄弟，我通常会给无差异曲线起个别称——等效用线。

大家看看图4-2是不是很眼熟？同一条等产量线上的不同要素组合点的产量相同，比如图4-2（a）中的A点和B点；它们都凸向原点；在坐标系内等产量线处处稠密，永不相交；离原点越远的等产量线代表的产量越高，比如图4-2（a）中的 $Q_1 < Q_2 < Q_3$。它与无差异曲线不一样的地方在于：横坐标和纵坐标表示的不再是两种产品，而是两种生产要素。

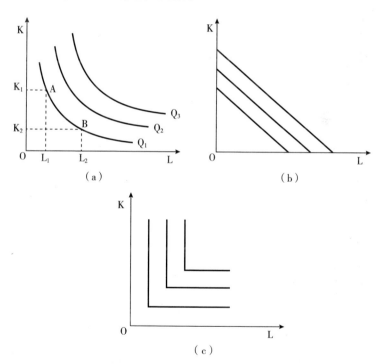

图4-2　等产量曲线

都是老熟人了，我就不多介绍了。各位看官是否还记得无差异曲线家族有两个异类：一种是直线的，描绘的是两种具有完全替代关系产品的无差异曲线；另一种是直角形状的，描绘的是两种具有互补关系产品的无差异曲线。

同样地，等产量线家族也有两个异类，长得也和无差异曲线一样。图 4-2（b）描绘的是两种具有完全替代关系要素的等产量线，如前文介绍的线性生产函数的情形；图 4-2（c）描绘的是两种具有互补关系要素的等产量线，如前文介绍的里昂惕夫生产函数的情形。

大家还记得吗？在解释无差异曲线为何凸向原点时，我们用到了一个概念——边际替代率，即在维持效用水平不变的前提下，一种商品替代另一种商品的比率。这里解释等产量线为啥也凸向原点时，也要用到一个类似的概念——边际技术替代率。在维持产量水平不变的条件下，增加一单位某种要素的投入量时所需要减少的另一种要素投入量。计算公式如下：

$$\text{MRTS}_{LK} = -\frac{\Delta K}{\Delta L} \tag{4-3}$$

如果两种要素的变化量都比较小，$\text{MRTS}_{LK} = -dK/dL$。

这里也要强调一下，边际技术替代率 MRTS_{LK} 表示一单位劳动投入可以替代多少单位资本投入，等号右边的分母是 ΔL 或 dL，分子是 ΔK 或 dK，大家千万别搞颠倒了！

根据同一条等产量线上，不同要素组合可以生产出相同的产量，我们可以得到一个方程：$\text{MP}_L \times \Delta L + \text{MP}_K \times \Delta K = 0$，这个是不是也很眼熟？对该方程进行一番改头换面，就变成了 $MP_L/MP_K =$ $-\Delta K/\Delta L = MRTS_{LK}$，两种要素的边际产量之比等于边际技术替代率。

此时，你聪明的脑袋有没有把边际替代率等于边际效用之比等于两种商品的价格之比的知识点调入大脑内存？没有？那就赶紧升级一下内存或更换一下 CPU 吧！

第三回我们讲过，边际替代率递减规律使得无差异曲线凸向原点。类似地，边际技术替代率递减规律使得等产量线凸向原点。边际技术替代率递减规律是指在维持产量水平不变的前提下，在一种可变要素的投入量不断增加的过程中，每一单位这种可变要素所能替代的另一种可变要素的数量是递减的。

从图 4-3 可以看出，第 2 单位劳动能替代 2 单位资本，第 3 单位劳动能替代 1 单位资本，第 4 单位劳动替代 2/3 个单位资本，第 5 单位劳动只能替代 1/3 个单位资本。这就是边际替代率递减规律。

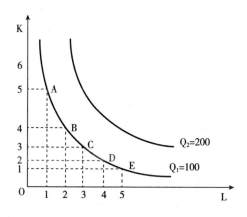

图4-3　边际技术替代率递减规律

该规律也可以用高大上的公式来证明。前面刚刚推导出 $MRTS_{LK} = MP_L/MP_K$。根据边际报酬递减规律，随着劳动投入量增加，劳动的边际产量 MP_L 下降，同样随着资本投入量减少，资本的边际产量 MP_K 上升。一个分数的分子减少，分母增加，那么该分数一定减少，即边际技术替代率递减。原命题得证。

像边际替代率递减规律一样，边际技术替代率递减规律也有例外的情况。当两种要素是完全替代关系时，边际技术替代率不变；当两种要素是互补关系时，等产量线水平段的边际技术替代率为零，等产量线垂直段的边际技术替代率为无穷大。

另外，我们知道，边际替代率递减的背后原因是边际效用递减规律。类似地，边际技术替代率递减的背后原因是边际报酬递减规律。这一点大家要记住！

讲到这儿，大家有没有意识到我总是提第三回的无差异曲线、边际替代率和边际替代率递减规律，逼着大家频繁地把第三回的记忆调入大脑内存。为了避免大家的脑袋出现卡顿现象，接下来我们讲点新的东西——规模报酬。

规模报酬有三种情况：规模报酬不变、规模报酬递增和规模报酬递减。

规模报酬不变是指产量增加比例等于各种生产要素增加比例。规模报酬递增是指产量增加比例大于各种生产要素增加比例。规模报酬递减是指产量增加比例小于各种生产要素增加比例。

举个例子，一个人、一头牛和一亩地，一年能生产粮食1000斤，如果生产粮食的规模报酬不变，那么两个人、两头牛和两亩地，一年就能生产 2000 斤粮食；如果生产粮食的规模报酬递增，那么两个人、两头牛和两亩地，一年就可能生产 2200 斤粮食；如果生产粮食的规模报酬递减，那么两个人、两头牛和两亩地，一年就可能仅生产 1800 斤粮食。

值得注意的是，这三种情形并不是孤立存在的。一般来说，在长期生产过程中，企业通常都会经历规模报酬递增、规模报酬不变和规模报酬递减这三个阶段。继续刚才的例子，在一个人、一头牛和一亩地的情况下，耕种都不太方便。比如，我们很少见到一头牛犁地的场景。即使有的话，也是一头老牛吃力地拉着一个很小的犁头在犁地。因此，生产效率比较低，假设粮食产量只有1000 斤。当生产要素投入增加一倍，两个人和两头牛，耕种就比较方便了。两头牛犁地就比较快了，两个人一起干活，有人聊天解闷，效率也会提高，于是乎粮食产量大增，比如增至 2200 斤，大于要素投入的比例。当生产要素投入增加到三个人、三头牛和三亩地时，三头牛一起犁地更快，但三个人一起干活那就可能会存在偷奸耍滑的情况，如三个人都想干轻活，干净活。结果生产效率回到最初的水平，粮食产量增加幅度不大，如增至 3000 斤，等于要素投入增加的比例。如果要素投入进一步增加，四头牛一起犁地太快，人跟不上，关键是四个人一起干活就悲剧了。活都不想干，等着吃闲饭，牛儿也犯懒，柳下把觉眠。结果生产效率进一步下降，粮食产量增加有限，如增至 3200 斤，小于要素投入增加比例。

大家要注意，在现实中，生产过程比种地要复杂得多，但道理是一样的。

　　为了更加直观地理解规模报酬三种情形之间的区别，我们结合图形再解释一下。如图 4-4 所示，总产量曲线斜率递增的 TP_3 代表的是规模报酬递增的情形，总产量曲线为直线的 TP_2 代表的是规模报酬不变的情形，总产量曲线斜率递减的 TP_1 代表的是规模报酬递减的情形。是不是一目了然？

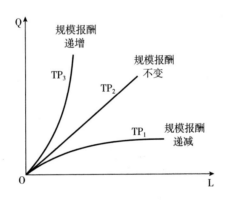

图 4-4　规模报酬的三种情形

　　如果你的数学功底不是太差的话，我更推荐大家掌握规模报酬更科学的定义。

　　规模报酬不变：

$$f(\lambda L,\ \lambda K) = \lambda f(L,\ K) \tag{4-4}$$

　　规模报酬递增：

$$f(\lambda L,\ \lambda K) > \lambda f(L,\ K) \tag{4-5}$$

规模报酬递减：

$$f(\lambda L, \lambda K) < \lambda f(L, K) \qquad (4-6)$$

这三个公式看起来有点不友好，其实一点都不难理解。它们的含义是假设劳动 L 和资本 K 都增加 λ 倍，通常 λ 大于 1，否则就是缩小规模了，如果产出也增加 λ 倍，那么它就是规模报酬不变的情形；如果产出增加不止 λ 倍，那么它就是规模报酬递增的情形；如果产出增加不到 λ 倍，那么它就是规模报酬递减的情形。是不是比刚才更好理解？

刚刚等产量线亮了相，接下来我给大家引荐一下等成本线①。等成本线是指在既定成本和生产要素价格下，生产者可以购买到两种生产要素的各种不同数量组合的轨迹。与预算线的定义是不是非常相似？大家还记得吗？预算线是指在收入和两种商品价格不变的条件下，消费者可以购买到的两种商品的不同数量组合点的轨迹。

前面我已经透露过，等成本线是生产领域的预算线，所以它与预算线长得也比较像。如图 4-5 所示，像预算线一样，等成本线也是一条向右下方倾斜的直线。

每条预算线表示消费者准备花多少钱买东西。离原点越远，表示预备用来花的钱就越多。类似地，每条等成本线代表企业准备投入多少钱购买生产要素。离原点越远，表示准备投入的资金越

---

① 严格来讲，等成本线应该等交代完成本之后再讲。不过，不知道经济学中"成本"的准确含义不会影响对接下来内容的理解，而且这样安排逻辑更顺畅，所以这里做了与有些教科书不同的安排。

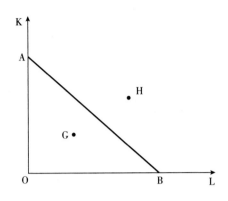

图 4-5　等成本线

多。理论上，像预算线一样，在两种要素的价格发生不同比例变化时，等成本线也会发生旋转，大多数教科书里没有提到这一点，我猜测可能是因为生产要素的需求曲线不能通过马上要讲到的均衡点的变化推导出来。简而言之，就是后面章节用不到，这里也就没有必要讲了。生产要素的供给和需求有其独特的地方，所以放到第八回专门来讲。

　　再回到等成本线的问题上。与预算线一样，等成本线也把坐标系第一象限划分为三个区域：等成本线内、等成本线上和等成本线外。由图 4-5 可知，等成本线外的点，如 H 点代表现在的生产投入预算买不到的要素组合。等成本线内的点，如 G 点代表现在的生产投入预算没有用完的点。因此，只有等成本线上的点才可能是企业能买到的最佳要素组合点。我们知道，等成本线 AB 上有无数个点，到底哪个点是企业应该选择的最优点呢？突然，一个癫头和尚从你面前飘然而过大声唱道：等产量线胖得肚儿圆，等成本线瘦成麻秆，谁承想它们竟然对上了眼？天天黏一起缠缠绵绵，引得鹦鹉们拍照围观……

假设长期生产过程中，劳动 L 和资本 K 都是可变的，它们的价格分别为 w 和 r，给定企业的投入成本为 C，我们就可以写出企业的成本方程：

$$wL+rK=C \tag{4-7}$$

将它梳妆打扮一下，就变成了一种函数形式，即资本投入量 K 是要素投入量 L 的函数：

$$K=-\frac{w}{r}L+\frac{C}{r} \tag{4-8}$$

其中，$-w/r$ 是等成本线的斜率。再次提醒，w 和 r 分别表示劳动和资本的价格。从更一般的意义上说，等成本线斜率的绝对值等于两种要素的价格之比[①]。等成本线在横轴上的截距 C/w 表示所有的生产预算都用来买劳动 L，能买到的最大数量；等成本线在纵轴上的截距 C/r 表示所有的生产预算都用来买资本 K，能买到的最大数量。

大家回想一下，第三回讲序数效用论下消费者实现效用最大化的均衡条件时，我们发现预算线和无差异曲线的切点是最优的。此时边际替代率等于预算线斜率的绝对值，即两种商品的价格之比。

既然生产也可以看成一种消费，等产量线和无差异曲线、等成

---

① 如果再严谨一点的话，应该再补充一点：横轴表示的要素价格在分子，纵轴表示的要素价格在分母。

本线和预算线长得那么像，本质也差不多，所以你们有一万个理由猜测：等产量线和等成本线的切点是企业长期的最佳要素投入组合点。此时，边际技术替代率等于等成本线斜率的绝对值，即两种要素的价格之比。我先告诉大家，你们的猜测是完全正确的。不过，根据企业的长期生产目标，这里分为两种情形：一是成本既定时产量最大化；二是产量既定时成本最小化。

我们先验证第一种情形。由于等产量线在坐标系里是处处稠密的，所以它与给定的等成本线的关系就只有两种可能：相交和相切。这样等成本线上的点就分为两类：一类是与等产量线的交点，如图4-6（a）中的A点和B点；另一类是与等产量线的切点，如图4-6（a）中的E点。这样，我们就把寻找最优点的任务简化为一个"二选一"问题，最优点要么是等产量线和等成本线的交点要么是它们的切点。相当于把一个大海捞针的任务，转化成一个猜硬币正反面的任务。这很好地体现了方法和知识的重要性！

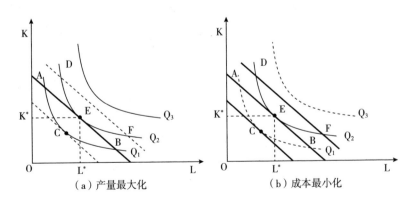

图4-6　企业长期均衡的最佳要素投入组合

如图 4-6（a）所示，我们先考察等产量线和等成本线的交点 A 是不是最优点。如果企业通过调整要素投入组合，即多投入劳动，少投入资本，或者说，用劳动替代资本，从 A 点沿着等产量线 Q_1 移到 C 点，我们看看会有什么结果。由于 A 点和 C 点在同一条等产量线上，所以这两种要素投入组合可以生产出相同的产量。但是，C 点位于更靠近原点的等成本线上，也就是说，C 点所代表的要素投入组合更省钱。如果企业走的是另外一条调整路线，从 A 点沿着给定的等成本线移到 E 点，我们看看会不会有惊奇的发现。由于 A 点和 E 点在同一条等成本线上，所以这两种要素投入组合花的钱一样多。但是，E 点位于离原点更远的等产量线 Q_2 上，也就是说，E 点所代表的要素投入组合能生产出更多的东西。

综上所述，不管是沿着等产量线移动到 C 点，还是沿着等成本线移动到 E 点，企业通过调整生产要素的投入组合，不是少花钱就能生产出更多的东西，都能变得更好。因此，我们可以得出结论：等产量线和等成本线的交点不是企业长期生产的最优点。

根据排除法，我们知道，等产量线和等成本线的切点应该是企业长期生产的最佳要素投入组合点。为了保证万无一失，我们再按照刚才的思路验证一遍。如果企业通过少投入劳动，多投入资本，从 E 点沿着等产量线 Q_2 移到 D 点，我们发现 D 点所代表的要素投入组合可以与 E 点所代表的要素投入组合生产出相同的产量，因为它们在同一条等产量线 Q_2 上，但是它需要更多的资金投入，因为 D 点位于离原点更远的等成本线上。如果企业走的是另外一

条调整路线，从 E 点沿着给定的等成本线移到 B 点，我们发现 B
点所代表的要素投入组合与 E 点所代表的要素投入组合需要相同
的资金投入，因为它们在同一条等成本线上，但是它只能生产出
较少的东西，因为 B 点位于离原点更近的等产量线 Q_1 上。

综上所述，不管是沿着等产量线移动到 D 点，还是沿着等成
本线移动到 B 点，企业都不能通过调整生产要素的投入组合，让
自己变得更好，一旦调整了，不是多花钱就是少生产东西。因此，
我们可以得出结论：等产量线和等成本线的切点是企业长期生产
的最优点。

我们常调侃说，有一种冷叫妈妈觉得冷。是不是也有一种疑
问，叫老师觉得有疑问。讲到这儿，有没有看官想问，如果既不
沿着等产量线，也不沿着等成本线移动会怎样？答案是如果从 A
点或 B 点向 ACB 这个封闭的不规则区域内移动，那么结果是少花
钱多生产东西。如果是从 E 点向 AED（或 BEF）这个半封闭的不
规则区域内移动，结果是多花钱少生产东西。是不是还有的看官
想问，为啥两条虚线表示的等成本线与给定的等成本线是平行的？
因为在我们的上述分析中，始终假设两种要素的价格是不变的，
所以无论成本增加还是减少，等成本线的斜率都是不变的。

就像妈妈并不是啥时候都觉得冷一样，老师也不能啥时候都觉
得学生会有十万个为什么。老师的自作多问到此为止，我们接着
往下讲。

在等产量线和等成本线的切点上，等成本线扮演两个角色，一
是它自己，此时其斜率绝对值为 w/r，也就是劳动和资本的价格之

比；二是等产量线的切线，此时它的斜率绝对值为边际技术替代率。既然等成本线和等产量线的切线是同一条直线，它们的斜率毫无疑问是相等的。因此，我们得到企业长期生产的均衡条件[①]：

$$\text{MRTS}_{LK} = \frac{w}{r} \tag{4-9}$$

由于 E 点在等成本线上，所以长期均衡还要满足 $wL + rk = C$ 这个约束条件。

到这儿我们就把成本给定的前提下，企业追求产量最大化的情形验证完了。接下来我们验证产量给定的前提下，企业追求成本最小化的情形。

如图 4-6（b）所示，像刚才一样，从 A 沿着等产量线 Q_1 移动到 C 点，企业的产量不变，成本下降；从 A 点沿着等成本线 AB 移动到 E 点，企业的成本不变，产量增加。因此，我们得出结论：等产量线和等成本线的交点不是最优点。如果企业从 E 点出发，沿着等成本线 AB 移动到 B 点，企业的成本不变，产量减少；从 E 点沿着等产量线 Q_2 到 D 点，企业的产量不变，成本上升。因此，我们得出结论：等产量线和等成本线的切点是企业长期生产的最优点。刚刚我们已经分析过，在该点满足边际技术替代率等于两种要素的边际产量之比，也等于它们的价格之比。

由于该情形下，产量是给定的，所以另外一个均衡条件是 Q =

---

① 有时候，根据题目给出的信息，均衡条件还会做一些变化，比如 $\text{MRTS}_{LK} = \text{MP}_L / \text{MP}_K$，表示两种要素的边际技术替代率等于两种要素的边际产量之比；或者，$\text{MP}_L / w = \text{MP}_K / r$，表示最后一单位货币不管买哪种要素带来的边际产量都是相同的。

f（L，K），表示均衡点在等产量线上。

讲到这儿，本回开头我让大家思考的问题答案是不是就非常清楚了？各大屠宰场都是追求利润最大化的企业。它们会不会抢庖丁，就要看庖丁和一把刀的投入要素组合是不是处在它们的等成本线和等产量线的切点上，或者说，庖丁的劳动和刀的边际技术替代率是否等于庖丁的工资和刀的价格之比。通俗地说，如果屠刀很便宜，族庖或良庖的工资也不高，而庖丁的工资奇高的话，各大屠宰场可能就不会雇佣庖丁了。这就像企业不一定会采用最新的技术和最好的原材料一样。

在第四回的大幕即将拉上之前，我们最后再讲一点新的内容。

在第三回，我们讲消费者的均衡变化时引出了两条线：一条是价格—消费曲线，据此可以推导出需求曲线；另一条是收入—消费曲线，据此可以推导出恩格尔曲线。

根据长期生产的均衡变化，我们也可以引出一条线——生产的扩展线，类似于收入—消费曲线。生产的扩展线是企业长期扩张或收缩生产所遵循的最优路径，是成本变化后生产均衡点的连线。我们来解释一下。

如图 4-7 所示，当等成本线为 AB 时，企业的生产均衡点为 I 点，即等产量线 Q_1 与等成本线 AB 的切点，随着投入规模的扩大，等成本线向右移动到 CD，与等产量线 Q_2 相切于 G 点，也是新的均衡点；如果投入规模继续扩大，等成本线继续向右移动到 EF，与等产量线 Q_3 相切于新的均衡点 H。从原点出发将 I 点、G 点和 H 点连起来的线就是传说中的生产的扩展线。

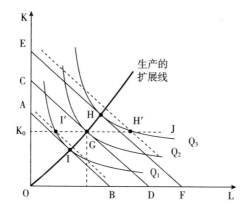

图 4-7 生产的扩展线

　　为什么说它是企业长期扩张或收缩生产所遵循的最优路径呢？我们来论证一下。假设企业现在处在均衡点 G，资本投入量为 K_0。假设资本投入量不变，如果企业想扩大产量到 Q_3，从 G 点沿着 K_0J 向右移动到 H′点。由于 H′点所在的等成本线比 H 点所在的等成本线离原点更远，所以与长期最优相比，短期内扩张生产会增加成本。如果想减少产量到 Q_1，从 G 点沿着 K_0J 向左移动到 I′点，由于 I′点所在的等成本线比 I 点所在的等成本线离原点更远，所以与长期最优相比，短期内收缩生产也会增加成本。

　　有兴趣的同学可以验证一下，从 G 点沿着任何路径向右移动到等产量 Q_3 上（除了 H 点）所需要的投入成本都大于等成本线 EF 所代表的成本；同样，从 G 点沿着任何路径向左移动到等产量 Q_1 上（除了 F 点）所需要的投入成本都大于等成本线 AB 所代表的成本。

俗语云：没有更好，那就是最好。因此，我们可以得出结论：生产的扩展线是企业长期扩张或收缩生产所遵循的最优路径。

由于生产扩展线上的点都是均衡点，而在均衡点上都满足边际技术替代率等于边际产量之比等于要素价格之比，所以根据均衡条件可以求出生产扩展线的方程。由于坐标系的横轴通常表示劳动投入量 L，纵轴通常表示资本投入量 K，所以生产扩展线方程通常表现为 K = g（L）的形式，即把资本投入量 K 看成是劳动投入量 L 的函数。这一点大家要记住，考试时有时候会用到。

讲到这儿，第四回的内容就讲完了。虽然在本回介绍企业的长期最优生产决策时屡次提到"成本"，但"成本"到底为何物，至今没有交代。预知"成本"的模样，请听下回分解。

要点回顾

第四回开启了另一条叙事路线，主要讲述企业如何在短期和长期内实现产量最大化或成本最小化。首先交代了基本背景：包括企业的概念、分类、起源和三种常见的生产函数。其次分析了短期内企业的生产行为，主要介绍了只有一种投入要素可变时企业的总产量、平均产量和边际产量，以及它们之间的关系。另外，依据边际产量和平均产量的变化趋势，将短期生产划分为三个阶段，并指出理性的企业应该停留在短期生产的第二阶段，即平均产量下降，且边际产量大于零的阶段。最后分析了长期内企业的生产行为。主要介绍了两种投入要素都可变时企业的等产量线、边际技术替代率、边际技术替代率递减规律和等成本线，以及成本给定和产量给定情形下企业长期生产的均衡条件，并根据均衡条件的变化推导出生产的扩展线。大家要记住以下要点：

（1）三种常用的生产函数：固定替代比例的生产函数（线性生产函数）、固定投入比例的生产函数（里昂惕夫生产函数）和柯布—道格拉斯生产函数的基本内容。

（2）短期内总产量、平均产量和边际产量之间的关系。边际产量大于零时，总产量增加；边际产量小于零时，总产量减少；边际产量等于零时，总产量取得最大值。边际产量大于平均产量时，平均产量增加；边际产量小于平均产量时，平均产量减少；边际产量等于平均产量时，平均产量取得最大值。总产量、平均产量和边际产量曲线都呈倒 U 形，且边际产量通过平均产量的最大值点。

（3）根据边际产量的变化趋势，以及它与平均产量的关系，经济学家将短期生产分成了三个阶段，并指出平均产量递增的第一阶段和边际产量小于零的第三阶段都不是短期的最优生产阶段，理性的企业应该在停留在短期生产的第二阶段（即从平均产量最大值点到边际产量等于零的点）进行生产。

（4）边际报酬递减规律并非从第一单位要素投入就开始递减，而是先有一段递增的过程，这一点与边际效用递减规律不同。边际报酬递减规律的前提是技术水平不变、要素投入连续增加、连续投入的要素是同质的、其他要素投入保持不变等。

（5）由于生产也可以看成一种消费，所以本回中的等产量线、等成本线、边际技术替代率和边际技术替代率递减规律，与第三回讲的无差异曲线、预算线、边际替代率和边际替代率递减规律非常类似。

（6）不管是成本既定时产量最大化情形，还是产量既定时成本最小化情形，企业长期生产的均衡点都是等产量线和等成本线的切点，在该点上两种要素的边际技术替代率等于它们的边际产量之比，也等于它们的价格之比。但是，两种情形下约束条件不一样。成本既定情形下，约束条件是成本方程；产量既定情形下，约束条件是生产方程。

（7）在长期内，随着生产投入的增加，等成本线向右平移，与新的等产量线相切，把这些切点连起来的线就是生产的扩展线。生产的扩展线是企业长期扩张生产或收缩生产应该遵循的最优路径。简单来说，如果企业不沿着该路径调整生产规模，那么它不是多花钱，就是少生产东西，甚至两者都有。

第五回　人多嘴杂闹纷纷
——生产者面临的各种成本

将欲取之，必先与之。

——《老子》

俗语云：天下没有免费的午餐。正常的人都知道天上不会掉馅饼。也就是说，我们要想得到回报，必须先投入。当然了，投入也未必有回报。个人如此，企业也不例外。每家企业都想获得最多的利润，但前提是它们要先投资办厂、招兵买马和购买原材料等。企业的这些投入就构成了它们的各种成本。

前文我们屡次提及企业的最终目标是利润最大化。利润等于收益减去成本。收益等于销售量乘以单价。卖的东西最终从哪儿来？企业生产！因此，第四回讲了企业的短期和长期生产决策。我们知道，东西并不是生产得越多，赚的钱越多。为啥呢？因为生产的东西多，成本可能也高，也就是说，企业的利润和成本有莫大的关系。

本回继续将镁光灯聚焦于企业，从成本的视角继续考察企业短期和长期的生产行为，主要包括：第一，三对容易混淆的成本概念；第二，企业的短期成本；第三，企业的长期成本；第四，短期成本和长期成本之间的关系。

就像分辨真假美猴王一样，我们先分辨三对容易混淆的概念。

（1）机会成本与会计成本。我们日常听说的成本一般都是指会计成本。具体来说，生产一单位某商品的会计成本是指生产者为生产该商品所支付的费用。比如，生产一个乌鸡蛋要花费你这位养鸡专业户 1.5 元，那么一个乌鸡蛋的会计成本就是 1.5 元。这个比较好理解。大家不容易理解的是机会成本。一般教科书将机会成本定义为生产者所放弃的使用相同的生产要素在其他生产用途中所能获得的最高收入。

假如你的乌鸡蛋专卖店投入了 100 万元。如果这 100 万元你不拿去开专卖店，你还可以把它存到银行，一年利息 1.5 万元，或者借给你表姨（你们父母绝大多数都是独生子女，没有亲姨）做生意，承诺一年给你 5 万元的好处，你还可以把它投入股票市场，假设一年赚 20 万元。这样，你开乌鸡蛋专卖店的机会成本就是 120 万元，因为存银行所放弃的收入为 101.5 万元，借给你表姨所放弃的收入为 105 万元，都小于你买股票所放弃的收入。一般教科书讲到这儿就完了。我觉得这个定义还有些不足，有必要再补充几点：

第一，现实中我们可能无法穷尽其他用途，刚才我随便列出了 100 万元的几个其他用途，事实上，这 100 万元的用途太多了。如果我们没有穷尽所有用途，理论上我们就无法得知其他用途的最高收入，进而无法得到你开乌鸡蛋专卖店的机会成本，对不对？

第二，所放弃的"最高收入"可能无法算出来。比如，刚才我是假设你买股票能赚 20 万元，现实中你还可能亏 50 万元呢，对不对？如果你把这 100 万元拿去买彩票，即可能中 500 万元大奖，也可能全捐给慈善事业了。在这种情况下，最高收入可能就无法计算出来。

第三，除了生产环节有机会成本，我们日常的消费过程中也会遇到机会成本问题。比如，看电影的机会成本，上大学的机会成本，等等。事实上，我们做任何决策都需要计算机会成本。

不过，大家不用担心，在考试的时候，题目一般会给出几个备选的用途，并标明每种用途可以获得的收入。我之所以补充这些内容是想让大家对机会成本的概念有更透彻的理解。

我比较赞同的是经济学家曼昆（畅销书《经济学原理》的作者，想起来了吧？）给机会成本下的定义：一种东西的机会成本是为了得到它所放弃的东西。该定义就避免了刚才提到的三点不足。我们来解释一下。举个例子，假如你花了 30 元钱买了一张电影票，花了 2 个小时看了一场你种草已久的电影。你看这场电影的机会成本是多少呢？假如消费也可以看成一种生产。只不过生产出的是效用，不是产品罢了。如果按照一般教科书的定义，你需要找到这 30 元和 2 个小时用来干别的事情所能得到的最高收入。如果把 30 元放到荷包里，1 分收入都没有，还有可能被小偷给偷了。如果你存到了余额宝里，一天的收益不到 1 分钱，如果拿去买彩票，天知道会不会中奖，所以这个放弃的最高收入很难算。考试中，通常让你计算存到银行的利息。那应该算多长时间的利息呢？一个月，一年，还是十年？一般情况下，你可能需要计算一年的利息①。

除了 30 元的最高收入很难算出来之外，那两个小时能干的事情就更多了。比如，听黄三少讲《微观经济学》，陪老妈买菜，玩两局游戏。你说这两个小时所放弃的最高收入怎么算？

假如采用曼昆的定义问题就简单多了。看电影的机会成本就是为了看这场电影所放弃的所有东西。除了 30 元和 2 个小时之外，还包括其他东西。至于其他东西都有啥，这取决于你关心的问题。比如，你是一个企业家，比较关心企业的经营状况。那么"其他东西"里就应该包括 2 个小时内可能错过的 100 万元合同。如果你是一个大学生，看电影的时间又恰好是上课时间，那么"其他东西"里应该包括 2 个小时内漏学的知识和一次缺勤记录。

由于经济学中"成本"指的就是机会成本，并且它的含义与我们日常听说的成本的内涵不同，所以我们这里花了大量的时间对它进行了 360 度无死角的剖析。

（2）显成本与隐成本。显成本是企业在要素市场上购买或租用他人所拥有要素的实际支出。隐成本是企业自己所拥有的且被用于自己企业生产过程中的那些生产要素的总价格。两者的一个显著区别是显成本是企业为了买东西或租东西掏出的真金白银，而隐成本是企业自己的东西如果不自己用，可以卖的钱或出租的收入。注意此时没有真金白银流出企业，但是少了本该有的收入。

———————

① 偷偷告诉你们一个小技巧：你可以看一下其他用途的收入是年收入，还是多少时间的收入。和它保持一致就可以了。

举个例子，假设你开乌鸡蛋专卖店用的是你自己家的门面房，该门面房的市场租金是每年 10 万元，存放乌鸡蛋的货架是你从淘宝花 188 元买回来的，那么买货架的 188 元就是显成本，因为你用支付宝转给了卖家 188 元，有真金白银流出去。如果门面房是租来的，你应该支付 10 万元的租金给房东，对不对？由于房子是你自己的，你没有支付这部分租金给自己，所以没有真金白银流出去。如果你把门面房出租的话，这 10 万元的租金你本来是可以获得的。也就是说，放弃的收入等于隐性的支出。因此，这 10 万元租金就是你开乌鸡蛋专卖店的隐成本。

另外，由于隐成本没有资金流出企业，企业也就没有必要把它记入会计账簿，所以会计成本只包括显成本。而经济学中的机会成本不仅包括有资金流出的显成本，还包括没有资金流出的隐成本。因此，机会成本通常大于会计成本。

（3）会计利润和经济利润。我们一直在说，企业的最终目标是利润最大化。这里所说的"利润"指经济利润，不是大家日常听说的"会计利润"。其实，两者也不难区分。会计利润＝总收益-会计成本（或显成本），经济利润＝总收益-经济成本或机会成本，刚刚讲过机会成本＝显成本+隐成本，所以经济利润＝总收益-显成本-隐成本。因此，经济利润通常小于会计利润，它们之间的差额就是隐成本。经济学家给其中一部分隐成本起了一个比较迷惑人的名字：正常利润。它是企业对自己所提供的企业家才能的报酬。说白了，正常利润就是企业支付给企业老板的工资，所以它是隐成本的一部分。

我们来捋一下。在介绍生产函数时，我们简单提了一下四类生产要素：土地、劳动、资本和企业家才能。这些要素投入到生产过程中，自然要得到相应的回报。不然谁会出让或出租这些要素，对吧？土地的报酬是地租，劳动的报酬是工资，资本的报酬是利息，支付完地租、工资和利息之后，剩下的会计利润就是对企业自有生产要素的回报。其中正常利润是对企业家组织管理能力的回报。由于企业的自有要素不仅包括企业家才能，还可能包括机器、厂房和专利等，所以正常利润只是隐成本的一部分。如果会计利润扣掉隐成本后还有富余，这富余的部分就是超额利润。为啥叫超额利润呢？因为企业的显成本和隐成本都得到补偿时，企业的所有投入都已经得到了合理回报，或者说已经获得了合理利润，那超出的部分自然就叫超额利润了。

接下来先讲一个与我们的生产生活密切相关的成本——沉没成本。就像说出的话和泼出去的水一样，沉没成本是企业已经支付而且无法回收的成本。俗语云：不要为打翻的牛奶哭泣。既然沉没成本无法回收，理性的企业应该把它抛诸脑后，该怎么决策还怎么决策。也就是说，沉没成本不应该影响企业的生产决策。可是，现实中经常有企业犯这种错误。比如，你刚刚花了5000元买了一个智能捡蛋器。只要客户说出鸡蛋的斤数和新鲜度，智能捡蛋器在一分钟之内就能把鸡蛋捡出来，并打好包。很先进是不是？假如你刚才偷偷算了一下乌鸡蛋专卖店的经济利润是负数，理性的你应该把店铺关了。可是，你觉得如果关了店铺，那5000元买的智能捡蛋器就白搭了。于是乎，你继续亏本吆喝卖乌鸡蛋。这就是典型的被沉没成本影响的错误决策。

其实，沉没成本不仅存在于生产中，在日常工作生活中，它也经常神出鬼没，只不过一般人看不到它罢了。比如，你花了50元买了一张电影票，看了10分钟，你发现这部电影根本不是你的菜。你起身想走，可转念一想你买票花了50元只看了10分钟，太亏了！于是，你又坐下来，冒着当场呕吐的风险坚持看完了整部电影。这样，50元的电影票倒是没浪费，可是你看电影又得到了什么呢？难受！也就是负的效用。这就是沉没成本影响个人消费决策的典型例子。生活中还有很多这样的例子。又如，你的爷爷奶奶舍不得丢掉剩菜剩饭，结果吃了剩菜剩饭生病了。治病花的钱远远大于那些剩菜剩饭的价值。如果下次你劝他们不听，你不妨强制给他们安利黄三少的这段文字。

在搞清楚了三对容易混淆的概念之后，接下来讲短期内三大成本家族七位成员之间错综复杂的关系网。

在让它们亮相之前，我们需要先讲一讲从生产是如何过渡到成本的。在短期内，假设资本投入是不变的，只有劳动一种要素投入是可变的生产函数，我们通常表示为：$Q=f(L, \bar{K})$，求该生产函数的反函数，我们就可以得到劳动投入L是产量Q的函数，即产量和劳动投入之间的关系。如果劳动的价格为w，资本的价格为r，那么短期内生产Q单位产量的总成本为：$STC=wL(Q)+rK$。一般来说，产量越大，需要的劳动投入越多，所需要的成本也就越大。这样我们就从产量平稳过渡到了成本。

为了更好地理解产量和成本之间的关系，我们举个例子。假设你听从我的建议，一咬牙一跺脚，把亏本的乌鸡蛋专卖店给关了，但你不甘心创业失败，迅速又开了一家彩虹拉面馆。红橙黄绿七彩面，煎炒蒸炸任君选；酸甜苦辣五味全，男女老幼都点赞。假如你花了 10 万元装了修，买了桌椅和锅碗瓢盆，雇了一个拉面师傅，一小时工资是 50 元，再假设资本的价格为万分之三，该师傅一小时能拉 10 碗彩色拉面。这样我们就可以计算出 10 碗彩色拉面的总成本为：$50×1+3×10=80$ 元。我来解释一下。一个小时能拉 10 碗面，换句话说，拉 10 碗面需要投入一小时的劳动，而劳动的价格为一小时 50 元，所以拉 10 碗面的劳动成本为 $50×1=50$ 元。再看资本成本，你投入了 10 万元，也就是资本 $K=10$ 万元，而资本的价格为万分之三，所以拉 10 碗面的资本成本为 $3×10=30$ 元。劳动成本 50 元+资本成本 30 元=拉 10 碗面的总成本 80 元。

接下来，我们有请总成本家族的第一个成员——总不变成本（Total Fixed Cost，TFC），或总固定成本，是企业在短期内为生产一定数量的产品对不变要素所支付的总成本。大家要记住总不变成本中的"不变"是相对于产量而言的。也就是说，该部分成本不随着产量的变化而变化。如图 5-1 所示，总不变成本曲线是一条平行于横轴的直线。在刚才的例子中，你装修、购买桌椅和锅碗瓢盆的 10 万元乘以资本价格就属于总不变成本，因为它们不会随着拉面数量的变化而变化。比如，拉 10 碗面的资本支出是 30 元，拉 1 碗面和拉 100 碗面的资本支出也都是 30 元。

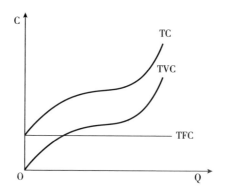

图 5-1　总成本、总可变成本和总不变成本曲线

总成本家族的第二个成员——总可变成本（Total Variable Cost，TVC）。它是企业在短期内为生产一定数量的产品对可变要素所支付的总成本。这里的"可变"也是相对产量而言的，即总可变成本随着产量的增加而变大。由图 5-1 可知，总可变成本曲线是一条向右上方倾斜的曲线。注意它的形状不是正 U 形也不是倒 U 形，有点像躺着的 S 形。为啥它的姿态这么独特呢？暂且按下不表。在刚才的例子中，拉面越多，需要的劳动投入越多，成本也越大，所以拉面的劳动成本为可变成本。刚才拉 10 碗面的总可变成本为 50 元。

总成本家族的最后一个成员是总成本（Total Cost，TC），是企业在短期内为生产一定数量的产品对全部生产要素所支付的总成本。简单来说，总成本＝总不变成本+总可变成本。如图 5-1 所示，从长相上来看，总成本与总可变成本长得比较像，就是比它高一点，姿势同样非常独特。

接下来上场的是平均成本家族的第一个成员——平均不变成本（Average Fixed Cost，AFC）。它是企业在短期内平均每生产一单位产品所支付的不变成本。它等于总不变成本除以产量 Q。注意别与平均产量搞混了，平均产量等于总产量除以要素投入量（比如 L）。由于总不变成本不随产量 Q 的变化而变化，所以平均不变成本是单调递减的。如图 5-2 所示，平均不变成本曲线是一条向右下方倾斜的曲线。长相比较大众，属于过目就忘的那种。大家还记得吗？在刚才的例子中，10 碗拉面的总不变成本是 30 元，30/10＝3，所以平均 1 碗拉面的不变成本是 3 元。

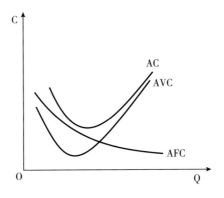

图 5-2　平均成本、平均可变成本和平均不变成本曲线

下面闪亮登场的是平均成本家族的第二个成员——平均可变成本（Average Variable Cost，AVC）。它是企业在短期内平均每生产

一单位产品所支付的可变成本。平均可变成本等于总可变成本除以产量 Q。在拉面的例子中，10 碗拉面的总可变成本是 50 元，50/10＝5，所以平均一碗拉面的可变成本是 5 元。由图 5-2 可知，平均可变成本曲线呈 U 形。注意平均产量曲线呈倒 U 形，别搞混了。先透露一点，平均可变成本与平均产量，一个正 U 形，一个倒 U 形，这不是纯属巧合，而是冥冥中有种神秘的联系。至于有何联系，暂且放下不提。

继续介绍平均成本家族的最后一个成员——平均成本（Average Cost，AC）。像现实生活中一样，重要的人物总是压轴出场。平均成本是企业在短期内平均每生产 1 单位产品所支付的全部成本。平均成本等于总成本除以产量 Q，也等于平均不变成本+平均可变成本。在拉面的例子中，10 碗拉面的总成本是 80 元，80/10＝8，或者平均不变成本 3 元+平均可变成本 5 元＝8 元，所以平均 1 碗拉面的成本为 8 元。如图 5-2 所示，平均成本与平均可变成本长得比较像，也是 U 形身材。

最后一位伴随着诡异天象登场的是边际成本家族的独苗——边际成本（Marginal Cost，MC）。别看该家族人少，它却掌握着前面六位成员的命运。边际成本等于总成本的变化量除以产量的变化量。如果总成本函数是连续可导的，那么边际成本函数是总成本函数的一阶导数。从图形（图 5-5（b））来看，边际成本的身体也是 U 形的。这样，长着 U 形身材的就有平均可变成本、平均成本和边际成本三位成员。它们长得这么像，我要说它们之间没点啥关系，估计小猪都不会信。至于它们之间是啥关系，我们待会儿再说。咱先说说拉面的事儿，刚才拉 10 碗面的成本是 80 元，假如拉 11 碗的成本是 90 元，那么第 11 碗拉面的边际成本就是 10 元。没啥难的对吧？

接下来，我们捋一捋总成本家族三位成员之间的关系。如图 5-1 所示，总成本曲线是总可变成本曲线向上平移得到的，平移的高度恰好等于总固定成本。它们之间的关系一目了然，我就无须赘述了。

接着考察平均成本家族三位成员之间的关系。如图 5-2 所示，随着产量 Q 的增加，平均可变成本曲线无限接近平均成本曲线，但永不相交，因为 AC=AVC+AFC，虽然 AFC 越来越小，但是它永远不等于零。平均可变成本 AVC 先于平均成本 AC 达到最小值，因为平均可变成本 AVC 刚开始上升时，上涨幅度不大，而平均不变成本 AFC 仍在大幅度下降，综合起来平均成本 AC 仍在下降。

在厘清了两大家族的内部关系后，我们接着考察两大家族成员之间的关系。

首先考察总不变成本与平均不变成本之间的关系。前面我们已经讲过平均不变成本等于总不变成本除以产量 Q，现在我们从图形上看它们之间的联系。如图 5-3（a）所示，总不变成本曲线上 a 点与原点的连线 oa 的斜率恰好等于平均不变成本，计算出该斜率，我们就可以求得与 a 点对应的平均不变成本 a′点。在总不变成本曲线上随便再找一个 b 点，计算出 ob 线的斜率，得到与 b 点对应的平均不变成本 b′点。同理，可以求出与 c 点对应的平均不变成本 c′点。将 a′点、b′点和 c′点连起来，我们就得到平均不变成本曲线 AFC。另外，从图形上可以直观地看到，随着产量的不断增加，总不变成本曲线上的点与原点连线越来越平缓，即它的斜率越来越小，所以平均不变成本 AFC 是递减的。

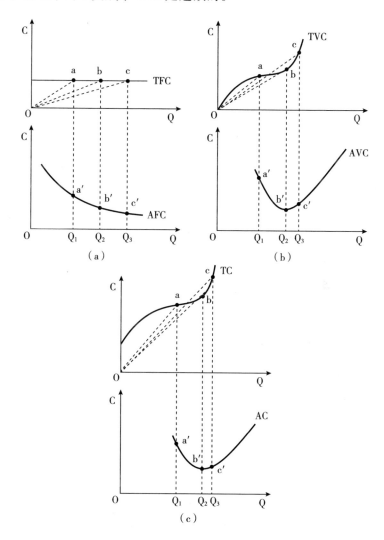

图 5-3　总成本家族曲线和平均成本家族曲线之间的关系

然后，我们考察总可变成本与平均可变成本之间的关系。前面也讲过，平均可变成本等于总可变成本除以产量。像刚才一样，我们看看如何从总可变成本曲线推导出平均可变成本曲线。由图5-3（b）可知，总可变成本曲线上的 a 点与原点的连线 oa 的斜率恰好等于平均可变成本，计算出该斜率，我们就得到了与 a 点对应的平均可变成本 a′点。在总可变成本曲线上再找一个 b 点，计算出 ob 线的斜率，就得到与 b 点对应的平均可变成本 b′。同理，可以求出与 c 点对应的平均可变成本 c′点。将 a′点、b′点和 c′点连起来，我们就得到平均可变成本曲线 AVC。值得注意的是，这里的 b 点不是随便取的，而是一个特殊的点。大家留意一下，ob 线既是总可变成本曲线上的点与原点的连线，也是总可变成本曲线过 b 点的切线。另外，它还是所有总可变成本曲线上的点与原点连线中斜率最小的。换句话说，在与 b 点对应的 b′点上，平均可变成本取得最小值。从图5-3（b）中也可以很直观地看到平均可变成本曲线呈先下降后上升的 U 形。

接着，我们考察两大家族最后一对成员——总成本与平均成本之间的关系。像前两对成员之间的关系一样，平均成本等于总成本除以产量。由图5-3（c）可知，总成本曲线上的点与原点连线的斜率等于平均成本。计算出 oa 线的斜率，就得到与 a 点对应的平均成本 a′点。总成本曲线上的 b 点也是一个特殊点，它与原点连线的斜率也是所有总成本曲线上的点与原点连线的斜率中最小的，所以在与 b 点对应的 b′上，平均成本取得最小值。同理，可以计算出与 c 点对应的平均成本 c′点。将 a′点、b′点和 c′点连起来，我

们就得到平均成本曲线 AC。与平均可变成本一样，平均成本曲线
也呈 U 形。

讲到这儿，两大家族成员之间的关系我们就摸清了。下面我们
要做的工作是搞清楚两大家族成员与第三大家族边际成本之间的
关系。

首先，考察总成本、总可变成本与边际成本之间的关系。仔细
观察图 5-4（a），我们发现总成本曲线 TC 上的 a 点和总可变成本
曲线 TVC 上的 a′点分别为 TC 曲线和 TVC 曲线的拐点。直白地说，
就是拐弯的点，因为在该点的左边，TC 和 TVC 向上弯，在该点的
右边，TC 和 TVC 向下弯。用专业术语来说，在 a 点和 a′点的左
边，TC 和 TVC 切线的斜率越来越小，在 a 点和 a′点的右边，TC 和
TVC 切线的斜率越来越大。因此，在 a 点和 a′点处，TC 和 TVC 切
线的斜率取得最小值。前面我们讲过，TC 和 TVC 的导数（也是它
们切线的斜率）为边际成本 MC，所以在与 a 点和 a′点对应的 a″点
上，边际成本取得最小值。

其次，在 TVC 曲线上，求出过 b 点的 TVC 曲线切线的斜率，
我们就得到与 b 点对应的边际成本 b′点。同理，在 TC 曲线上，求
出过 c 点的 TC 曲线切线的斜率，我们可以得到与 c 点对应的边际
成本 c′点。将 a″点、b′点和 c′点连起来，我们就得到边际成本曲线
MC。不知道大家注意到没有，TVC 曲线上的 b 点和 TC 曲线的 c 点
都是特殊点，与它们对应的 b′点和 c′点分别是我们刚刚讲过的平
均可变成本 AVC 和平均成本 AC 的最小值点。

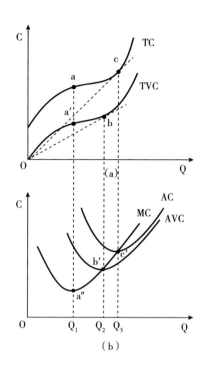

图 5-4　总成本家族曲线、平均成本家族曲线和边际成本

曲线之间的关系

最后，我们来考察一下平均成本和平均可变成本与边际成本之间的关系。从图 5-4（b）中可以直观地看到，三条曲线都呈 U 形；MC 分别与 AVC 和 AC 相交于它们的最低点。大家是不是还记得，我们刚才在前面讲过，在与 AVC 和 AC 的最低点 b′ 点和 c′ 点相对应的 TVC 和 TC 曲线上的 b 点和 c 点上，ob 线和 oc 线既是它们与原点的连线，同时也是 TVC 和 TC 曲线过 b 点和 c 点的切线。由于 TVC 和 TC 曲线上的点与原点连线的斜率分别为 AVC 和 AC，

TVC 和 TC 曲线切线的斜率为 MC，所以在 b′点和 c′点上，AVC 和 AC 分别与 MC 相交。

另外，由于 MC 先后通过 AVC 和 AC 的最低点，所以 MC 比它们先达到最低点。就像我们前面讲的平均产量和边际产量的关系一样，边际成本与平均成本之间也有类似的关系。比如，MC<AVC（或 AC）时，AVC（或 AC 下降）；MC>AVC（或 AC）时，AVC 和 AC 上升。MC=AVC（或 AC）时，AVC（或 AC）取得最小值。

举个例子，假设你现在的绩点是 88，相当于平均成本为 88，期末《微观经济学》这门课考了 92 分，相当于边际成本为 92。这样加上《微观经济学》这门课你的绩点就变为 90[①]，相当于平均成本上升了，这是因为边际成本 92 大于平均成本 88。如果你期末考试发挥失常，只考了 80 分，那么加上《微观经济学》你的绩点变为 84，相当于平均成本下降了，因为边际成本 80 小于平均成本 88。

到目前为止，我们讲了总成本、平均成本和边际成本三大家族内部成员之间的关系，以及三大家族成员之间的关系，接下来我们将介绍三个家族部分成员与产量这个外来家族之间的关系。

首先考察总产量与总成本和总可变成本之间的关系。

如图 5-5 所示，总产量曲线与总成本曲线和总可变成本曲线都是向右上方倾斜的曲线，但是它们的形状有些差异。大家还记得吗？前面我们说总成本曲线和总可变成本曲线像躺着的 S 形，而

---

① 为了方便理解，这里只做了简单平均，实际情况可能比这要复杂一些。

总产量曲线则像趴着的S形。用专业术语来说就是当总产量曲线下凸时，总成本和总可变成本曲线下凹；当总产量曲线下凹时，总成本曲线和总可变成本曲线下凸。因此，总产量曲线的拐点a与总成本曲线的拐点b和总可变成本曲线的拐点c是相对应的。用大白话说就是，在a的左边，总产量曲线向下弯；在a的右边，总产量曲线向上弯，所以a点是拐弯的点。同理，与a点对应的b点和c点分别是总成本曲线和总可变成本曲线拐弯的点，即拐点。

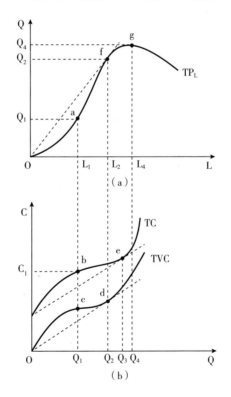

图5-5　总产量曲线与总成本曲线和平均成本曲线之间的关系

前方有陷阱，大家一定要留意：图 5-5 中（a）（b）两图的坐标是不同的。图 5-5（a）的横坐标表示的是可变的要素投入量 L，纵坐标表示的是产量 Q，而图 5-5（b）的横坐标表示的是产量 Q，纵轴表示的是总成本或总可变成本。第四回我们讲总产量、平均产量和边际产量之间的关系时，横坐标都是要素投入量 L，前面我们讲各种成本之间的关系时，横坐标都是产量 Q。它们之间的对应关系比较容易理解。比如，当 L 等于某个数值时，边际产量等于零，此时与之对应的总产量取得最大值。再比如，当 Q 等于某个数值时，边际产量取得最小值，此时与之对应的总成本曲线出现拐点。现在，上下两图的横坐标表示的含义不同，这里的对应关系怎么理解呢？我认为可以这么理解：当产量等于 Q_1 时，从产量的角度看，总产量曲线到达拐点；从成本的角度看，总成本曲线和总可变成本曲线也同时到达拐点。

透过文字我仿佛看到你们满意地点点头，扑闪着大眼睛期待着什么。我立马心领神会：你们已知其然，欲求其所以然也！别急，且听我慢慢道来！前面我已经交代过，总产量曲线的形状取决于边际产量，总成本曲线和总可变成本曲线的形状取决于边际成本，所以要想知道为啥总产量曲线的拐点与总成本曲线的拐点和总可变成本曲线的拐点相对应，总产量曲线的下弯与总成本曲线和总可变成本曲线的上弯相对应，总产量曲线的上弯与总成本曲线和总可变成本曲线的下弯相对应，我们就要搞清楚边际产量与边际成本之间的关系。

为了方便理解，我们先做点铺垫和过渡工作。其实，很多内容前面已经讲过了，我们一起再顺一顺。先看图 5-5（b），总成本曲线和总可变成本曲线在产量等于 Q_1 处由下凹变下凸，所以当产量等于 Q_1 时两条曲线过该点的切线斜率最小，即边际成本取得最小值。然后看图 5-5（a），当产量等于 Q_1 时，总产量曲线由下凸变下凹，所以总产量曲线过该点切线的斜率最大，即边际产量取得最大值。

回头再看图 5-5（b），当产量等于 Q_2 时，总可变成本曲线上的点与原点的连线恰好也是过该点的总可变成本曲线的切线。大家想起来没有？在该点上平均可变成本取得最小值，并且与边际成本相交。接着看图 5-5（a），当产量等于 Q_2 时，总产量曲线上的点与原点的连线也恰好是总产量曲线过该点的切线。如果你第四回学的比较扎实的话，应该记得：此时平均产量取得最大值。再一次看图 5-5（b），当产量等于 Q_3 时，平均成本取得最小值；再一次看图 5-5（a），当产量等于 Q_4 时，总产量取得最大值，此时边际产量等于零。这样反复上下看，是不是颈椎病都治好了？

做完这些铺垫和过渡后，我们接着考察边际成本与边际产量、平均可变成本与平均产量之间的关系。

如图 5-6 所示，正如我们刚才所分析的，当产量等于 Q_1 时，边际成本取得最小值，边际产量取得最大值；当 MP 上升时，MC 下降，当 MP 下降时，MC 上升。当产量等于 Q_2 时，平均可变成本取得最小值，平均产量取得最大值，当 AP 上升时，AVC 下降，当 AP 下降时，AVC 上升。当产量等于 Q_4 时，边际产量等于零，总产量取得最大值。

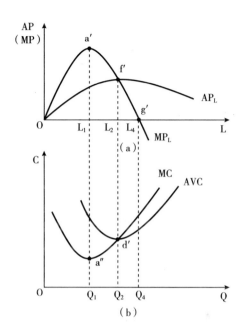

图 5-6　平均产量曲线、边际产量曲线与边际成本曲线、

平均可变成本曲线之间的关系

总结一下，边际成本与边际产量呈反向变动关系，平均可变成本与平均产量也呈反向变动关系。敲黑板提醒易错的点，这里是平均可变成本，不是平均成本。为啥？因为不变成本与产量没有半毛钱关系。

另外，大家也要注意，图 5-6（a）和图 5-6（b）的横坐标和纵坐标表示的含义也不同。尤其要注意，图 5-6（a）中 a′点对应的产量指的是边际产量，不是总产量！

接下来见证奇迹的时候到了，大家千万不要眨眼。上面我们讲了这么多，都是为了搞明白边际成本曲线的形状是由谁决定的。现在揭晓答案：边际报酬递减规律。由于这个链条有点长，我们需要好好捋一捋。

第四回我们讲过，边际报酬递减规律或边际产量递减规律并不是从产量等于零时开始递减，而是先有一段递增，然后才开始递减。这就是为啥边际产量呈先上升后下降的形状的原因。再根据我们刚才的分析，边际产量和边际成本互为倒数，边际产量曲线呈倒 U 形，那边际成本曲线自然就呈 U 形了。

边际成本曲线的 U 形决定了平均成本和平均可变成本曲线的 U 形身材，也决定了总成本和总可变成本曲线躺着的 S 形。由于总不变成本和平均不变成本和产量没有一点瓜葛，所以它们与边际成本也没啥关系。你们从身形上也看出来了吧？一个是水平的直线，一个是向右下方倾斜的单调递减曲线。

像第四回一样，讲完了短期，讲长期。接下来我们讲长期成本曲线。

由于在长期所有的要素投入都是可变的，所以长期成本就只剩下三员大将：长期总成本（Long-run Total Cost，LTC）、长期平均成本（Long-run Average Cost，LAC）和长期边际成本（Long-run Marginal Cost，LMC）。接下来，我逐一介绍它们给大家认识。

首先登场的是长期总成本曲线 LTC。长期总成本是企业长期在每一个产量水平上的最低总成本。我们知道，在长期内，所有的要素投入都是可变的。也就是说，在每一个产量水平上，企业都可以找一个最优的生产规模来生产出该产量。企业在长期的选择余地比短期要大，通常能找到更好的要素投入组合。企业在短期只能取得局部最优，而在长期可以取得全局最优。我们知道，全局最优一定好于或等于局部最优。因此，企业的长期总成本必定是每一产量水平上的最低总成本。

如图5-7所示，假设生产某种产品有三种规模可以选择：规模1、规模2和规模3，对应的短期总成本分别为 STC_1、STC_2 和 STC_3。从短期总成本曲线在纵轴上的截距，即总不变成本的大小可以推断出，规模3>规模2>规模1。从图5-7中可以非常直观地看出，在 Q_1 的产量水平上，企业采用规模1进行生产时成本是最小的。同理，在 Q_2 的产量水平上，企业采用规模2进行生产时成本是最小的。在 Q_3 的产量水平上，企业采用规模3进行生产时成本是最小的。将a点、b点和d点连起来就得到长期总成本曲线LTC。注意，a点、b点和d点都不是对应的短期总成本的最低点。这是显而易见的，因为只有产量等于零时，短期总成本才能取得最小值。从图形上看，长期总成本曲线和短期成本曲线都有密切接触。这种关系称为包络关系。长期总成本曲线在下面包住了短期总成本曲线，而且它们之间还有联络关系。因此我们可以说，长期总成本曲线是短期总成本曲线的包络线。

接下来登场的是长期平均成本曲线LAC。长期平均成本是企业长期按产量平均计算的最低总成本，等于长期总成本除以产量Q。

像刚才一样，如图5-8所示，当产量小于 Q_1 时，企业应该选择规模1进行生产。同理，当产量大于 Q_3 时，企业应该选择规模3进行生产。当产量在 Q_1 和 Q_3 时，比如 Q_2，企业应该选择规模 2 进行生产。这里我们只画出了三种规模。现实中，企业可以选择无数种规模来生产每一个产量水平上的产品。这样，上述的锯齿状的线就变为下面平滑的曲线，该曲线就是长期平均成本曲线。与长期总成本曲线类似，长期平均成本曲线是短期平均成本曲线的包络线。

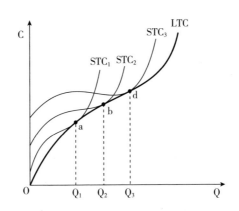

图 5-7　短期总成本曲线和长期总成本曲线

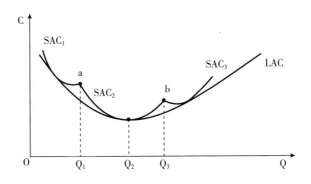

图 5-8　短期平均成本曲线和长期平均成本曲线

需要强调的是，长期平均成本曲线并不是短期平均成本曲线最低点的连线。为啥呢？这可能是困扰很多同学的问题。我来尝试解释一下。前面我们讲过，在长期，企业可以在每一个产量水平上都可以选择一个最优的规模，即短期总成本相对最小的规模进行生产。注意是短期总成本相对最小，而不是平均成本最小。

如图5-9所示，产量 Q_1 在规模1的短期平均成本最小值点（即从原点出发的虚线与 STC_1 相切的点），而产量 Q_2 在规模2的短期平均成本最小值点的右边，即从长期来看采用规模2进行生产的最佳产量是 Q_2，而不是短期平均成本取最小值时的 Q_3。因此，长期平均成本不是短期平均成本最低点的连线，而是如图5-8所示，在长期平均成本曲线最低点的左侧，它与短期平均成本曲线相切于短期平均成本曲线最低点的左侧；在长期平均成本曲线最低点的右侧，它与短期平均成本曲线相切于短期平均成本曲线最低点的右侧；在长期平均成本曲线最低点处，它与短期平均成本曲线相切于短期平均成本曲线的最低点。

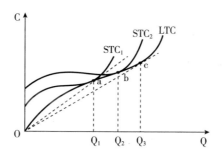

图5-9　长期平均成本不是短期平均成本最低点的连线

前面我们讲过，短期平均成本曲线呈 U 形是由短期边际成本曲线呈 U 形决定的。那么，在长期平均成本曲线呈 U 形是啥决定的呢？规模经济和规模不经济是也！在开始扩张阶段，随着生产规模的扩大，企业的经济效益提高，平均成本下降。这就是规模经济或内在经济。当生产规模扩大到一定程度后，继续扩大生产规模反而会使经济效益下降，平均成本上升，这就是规模不经济或内在不经济。因此，由于规模经济和规模不经济的存在，使得长期平均成本呈 U 形。听到这儿，你们聪明的脑袋瓜儿里会不会突然蹦出一组词：规模报酬递增、规模报酬不变和规模报酬递减。然后眉头一皱，它们与规模经济和规模不经济都姓"规模"，它们是远亲呢，还是近邻呢？确定地说，它们是包含关系，即规模经济与规模不经济，包含了规模报酬的三种情形。大家还记得吧？不管是规模报酬递增、递减还是不变，投入要素都是同比例增加，而规模经济和规模不经济则放松了要素投入同比例变动的假设，只考虑要素投入总规模增加后，经济效益的增减变化。

我们知道，企业的生产活动不仅受到企业内部各种因素的影响，还时刻受到企业外部各种因素的影响，如外部的经营环境。就像商品的当期价格变动只会导致需求量沿着需求曲线移动，而其他影响需求的因素变动则会导致整条需求曲线移动一样，企业内部因素发生变动，如投入规模增加，会导致成本沿着既定的成本曲线（如长期平均成本曲线）移动，企业外部因素发生变动，则会导致整条成本曲线移动，如外部经营环境改善会导致长期平均成本曲线下移。有的教科书将这种由于外部环境改善给企业的生产活动带来的积极影响称为外在经济；将外部环境恶化给企业的生产活动带来的消极影响称为外在不经济。

简而言之，内在经济或规模经济使得长期平均成本下降，内在不经济或规模不经济使得长期平均成本上升。外在经济则使得长期平均成本曲线下移，外在不经济使得长期平均成本曲线上移。

讲到这儿，终于把长期平均成本这个至关重要的大人物介绍完了，接下来我们有请长期成本家族的最后一位成员——长期边际成本闪亮登场。

长期边际成本表示企业在长期每增加一单位产量时，所引起最低总成本的增减量。它等于长期总成本的变化量除以产量的变化量。如果长期总成本函数是连续可导的，那么长期边际成本函数则是长期总成本函数的一阶导数。

大家首先明确一点：长期边际成本曲线不是短期边际成本曲线的包络线。这一点与长期总成本和长期平均成本不同，大家要记住！长期边际成本曲线除了可以根据长期总成本曲线切线的斜率推导出来，还可以根据短期边际成本推导出来。我们来看一下。

如图 5-10 所示，我们同样假设有三种规模，它们分别代表三种情形：短期平均成本与长期平均成本相切于短期平均成本最低点的左侧、最低点处和最低点的右侧。前面我们讲过，如果企业生产 Q_1 产量，它应该选择规模 1 进行生产，此时短期总成本和长期总成本相切，短期平均成本和长期平均成本也相切。由于总成本曲线切线的斜率等于边际成本，所以当产量为 Q_1 时，长期边际成本等于短期边际成本。换句话说，图中的 A 点是长、短期边际成本曲线的交点。同理，当产量为 Q_3 时，企业选择规模 3 进行生产，此时的短期边际成本对应于图中的 C 点，根据刚才的分析，长期边际成本曲线也通过该点。再同理，当产量为 Q_2 时，企业选择规模 2 进行生产，此时短期边际成本和长期边际成本相交于 B 点。注意 B 点是比较特殊的，它既是短期平均成本和长期平均成本的切点，也是短期边际成本和长期边际成本的交点，还是长期平均成本曲线的最低点。该点对企业有特殊的意义，在以后的内容中它还会出现。

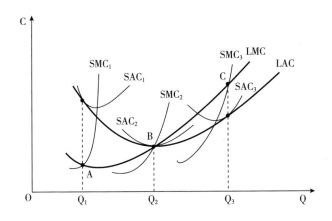

图 5-10　短期边际成本曲线和长期边际成本曲线

将 A 点、B 点和 C 点连起来，就得到长期边际成本曲线 LMC。由图 5-10 可知，LMC 也呈 U 形。与短期不同，长期边际成本曲线的 U 形是由长期平均成本曲线的 U 形决定的。LMC 与 LAC 也相交于 LAC 的最低点 B 处。当生产处于规模经济阶段时，LAC 下降，此时 LMC<LAC；当生产处于规模不经济阶段时，LAC 上升，此时 LMC>LAC。这样，LAC 的 U 形就决定了 LMC 的 U 形。

终于看到了胜利的曙光！你们马上也可以解脱了。成本这一回，成员多，函数多，图形也多，关系还错综复杂。讲起来又非常抽象，不仅你们头大，为了讲清楚，并尽量减少大家的痛苦，我也掉了不少金贵的头发。

无用之苦少诉，我们接着讲最后一部分内容：干中学。干中学是指工人、技术人员和管理者，从经验中获得技能和知识，因而降低了长期生产成本。俗语云：熟能生巧。比如，彩虹拉面馆的师傅，天天和面、拉面、拉面、和面，长此以往，他就总结出了春夏秋冬不同温度下面和水的最佳比例，拉面的最佳力道和次数。这样拉出的面又多，又快，又好吃。这就是干中学。同样的时间拉出的面又多又快，相当于每碗面的成本下降了，这个比较容易理解。面变好吃了，相当于产品质量提高了，价格可以卖得贵一点，这相当于变相地降低了每碗面的成本。这就是干中学可以降低长期成本的秘密所在。为啥降低的不是短期成本呢？因为干中学需要时间，短期内可能实现不了。

高鸿业老师主编的《西方经济学》认为干中学降低长期成本的情形属于外在经济。我觉得有点不妥，因为干中学发生在企业内部，是企业员工的学习行为，不是企业外部经营环境的改善[1]。

---

① 由于高鸿业老师主编的《西方经济学》影响较大，是很多学校考研的指定教材，所以"干中学"会导致长期平均成本曲线下降的观点仍然原封不动地被放在文后。

如果内在经济包括所有内部因素的影响，那么干中学就不会导致长期平均成本下移。如果内在经济仅包括生产规模的影响，那么干中学就会导致长期平均成本下移。该教科书虽然没有明文交代，但从上下文可以推测出，它所说的内在经济仅包括生产规模的影响，所以它认为干中学会导致长期平均成本曲线下移。

严格来说，不管是长期成本，还是短期成本，成本函数中所有自变量的变化都只会沿着既定的成本曲线移动，而成本函数中没有包括的影响成本的因素（不管是企业内部的，还是企业外部的）发生变化，则会导致整条成本曲线移动。

长期中，随着产量增加，企业的长期平均成本下降，有两部分来源：一是规模经济使得长期平均成本沿着 LAC_1 由 A 点下降到 B 点；二是干中学的学习效应使得长期平均成本曲线由 LAC_1 下移到 LAC_2，相应地，由 B 点下降到 C 点（见图 5-11）。

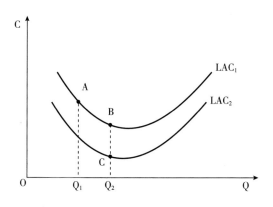

图 5-11　企业长期平均成本的变化

讲到这儿，第五回的内容就讲完了。这样，我们就单独介绍完了微观经济学的两大主角：消费者和生产者。

没有买卖就没有杀害。如果只有"买"或"卖"，市场交易也不存在。预知买卖双方如何在产品市场上相爱相杀，请听下回分解。

要点回顾

本回从成本的视角继续考察企业的生产行为。首先，厘清了三对容易混淆的概念，即机会成本与会计成本、显成本与隐成本、会计利润与经济利润；其次，介绍了短期总成本、短期平均成本和短期边际成本三大家族七个成员，并考察了它们之间的关系；再次，考察了短期成本家族和短期产量家族部分成员之间的关系；最后，分析了短期成本和对应的长期成本之间的关系。大家还要记住这些要点：

（1）机会成本大于会计成本，机会成本 = 显成本 + 隐成本；显成本是企业买东西或租东西花的真金白银，隐成本是企业自有的生产要素能卖的钱或出租的收入，没有资金流出企业。换句话说，放弃的收入就是隐形的支出。隐成本中用于支付老板工资的部分叫正常利润。

（2）我们经常提企业的目标是追求利润最大化，这里的利润指的是经济利润。经济利润 = 总收益 - 显成本 - 隐成本，而日常听得到的利润一般指会计利润。会计利润 = 总收益 - 显成本，所以经济利润通常小于会计利润。由于正常利润是隐成本的一部分，所以它没有包括在经济利润内。如果经济利润是正数，那么它就是一种超额利润，因为显成本和隐成本都得到补偿时企业已经获得了合理的利润，超出的部分自然就是超额利润了。

（3）沉没成本是企业已经支出并且无法回收的成本，所以理性的企业应该无视它的存在该怎么决策还怎么决策。

（4）总可变成本和总成本是向右上方倾斜的、躺着的 S 形曲线，平均可变成本、平均成本和边际成本曲线呈 U 形，总不变成本曲线是一条水平线，平均不变成本曲线是一条向右下方倾斜的曲线。

（5）总成本曲线和总可变成本曲线长得一样，只是比它高了一个总不变成本的高度；平均可变成本先于平均成本达到最小值，并且它随着产量 Q 的增加无限接近于平均成本，但是它俩永远不会相交。也就是说，平均成本永远在平均可变成本之上。

（6）边际成本是总可变成本和总成本的导数；边际成本与平均可变成本和平均成本分别相交于它们的最低点，且边际成本率先达到最小值。

（7）边际成本曲线的形状决定了总成本曲线、总可变成本曲线、平均成本曲线和平均可变成本曲线的形状。比如，当边际成本曲线下降时，总成本和总可变成本曲线向上弯；当边际成本曲线上升时，总成本和总可变成本曲线向下弯；在边际成本取得最小值的产量上，总成本和总可变成本曲线出现拐点。再比如，当边际成本小于平均成本或平均可变成本时，平均成本或平均可变成本下降；当边际成本大于平均成本或平均可变成本时，平均成本或平均可变成本上升；当边际成本等于平均成本或平均可变成本时，平均成本或平均可变成本取得最小值。简而言之，边际成本曲线的 U 形，决定了总成本和总可变成本曲线躺着的 S 形，也决定了平均成本和平均可变成本曲线的 U 形。

（8）边际成本 MC 与边际产量 MP 互为倒数关系；平均可变成本 AVC 与平均产量 AP 互为倒数关系。

（9）长期总成本曲线是短期总成本曲线的包络线；长期平均成本曲线是短期平均成本曲线的包络线；长期边际成本曲线不是短期边际成本曲线的包络线。

（10）规模经济与规模不经济决定了长期平均成本曲线的 U 形，长期平均成本曲线的 U 形决定了长期边际成本曲线的 U 形，长期边际成本曲线的 U 形决定了长期总成本曲线躺着的 S 形。注意，这与短期是不一样的。短期成本曲线形状的决定顺序是：边际报酬递减规律决定了短期边际成本曲线的 U 形，边际成本曲线的 U 形决定了平均成本曲线和平均可变成本曲线的 U 形，也决定了总成本曲线和总可变成本曲线躺着的 S 形。

（11）规模经济与规模不经济使得成本沿着长期平均成本移动，而外在经济与外在不经济则使得整条长期平均成本曲线移动。"干中学"使得整条长期平均成本曲线向下移动。

第六回　摊多货平枉费神
——完全竞争市场

> 道常无为而无不为。侯王若能守之，万物将自化。化而欲作，吾将镇之以无名之朴。无名之朴，夫亦将不欲。不欲以静，天下将自正。
>
> ——《老子》

老子曰：道法自然。如果买卖双方在市场上自由交易，就可以实现稀缺资源的最优配置，即自然稳定有序，那么政府最好守"静"，以达到"无为而无不为"的理想境界。如果市场配置稀缺资源的结果不理想，即自然偶尔无序，那么政府理应有所作为。

到目前为止，我们都是单独介绍消费者买东西的行为，或企业生产东西的行为。第三回介绍消费者如何进行消费决策以实现效用最大化，第四回和第五回分别从生产和成本的角度介绍企业如何进行生产决策，以实现产量最大化或成本最小化。

当买家没有遇上卖家，买卖就没法做成。不管在短期，还是在长期，无论企业是否选择了最佳规模进行生产，只要东西没卖掉，企业就不会有一毛钱的收入，对不对？没有收入只有成本自然无法计算出利润，利润都没有，何谈取得最大利润呢？因此，我们在第四回和第五回只能把企业的目标暂定为产量最大化或成本最小化。

本回和接下来的第七回、第八回将介绍买卖双方如何在不同类型的市场进行交易，以实现效用最大化和利润最大化。第六回、第七回介绍产品市场的买卖情况，第八回介绍生产要素市场的买卖情况。本回的主要内容包括：第一，市场的概念和分类；第二，完全竞争市场的条件、需求曲线和收益曲线；第三，完全竞争企业和市场的短期均衡；第四，完全竞争企业和市场的长期均衡；第五，完全竞争市场的福利情况。

刚才我们讲，只有买卖双方进行交易时，买家才能拿到东西，卖家才能获得收入。那买卖双方在哪儿交易呢？最初人们在集市上买卖日常生活用品，如你奶奶常去你家附近的菜市场买菜，后来有了百货大楼、超市和购物广场，人们便经常去那儿买卖东西。比如，你妈妈常去超市里买油盐酱醋，去购物广场买衣服。集市、超市和购物广场都是有形的场所，看得见摸得着。现实中还有些交易是在看不见的场所里进行的。比如，你爸爸以前常用固定电话来买卖股票，你现在天天用手机在网上买东西。

经济学中，将集市、超市、有线和无线网络等买卖交易的场所，不管是有形的，还是无形的，均统称为市场。我们知道，在市场上买卖东西时买卖双方通常都会砍价。这个砍价的过程就是确定交易价格和交易数量的过程。因此，有些教科书将"市场"界定为物品买卖双方相互作用并得以决定其交易价格和数量的一种组织形式或制度安排。

有的同学可能会说，我去超市和商场买东西时有时候是无法讨价还价的，价格都是商家事先定好的，此时买卖双方是不是就没有相互作用了？非也，非也！只是此时的相互作用比较隐蔽，一般人不易察觉罢了。开动你聪明的脑袋瓜儿想一想。虽然你无法讨价还价，但是你可以决定买还是不买。如果商场的标价太高，商品无人问津，那么商场就会主动降价。如果商场发现某商品出现了脱销现象，那么它就会把该商品的标价提高。买卖双方仍在相互作用吧？只不过不再是面对面的讨价还价，而是在暗地里默默进行的。

在搞清楚市场的概念之后，我们来看看市场的分类。首先根据买卖双方交易的标的，市场可以分为产品市场和生产要素市场两大类。大家还有印象吗？我们在第四回讲生产函数时提到过，经济学中的生产要素主要包括劳动、土地、资本和企业家才能四种要素。这些要素买卖的地方或这些要素的交易价格和数量的形成机制或制度安排就是生产要素市场。其他交易标的买卖的地方就是产品市场。在产品市场上，买卖双方相互作用以决定产品的交易价格和数量。产品市场和要素市场除了交易的标的不同之外，买卖双方的角色也不同。在产品市场上，买家是消费者，卖家是企业；而在要素市场上，买家是企业，卖家是消费者。

读到这儿，有的看官可能会有疑问：在学校门口的水果店里可以买到苹果，在家附近的超市里可以买到苹果，在网上也可以买到苹果。有时候报刊新闻里还会出现苹果市场的字样，这里的苹果市场指的是哪儿呢？我来解释一下。现实中，任何一种商品只要可以买卖，它就有一个市场。严格来说，市场有两个维度：一个是产品维度，即买卖的是啥东西，另一个是地域维度，即买卖的地点。

以苹果为例，买卖苹果的地方都可以称为苹果市场。比如，学校门口水果店的苹果市场、某某超市的苹果市场、网上苹果市场。有时为了统计或研究的需要，我们需要把所有买卖苹果的地方汇总起来，这个汇总后的市场就是报刊新闻中所谓的苹果市场。类似地，所有买卖乌鸡蛋的地方统称为乌鸡蛋市场，所有买卖彩色拉面的市场统称为彩色拉面市场。

除了市场外，我们在报纸或电视上还经常看到某某行业的新闻。简单来说，行业就是卖家作为一个整体的称谓。比如，所有生产服装的企业作为一个整体来看就是服装行业。

看到这儿，有没有同学担心：世界上有那么多产品，并且每种产品都至少有一个市场，那么成万上亿个市场怎么研究啊！别担心，经济学家总是有办法的。经济学家研究发现，在很多市场上虽然企业卖的东西不同，但是它们在追求利润最大化路上的行为却非常相似。

于是乎，经济学家根据市场上企业的数目、产品的差异化程度、单个企业对价格的控制程度和进出市场的难易程度等指标，将市场划分为完全竞争市场、垄断竞争市场、寡头市场和垄断市场。有没有被经济学家化腐朽为神奇的功力所折服？成万上亿个市场立马变成四类市场。这样，研究市场上买卖双方的行为是不是就方便太多了！

接下来，我们先从整体上了解一下每类市场都有什么特征。在本回的余下内容和第七回将分别详细讲这四类市场上买卖双方的行为。

一般来说，从完全竞争市场、垄断竞争市场、寡头市场到完全垄断市场，市场上企业的数目越来越少，产品的差异化程度越来越大，单个企业对价格的控制力越来越强，进出市场的难度也越来越大。

农产品市场是最接近完全竞争市场的。比如，卖大米的农民非常多，同一地区大米的质量差不太多，每个农民都无法控制大米价格的高低，今年种不种大米完全是农民决定的，这意味着进出大米市场非常容易。

垄断竞争市场的典型代表是服装鞋帽等轻工业产品市场。比如，卖衣服的企业非常多，衣服之间有款式、布料和品牌等方面的差异，由于产品之间有差异，也就是说产品之间不是完全替代的，所以企业对其产品价格多少会有一些控制力。另外，由于生产衣服的技术含量不太高，投入也不是很大，所以进出服装市场也比较容易。

目前，中国电信市场上有中国移动、中国联通和中国电信三家运营商，都提供固话、宽带和移动电话服务，产品之间差别不大，对产品价格有较大的控制力，进出电信行业也不太容易，因此电信市场属于典型的寡头市场。

现实中比较接近垄断市场的是电力市场。比如，在广东、广西、云南、贵州和海南五省，南方电网是唯一的电网企业，其输电服务没有替代品，虽然电价由发改委管，但南方电网对电价也有较大的发言权。另外，由于输电网具有自然垄断属性，进出电力市场几乎是不可能的。

在对市场的概念和分类有了大致了解之后，本回余下的内容主要介绍完全竞争市场上买卖双方如何相互作用，以决定交易价格和数量，以及市场均衡时买卖双方的福利情况。

首先我们花点时间介绍一下完全竞争市场的条件：第一，市场上有大量的买家和卖家①。第二，市场上销售的产品是同质的，通俗地说，所有卖家卖的东西都是一样一样的。第三，每个买家和卖家都是价格的接受者，换句话说，不管买家买多少，或卖家卖多少，它们都不会对产品价格产生任何影响。举个例子，假设现在大白菜是 1 元/斤。如果市场上突然来了一个大买家或大卖家，一口气买了或卖了 1000 斤大白菜，那么根据该条件大白菜的价格依然是 1 元/斤，即这个大买家或大卖家的行为不会对大白菜的市场价格产生任何影响。第四，买卖双方可以自由进出市场，通俗地说，东西贵了，买家就会离开市场（即不买了），新的卖家看到生产该东西有利可图就会进入市场；反之，东西便宜了，新的买家就会进入市场，亏本的卖家眼见翻身无望就会退出市场（即关门或转行）。

---

① 至于多少个买家或卖家算"大量"，一般没有定数。对经济学家来说，买家和卖家的数量并不重要，重要的是他们的买卖行为会不会对市场价格产生影响。一般来说，买卖双方的数量越大，它们对价格的影响力越小。因此，大多数教科书都会将买卖双方的数量视为完全竞争市场的条件之一。

在搞清楚完全竞争市场的条件之后，我们来介绍完全竞争企业的需求曲线。你没有看错，是完全竞争企业的需求曲线。此时你肯定纳闷了：企业是生产东西的，怎么会有需求曲线呢？我承认这种说法容易让人产生误会。它的本意是完全竞争企业面临的需求曲线，即消费者对该企业所生产的产品的需求曲线。

假设彩色拉面市场是一个完全竞争市场，你家彩色拉面馆的需求曲线就是在每一个价格水平上消费者对你家彩色拉面的需求量。之所以起这个具有误导性的名称，是因为我们要研究企业如何实现利润最大化，因此，我们要学会站在企业的角度看问题。

刚刚我们讲过，完全竞争企业都是价格的接受者，也就是说，在某个给定的价格下，消费者买多少它就卖多少。因此，完全竞争企业的需求曲线是一条与横轴平行的水平线。

举个例子，假设你家的彩色拉面卖 10 元一碗，如果有 10 个人吃，需求点就是（10，10）；如果有 50 个人吃，由于价格是给定的，需求点就是（10，50）；如果有 100 个人吃，同样由于价格是给定的，需求点就变为（10，100），把这些需求点画在坐标系里，并把它们连起来。如果你没有画错的话，它应该是一条水平线，是不是？

读到这儿，你有没有在频频点头的同时，又皱起了眉头，心中思索着：那个给定的价格是哪儿来的？答曰：整个市场供需决定的。

我来解释一下。由于每个企业都知道自己势单力薄，不管怎么折腾，都逃脱不了价格接受者的命运，于是只专注于生产。把市场上所有企业的供给曲线加总就得到市场供给曲线，再结合市场的需求曲线，即消费者对某种产品的总需求曲线，根据第二回的供求理论，我们就可以得到市场的均衡价格。每个企业在此均衡价格下，有多大的需求量就卖多少。因此，如图 6-1 所示，完全竞争企业的需求曲线是一条水平线。如果整个市场的供求发生变化使得均衡价格上升，那么完全竞争企业的需求曲线就上移。如果整个市场的供求变化使得均衡价格下降，那么完全竞争企业的需求曲线就下移。

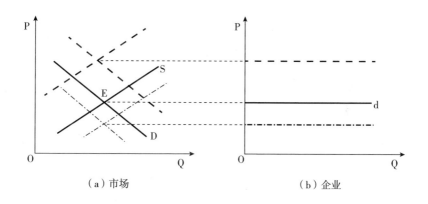

（a）市场　　　　　　　　　　　（b）企业

图 6-1　完全竞争企业的需求曲线

举个例子，假设所有的彩色拉面馆老板都学过《经济学》这门课。他们知道他们只能在市场均衡价格下决定拉多少碗面。于是他们不再琢磨价格的事儿，只专注于把面拉好，心中盘算着每一个价格水平下，他们应该拉多少碗面是最优的，即确定他们自己的供给曲线。把他们这些人的供给曲线加总起来，就得到彩色拉面市场的供给曲线，然后再统计出消费者对彩色拉面在每个价格水平上的需求量，即确定彩色拉面市场的需求曲线。把它们画在同一个坐标系里，供给曲线和需求曲线的交点就是市场均衡点，此时的价格就是市场均衡价格。

假设均衡价格为 10 元/碗。最后，每家彩色拉面馆以 10 元/碗的价格敞开了卖。由于人们生活水平的提高，对彩色拉面的需求增加，导致市场需求曲线右移，在供给不变的条件下，均衡价格上升，假设上升到 12 元/碗，那么现在每家彩色拉面馆就以 12 元/碗的价格开门迎客。

我们知道，企业的最终目标是利润最大化。利润等于总收益减去总成本。第五回我们已经介绍完了成本的概念，接下来，我们来介绍一下完全竞争企业的收益，包括总收益、平均收益和边际收益。

总收益是指企业按一定价格出售一定数量产品时所获得的全部收入。用公式来表示就是：TR = PQ。这个比较容易理解。比如，一碗面卖 10 元，卖 10 碗面就获得 100 元的收入。

平均收益是指企业平均每销售一单位产品所获得的收入。用公式来表示就是：AR = TR/Q。比如，今天你卖了 100 碗面获得 1000 元的收入，平均一碗面的收益就是 1000/100 = 10 元。

边际收益是指企业增加一单位产品销售所获得的总收入的增量。用公式来表示就是：MR = ΔTR/ΔQ，如果总收益函数是连续可导的，边际收益函数是总收益函数的一阶导数，即 MR = TR′（Q）。比如，卖 10 碗面的总收益是 100 元，卖 11 碗面的总收益是 110

元，那么第 11 碗面的边际收益就是（110-100）/（11-10）=
10 元。

认真听讲心又细的你是不是发现了一个惊天秘密：彩色拉面的
平均收益和边际收益恰好都等于彩色拉面的均衡价格。实话告诉
你，这不是纯属巧合，而是历史的必然。经济学家称这种现象为
"三线合一"，即企业的平均收益曲线、边际收益曲线和需求曲线
是重合的。

有的同学可能一时搞不明白，需求曲线咋和它们同归一线了
呢？由于需求曲线是一条水平线，所以它就可以表示 d=P，这样
就有了 AR=MR=d=P，因此它们是重合的，即三线合一。

另外，对企业来说，价格 P 是给定的，所以它的总收益曲线
是一条从原点出发的射线，其斜率恰好等于价格 P。这也意味着完
全竞争厂商的总收益没有最大值。

最后，我们重点介绍一下完全竞争企业如何实现利润最大化。
如图 6-2 所示，当产量等于 Q_3 时，企业的边际收益大于边际成
本，理性的企业肯定还会扩大产量；当产量等于 Q_4 时，企业的边
际收益小于边际成本，理性的企业肯定不会生产这么多，只有在
产量等于 Q^* 时，企业的边际收益等于边际成本，理性的企业既没
有增加产量的动力也没有减少产量的动力，此时企业获得的利润
最大。

还以彩色拉面馆为例。我们前面说过，你装修和买锅碗瓢盆花
的 10 万元，属于固定成本，也是沉没成本。沉没成本不影响企业
的生产决策。因此，你在决定拉多少碗面时应该考虑的是多拉一

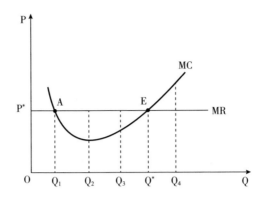

图 6-2　完全竞争企业的利润最大化

碗面的成本和多卖一碗面的收益①。

如果你拉第 100 碗面需要多花 8 元，即第 100 碗面的边际成本是 8 元，而卖掉第 100 碗面可以获得 10 元的收益，即第 100 碗面的边际收益是 10 元。聪明的你肯定会拉第 10 碗面，对不对？

如果你拉第 200 碗面需要多花 11 元，即第 200 碗面的边际成本是 11 元，而卖掉第 200 碗面可以获得 10 元的收益，即第 200 碗面的边际收益是 10 元。我相信精明的你肯定不会拉第 200 碗面，对不对？

那你到底该拉多少碗面呢？答案是当最后一碗面的边际成本等于边际收益时，你就该停止拉面了。如果当拉第 188 碗时的边际成本为 10 元，边际收益也是 10 元，那么你拉 188 碗面时将获得最多的利润。

---

① 这里插一句，经济学教科书中一般不考虑库存问题，即企业能卖多少就生产多少。

　　由此，我们得出结论：当边际收益等于边际成本（即 MR ＝ MC）时，企业获得最大利润①。注意，企业的最大利润可正可负，也就是说，企业取得最大利润有两层含义：赚钱最多或亏钱最少。另外，该均衡条件则适用于所有四类市场，因为在刚才的分析过程中没有涉及市场结构特征。

　　前面我们讲过，完全竞争企业的边际收益曲线、平均收益曲线和需求曲线"三线合一"，即 MR ＝ AR ＝ P，因此，上述的均衡条件变为 P ＝ MC。敲黑板提醒易错的点：这个均衡条件仅适用于完全竞争市场。

　　在搞明白完全竞争企业取得利润最大化的条件之后，接下来我们讲本回的重点内容——完全竞争企业的短期均衡和长期均衡。

　　由于企业在短期和长期面临的约束条件不同，即短期内至少有一种投入要素是不可变的，而长期内所有的要素投入都是可变的，所以企业在短期和长期的生产行为不同，进而影响到它们在市场上的利润最大化行为。因此，像前面讲生产和成本时一样，市场的均衡也分为短期均衡和长期均衡②。

　　首先讲完全竞争市场的短期均衡。

----

　　① 企业利润最大化的严格条件是其利润函数的一阶导数等于零，且二阶导数小于零。在图 6-2 中的 A 点处，也满足利润最大化的一阶条件，即边际收益等于边际成本，但是它不满足二阶条件，所以它不是企业获得利润最大化的点。另外，如图 6-2 所示，当产量为 Q_2 时，虽然边际收益和边际成本的差额最大，但它也不是企业获得最大利润的点。

　　② 注意，四类市场的均衡都包括短期均衡和长期均衡。其他三类市场的短期均衡和长期均衡将在下一回讲解。

大家还记得吗？完全竞争市场有一个非常重要的假设：市场上的买者和卖者都是价格的接受者。它们都是如此的渺小，以至于对市场价格没有任何影响。由于市场的均衡价格是由市场上所有企业的总供给和市场的总需求决定的，这意味着企业在开始生产时并不知道均衡价格是多少。因此，准确地说，每个企业只能在假定的市场价格下决定生产多少东西。现实中，这个假定的市场价格可能是昨天的市场价格、上月的市场价格，也可能是上年的市场价格，这取决于所研究的产品。

以彩色拉面为例，假设你家彩虹拉面馆短期的平均成本曲线和边际成本曲线如图 6-3 所示，最初的市场价格为 P_1，根据 $P = MC$ 的均衡条件，找到均衡点 E_1，此时你拉 Q_1 碗面可以获得最大利润。最大利润是多少呢？我们来算一算。总收益 $TR = P_1 \times Q_1$，也就是图中 $P_1 E_1 Q_1 O$ 的面积，总成本等于图中 AFQ_1O 的面积，总收益减去总成本，得到最大利润 π 等于图中 $P_1 E_1 FA$ 的面积。因此，E_1 称为收益点，即获得正利润的点。

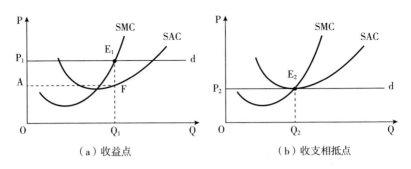

图 6-3　完全竞争企业的短期均衡（收益点和收支相抵点）

看着白花花的银子，你心里乐开了花。不过，很快你就冷静下来了，因为你知道其他彩色拉面馆也会像你一样，准备明天多拉几碗面。这样，明天彩色拉面的总供给将增加。在需求不变的情况下，总供给曲线右移，均衡价格将下降。

假设第二天彩色拉面的市场价格会下降到 P_2，对应于短期平均成本曲线的最低点。同样，根据 $P = MC$ 的均衡条件，找到均衡点 E_2，此时你拉 Q_2 碗面可以获得最大利润。最大利润是多少呢？我们再来算一算。大家有没有发现，此时你的总收益和总成本是相等的，即 $TR = TC = P_2 \times Q_2$，也就是图中 $P_2E_2Q_2O$ 的面积。也就是说，此时你的最大利润为0。因此，E_2 称为收支相抵点。由于此时可变成本和不变成本都收回来了，所以此时你的经济利润为零，会计利润仍然是正的。

由于边际效用递减规律的存在，你们预计到第三天来吃面的人会减少。在供给不变的情形下，需求曲线左移，均衡价格下降。

如图 6-4 所示，假设第三天彩色拉面的市场价格继续下降到 P_3。同样，根据 $P = MC$ 的均衡条件，找到均衡点 E_3，此时你拉 Q_3 碗面可以获得最大利润。最大利润是多少呢？我们再来算一算。你的总收益 $TR = P_3 \times Q_3$，也就是图中 $P_3E_3Q_3O$ 的面积。总成本等于图中 BFQ_3O。大家有没有发现此时总收益是小于总成本的，即你的利润是负的，或者说，你是亏损的。亏损额相当于图中 BFE_3P_3 的面积。

此时你应不应该关门歇业呢？你可能会不假思索，脱口而出：都亏损了，还不关门，我傻呀！其实，你关门才是真傻呢！一头雾水，是不是？别着急，随我雾里看花。

大家有没有发现图 6-4 比图 6-3 多了一条线：平均可变成本曲线。俗语云：世界上没有无缘无故的爱。同样，坐标系里也没有无缘无故的线。我们来看看这条线有啥用。

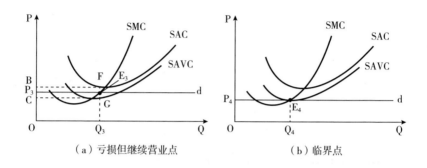

（a）亏损但继续营业点　　　　　　（b）临界点

图 6-4　完全竞争企业的短期均衡（亏损但继续营业点和临界点）

有了这条线，我们就可以求得此时的总可变成本等于图中 CGQ_3O 的面积。该面积明显小于 $P_3E_3Q_3O$ 的面积，即总收益大于总可变成本，这意味着你如果继续营业，不仅可以收回总可变成本，还可以收回一部分总不变成本。如果你立马关门，可就不大吉了。为啥呢？因为你关门后，总可变成本为零，收益也变成零了，此时你的总不变成本可就全部收不回来了。是不是比刚才更惨？这叫两害相权取其轻。理性的你应该继续营业。因此，以 E_3 为代表介于平均成本最低点和平均可变成本最低点之间的点都是亏损但继续营业点。现实中，有很多这种情况。比如，淡季时旅游景点的餐馆和旅店就属于亏损但继续营业的典型代表。

如果不凑巧，第四天面粉价格开始下降，供给曲线右移，在需求不变的情况下，彩色拉面的均衡价格继续下降到 P_4。此时你的总收益恰好等于总可变成本。也就是说，你的收入只够弥补可变成本，不变成本一点也没有收回来。这个时候，你营业还是不营业就两可了。因此，E_4 点称为临界点。

最后，不管啥原因，如果彩色拉面的均衡价格下降到了 P_4 以下，你一秒都不要耽误，赶紧把店门关了。为啥呢？因为此时你的总收益小于总可变成本，这意味着你的收入连可变成本都弥补不了，更别提弥补不变成本了。因此，E_4 以下的点都称为停止营业点。

总结一下：在短期内，企业可以获得正利润、零利润和负的利润。注意，不管是利润大于零、等于零，还是小于零，在均衡时企业都满足 $P=MC$ 这个均衡条件。回想一下，E_1 是获得的正利润的收益点，E_2 是利润等于零的收支相抵点，E_3 是亏损但继续营业点，E_4 是营业不营业都两可的点，E_4 以下的点都是停止营业的点。换句话说，只要价格大于等于 P_4，即平均可变成本曲线最低点对应的价格，企业不管盈利还是亏损，都会进行生产。

因此，我们得到完全竞争企业的短期供给曲线为其短期边际成本曲线位于平均可变成本曲线最低点之上的部分，包括最低点（见图 6-5 中的粗线）。

为啥是边际成本曲线呢？因为边际成本曲线上的每一点都满足均衡条件 $P=MC$。不知大家还记得吗？第二回我们讲过，供给曲线上的点都是企业取得利润最大化的点，即都满足均衡条件 $P=MC$。而其他曲线则缺乏该特质，故不能成为供给曲线。

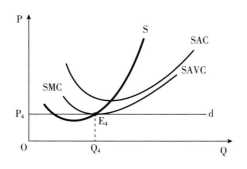

图6-5　完全竞争企业的短期供给曲线

敲黑板说重点。如果考试时让你求企业的供给曲线，你要遵循以下步骤来做：第一步，求出边际成本函数；第二步，利用均衡条件把边际成本函数中的 MC 换成 P，变为 P 和 Q 的表达式；第三步，求出平均可变成本函数，并求它的最小值点对应的 P 和 Q；最后综合前三步的结果，求得企业的短期供给曲线。

如果让你求完全竞争市场的供给曲线，那么将刚刚求得的每个企业的供给曲线水平加总，就得到完全竞争行业的供给曲线，有时候也称为市场的供给曲线。

继续以彩色拉面为例。假设市场上有 1000 家与你家彩虹拉面馆一样的企业，当拉面价格为 8 元/碗时，你愿意拉 100 碗，行业的拉面总量就是 1000×100＝10 万碗。如果每个企业拉面的数量不一样多，比如，当价格为 8 元/碗时，你拉 100 碗面、你二大爷拉118 碗面、你三舅拉 188 碗面，你同学铁蛋拉 112 碗面，那么当价格为 8 元/碗时，你们几家店的总拉面数就是 518 碗面。在每一个价格水平下，将市场上所有彩虹拉面馆的供给量相加就得到彩虹拉面的市场供给量。然后将彩虹拉面的价格和相应的市场供给量绘制在坐标系里，就得到彩虹拉面的市场供给曲线。

刚刚我们讲到，在短期内企业可能盈利，可能亏损，也可能盈亏平衡。特别令大家不可思议的是企业亏损了还要继续营业。经过我的一番讲解，大家可能也明白了两害相权取其轻的道理。心中的疑团可能还是没有解开：为啥它不彻底离开这个行业呢？这是因为由于不变成本的存在，比如租房支出，企业在短期内有时候无法潇洒地挥一挥衣袖，卷着铺盖就走了，只能咬牙坚持到房租到期。如果租房到期了，老板对行业的未来发展比较悲观，那么他就会彻底退出该市场。注意，这时候所有的要素投入都是可变的，因为房租到期了，你现在可以决定续租还是退租。

读到这儿，恭喜你来到下一关：长期的完全竞争市场。

在长期中，由于所有的投入要素都是可变的，企业在追求利润最大化的路上便有了更多的选择，一方面它可以调整要素投入选择最佳的生产规模，另一方面它还可以选择进入或退出某个市场。完全竞争企业如何进行这些选择呢？

我们首先来看看企业如何选择长期的最优规模。如图 6-6 所示，假设彩色拉面的市场价格为 P_0，短期内你采用规模 1 进行生产，对应的边际成本曲线为 SMC_1，根据 $P = MC$ 的均衡条件，此时你拉 Q_1 碗面可以获得最大利润，最大利润为图形 P_0E_1AB 的面积。理性的你肯定不会小富即安，而是继续扩大生产，如再开一家新店。你现在面临的幸福烦恼是生产规模扩大到多大是最优的呢？

答案是规模 2。

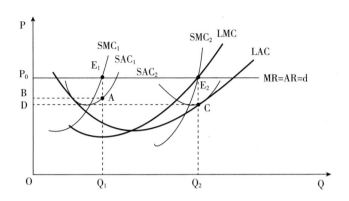

图 6-6 完全竞争企业的长期最优规模

我来解释一下。彩色拉面的价格仍为 P_0，同样，根据 $P = MC$ 的均衡条件，此时你拉 Q_2 碗面可以获得最大利润，最大利润为图形 P_0E_2CD 的面积。显然，图形 P_0E_2CD 的面积比刚才图形 P_0E_1AB 的面积大了很多。有点小贪心的你可能想问，是不是选择别的生产规模，可以获得更大的利润？答案是否定的。

如果生产规模继续扩大，拉面数量大于 Q_2，增加一碗拉面的长期边际成本大于边际收益，也就是说，在 Q_2 的基础上，多拉一碗亏一碗，多拉 10 碗亏 10 碗。如果生产规模小于规模 2，拉面数量小于 Q_2，增加一碗拉面的边际收益大于长期边际成本，也就是说，在 Q_2 的基础上，少拉一碗少赚一碗，少拉 10 碗少赚 10 碗。因此，规模 2 是企业长期的最优规模。

　　在搞清楚了完全竞争企业长期的最优规模之后，接下来我们考察长期完全竞争市场的进入和退出情况。

　　如图 6-7 所示，假设你现在采用规模 3 进行生产，最优产量是 Q_3，此时你获得图中大小等于图形 P_3CE_3D 面积的利润。听说你开彩虹拉面馆赚了大钱，你的同学、亲戚朋友的七大姑八大姨都来向你明着取经，暗着模仿，开了彩色五线谱和七彩阳光等彩色拉面馆。随着市场上彩色拉面供给数量的增加，在需求不变的情况下，彩色拉面的价格将下降。在成本不变的情况下，随着价格下降，你赚的钱将越来越少。其他企业想进入彩色拉面市场的欲望也就越来越小。当价格降到 P_2 时，你的经济利润降到了零，仍然可以获得合理的会计利润。此时，其他企业也就断了进入彩色拉面市场的念想，因为它进入该市场也不能比现在干的事儿赚更多的钱。

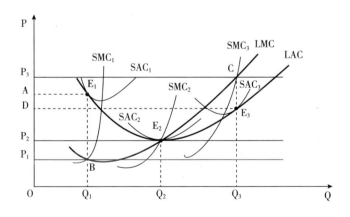

图 6-7　完全竞争企业的长期均衡

如果故事是另外一个剧本。假设你现在采用规模 1 进行生产，最优产量是 Q_1，对应的均衡价格为 P_1，此时你是亏损的，亏损额等于图 6-7 中图形 AE_1BP_1 的面积。由于现在是长期，你可以自由地退出彩色拉面市场，于是你含着泪把彩虹拉面馆摘了牌，锁了门，一步三回头泪眼婆婆地离开了。其实，你不是一个人在撤退。你的同学、亲戚朋友的七大姑八大姨也撤退了，因为他们基本上都是照抄你的经营模式，你失败了，他们注定也要失败。随着市场上彩色拉面供给数量的减少，在需求不变的情况下，彩色拉面的价格将回升。在成本不变的情况下，随着价格回升，留下来的企业亏的钱越来越少。其他企业想退出彩色拉面市场的欲望也就越来越小。当价格上升到 P_2 时，幸存下来的企业的经济利润为零，可以获得合理的会计利润，也就没有企业愿意退出彩色拉面市场了，因为它转到其他行业也不能赚更多的钱。

综上所述，我们得出结论：当价格等于 P_2 时，市场实现了长期均衡。此时所有企业都采用规模 2 进行生产，最优产量为 Q_2，经济利润都等于零。在长期均衡点 E_2 点上，满足长期均衡条件：

LMR = MR = LMC = SMC = LAC = SAC

看到这一长串条件，是不是有点犯怵？其实，这个条件本质上和短期是一样的。只不过把短期的边际成本换成了长期边际成本。有的同学可能会说，那咋还有俩短期成本？我解释一下。我们现在度过的每一秒都将是历史的一瞬间。反过来说，历史的瞬间都是曾经的现在。经济学中，每一个长期都是由一个个短期构成的。在长期平均成本曲线的最低点，恰好有一个短期生产规模与之相对应，这样，就有了短期边际成本曲线、短期平均成本曲线、长期边际成本曲线和长期平均成本曲线四线相交的盛况。

听到这儿，大家有没有一个疑问：完全竞争市场上的卖家非常多，在短期内有的盈利，有的亏损，还有的盈亏平衡，为啥到了长期，所有企业的经济利润都为零，所有的成本曲线都一样了？这是一个非常有深度的问题。我来尝试回答一下。不知大家是否还记得，完全竞争市场有一个重要假设——买卖双方都有与经济决策有关的完全信息。诚如刚才所说，短期内不同企业的盈利状况可能不同。由于企业有完全信息，如知道哪家企业的盈利最多，所以在长期其他企业都会模仿盈利能力最强的企业，于是乎，整个市场的企业都变成一个模样了。自然成本曲线也就趋同了。

再回到主题上来。我们一起回顾一下，前面讲短期时，根据短期均衡条件，我们得到短期均衡的五种情况，然后推导出企业的短期供给曲线为短期边际成本曲线位于平均可变成本曲线最低点之上的部分，包括最低点。最后将市场上所有企业的短期供给曲线水平加总，得到行业的短期供给曲线。善于举一反三的你们，是不是灵机一动，有了一个深思熟虑的推论：完全竞争企业的长期供给曲线是长期边际成本曲线位于长期平均成本曲线最低点之上的部分，将市场上所有企业的长期供给曲线水平加总，得到行业的长期供给曲线。

有些教科书的确是这么写的。我的观点是：由于完全竞争市场是自由进出的，若经济利润为正，新企业会进来；若经济利润为负，老企业会退出，所以在长期企业只有在长期成本曲线最低点处取得利润最大化。换句话说，企业只有一个最佳供给量，即与长期平均成本最小值相对应的产量。这样就只有一对价格和数量组合，对应于坐标系内的一个点。用大白话说就是，完全竞争企业没有长期供给曲线，只有一个最优点。

俗语云：皮之不存，毛将焉附。完全竞争企业没有长期供给曲线，自然完全竞争行业也就没有长期供给曲线了。你们是不是这样想的？如果是的话，很抱歉你们又答错了！别急，听我慢慢道来！同样，由于市场可以自由进出，长期内企业的数量是不固定的，所以我们就无法用刚才水平加总的套路来得到行业的长期供给曲线。因此我们需要另辟蹊径。根据产品产量变化对要素价格的影响不同，我们可以把行业分为三类：成本不变的行业、成本递增的行业和成本递减的行业。

接下来，我们看看这三类行业的长期供给曲线都长啥样，又是如何推导出来的。

首先来到成本不变行业。成本不变行业是指产品产量变化所引起的要素需求变化，不会对要素价格产生影响。简而言之，产量增减不会引起要素价格的上涨或下降。比如，彩色拉面数量的大量增加不会影响面粉的价格。为啥呢？因为彩色拉面用掉的面粉量可能是市场上面粉总量的九牛一毛。

假设你的彩色拉面馆是代表性的拉面企业 i，如图 6-8（b）所示的市场的短期供给曲线 SS_1 和需求曲线 D_1 相交于 A 点，均衡价格为 P_1；当价格等于 P_1 时，如图 6-8（a）所示企业 i 处于长期均衡状态，最优产量为 Q_{i1}。

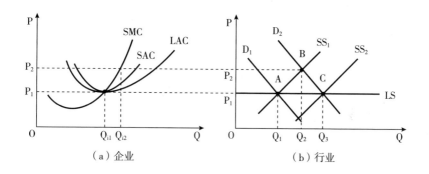

图6-8 成本不变行业的长期供给曲线

假设由于黄三少在本书里频繁提到彩色拉面，引起了粉丝以及他的亲朋好友们的好奇，最终导致市场需求曲线右移到 D_2，与原来的短期供给曲线 SS_1 相交于 B 点，均衡价格上升到 P_2。当价格上升到 P_2 时，企业 i 的最优产量增加到 Q_{i2}。注意，此时企业 i 的边际收益大于长期平均成本，也就是说，企业 i 获得正的经济利润。

前面我们讲过，完全竞争市场是自由进出的，若现有企业的经济利润为正，则会吸引新的企业进入。随着新企业的不断涌入，市场的短期供给曲线 SS_1 不断右移，在需求不变的情况下，均衡价格会下降，最终会下降到哪儿呢？

别忘了我们假设彩色拉面行业是成本不变的行业。也就是说，彩色拉面供给增加，面粉等要素的价格将保持不变，这意味着企业 i 的成本曲线不会发生变化。

由图6-8（a）可知，随着价格从 P_2 往下降，企业 i 的经济利润逐渐变小，当价格又回到 P_1 时，企业 i 再次实现长期均衡，此时市场的短期供给曲线由 SS_1 移动到 SS_2 与新的需求曲线 D_2 相交于 C 点，均衡价格也回到了 P_1 水平。将 A 点和 C 点连起来就得到成本不变行业的长期供给曲线 LS，是一条水平线[1]。

其次考察成本递增行业。成本递增行业是指产品产量变化所引起的要素需求增加，会导致要素价格的上升。比如，彩色拉面数量的大量增加会抬高彩色拉面师傅的工资。

仍假设你的彩色拉面馆是代表性的拉面企业 i。如图 6-9（b）所示，市场的短期供给曲线 SS_1 和需求曲线 D_1 相交于 A 点，均衡价格为 P_1；如图 6-9（a）所示，当价格等于 P_1 时，企业 i 处于长期均衡状态，最优产量为 Q_{i1}。

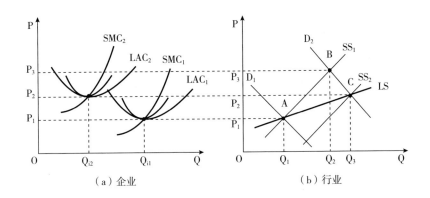

图 6-9　成本递增行业的长期供给曲线

---

[1]　注意，从 A 点到 C 点，市场新增的供给量 Q_3-Q_1 都是由新企业提供的。估计你们会一脸疑惑、异口同声地问：为啥呢？因为老企业在长期均衡时的最优产量仍是 Q_{i1}，加总后仍等于 Q_1。

现在假设营养专家在媒体上大力宣传彩色拉面的好处，比如，一天一碗彩拉面，身体健康永在线。这使得市场需求曲线右移到 D_2，与原来的供给曲线 SS_1 相交于 B 点，均衡价格上升到 P_3。当价格上升到 P_3 时，此时企业 i 显然获得非常高的经济利润。于是，吸引大量新的企业进入该市场。随着新企业的不断涌入，市场的供给曲线 SS_1 不断右移，在需求不变的情况下，均衡价格会下降，最终会下降到哪儿呢？

这次我们假设彩色拉面行业是成本递增的行业。也就是说，彩色拉面供给增加，劳动等生产要素的价格将上涨，这意味着企业的成本曲线将向上移动①。

随着价格从 P_3 往下降，企业 i 的经济利润逐渐变小。注意，这次当价格降到 P_2 时，企业 i 就再次实现了长期均衡，因为 P_2 已经对应于新的长期平均成本曲线 LAC_2 的最低点。再把目光转向图 6-9（b），此时市场的短期供给曲线由 SS_1 移动到 SS_2 与新的需求曲线 D_2 相交于 C 点，均衡价格也到了 P_2 水平。将 A 点和 C 点连起来就得到成本递增行业的长期供给曲线 LS。它是一条向右上方倾斜的线②。

最后考察成本递减行业。成本递减行业是指产品产量变化所引

---

① 理论上，成本曲线可能往左上方移动，也可能向右上方移动。我们这里假设向左上方移动。

② 注意，从 A 点到 C 点，不仅市场新增的供给量 Q_2-Q_1 是由新企业提供的，而且还弥补了老企业因缩小产量导致的产量缺口。为啥呢？因为老企业在长期均衡时的最优产量变为 Q_{i2}，小于原来的 Q_{i1}，自然加总后会小于 Q_1。另外要注意，如果刚才成本曲线向右上方移动，那么老企业的长期均衡产量将增加，从而也贡献一部分新增产量。

起的要素需求增加，会导致要素价格下降。比如，随着彩色拉面数量的大量增加，催生了彩色蔬菜汁的规模化生产，导致彩色拉面所需的蔬菜汁的价格大幅度下降。

继续假设你家彩色拉面馆是代表性的拉面企业 i。如图 6-10（b）所示，市场的短期供给曲线 SS_1 和需求曲线 D_1 相交于 A 点，均衡价格为 P_1；如图 6-10（a）所示，当价格等于 P_1 时，企业 i 处于长期均衡状态，最优产量为 Q_{i1}。

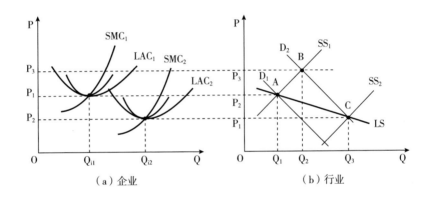

图 6-10　成本递减行业的长期供给曲线

现在假设老百姓一觉醒来都变成富一代了，第二回我们讲过，收入增加通常使得市场需求曲线向右移动，假设移动到 D_2，与原来的供给曲线 SS_1 相交于 B 点，均衡价格上升到 P_3。当价格上升到 P_3 时，此时企业 i 也获得正的经济利润。同样会吸引新的企业进入该市场。随着新企业的不断涌入，市场的供给曲线 SS_1 不断右移，在需求不变的情况下，均衡价格会下降，这次又会下降到哪儿呢？

这次我们假设彩色拉面行业是成本递减的行业。也就是说，彩色拉面供给增加，蔬菜汁等要素的价格将下降，这意味着企业的成本曲线将向下移动[1]。

随着价格从 P_3 往下降，企业 i 的经济利润逐渐变小。注意，这次当价格回到 P_1 时，由于企业的成本曲线向下移动了，企业 i 仍然获得正的经济利润，所以新企业的进入还会继续。图 6-10（b）中的短期供给曲线 SS_1 就继续右移。当价格下降到 P_2 时，企业就再次实现长期均衡，因为 P_2 已经对应于新的长期平均成本曲线 LAC_2 的最低点。

最后把目光转向图 6-10（b），此时市场的短期供给曲线由 SS_1 移动到 SS_2 与新的需求曲线 D_2 相交于 C 点，均衡价格也到了 P_2 水平。将 A 点和 C 点连起来就得到成本递减行业的长期供给曲线 LS。注意，它是一条向右下方倾斜的线[2]。

总结一下：成本不变行业的长期供给曲线是一条水平线；成本递增行业的长期供给曲线是一条向右上方倾斜的线；成本递减行

---

[1]　理论上，成本曲线可能往左下方移动，也可能向右下方移动。这里我们假设向右下方移动。

[2]　注意，从 A 点到 C 点，市场新增的供给量 Q_2-Q_1 是由新老企业共同提供的。为啥呢？因为老企业在长期均衡时的最优产量变为 Q_{i2}，大于原来的 Q_{i1}，自然加总后会大于 Q_1。再次注意，如果刚才成本曲线是向左下方移动，那么老企业的长期均衡产量将减少，那么新企业不仅要提供新增的供给量，还要弥补老企业因缩小产量留下的产量缺口。

业的长期供给曲线是一条向右下方倾斜的线。

由于现实中,大多数行业都属于成本递增的行业,所以我们常见的供给曲线都是向右上方倾斜的。这就是为什么我们通常将供给曲线画成向右上方倾斜的直线或曲线的理由所在。

讲到这儿,我们就把完全竞争企业的短期均衡和长期均衡就单独讲完了。接下来,我们来捋一捋它们之间的联系。

假设市场上有甲、乙两个代表性消费者,有丙和丁两个代表性企业。在短期内,将消费者甲和乙的需求曲线水平加总,得到市场的需求曲线 D,将企业丙和丁的供给曲线水平加总,得到市场的供给曲线 SS。根据市场上供求相等,得到均衡点(如 E 点)。假如消费者的收入增加导致市场的需求曲线右移,企业的技术水平提高导致市场的供给曲线也右移,得到新的均衡点 F(如 F 点)。连接两个短期均衡点 E 和 F,就得到长期供给曲线 LS。

在搞清楚了完全竞争市场的短期均衡和长期均衡的关系之后,你们有没有人想问一个看起来很傻的问题:市场上先有供给,还是先有需求?这是一个先有鸡还是先有蛋的好问题。有的同学可能会说,当然是先有供给了!比如,只有彩色拉面煮熟端出来,我们才能吃到嘴。那位经常默默给黄三少点赞的同学可能会立马站起来反驳道,只有彩色拉面有人买,彩色拉面馆才能存在。两位同学说的都有道理。但是,经济学家多数站在点赞同学这一边,因为他们有理论依据,这就是接下来要讲的消费者统治。

简单来说就是消费者手中有钱。企业想赚消费者手中的钱。于是企业老板们就要想办法搞清楚消费者想买啥,然后就生产啥卖给消费者。俗语云：要想钓到鱼，你得先问问鱼儿想吃啥。由此可见，在这个过程中，消费者起着决定性的作用。故有消费者统治一说。

其实，这也没啥新鲜的。俗语云：顾客就是上帝。说的就是这个道理。那位认为先有供给的同学可能有话说，上大学前我没有吃过彩色拉面，是因为老家根本没有彩色拉面馆。现在大学周围有好几家彩色拉面馆，所以我经常去吃。这不是先有供给后有需求的典型例子吗？我在为你鼓掌的同时，不得不提醒你：彩色拉面馆不仅仅向你敞开大门。彩色拉面馆的老板在开张之前，肯定先调研了店面周围的人民群众对彩色拉面的潜在需求。从这个意义上说，还是先有需求后有供给。

在解决了先有鸡还是先有蛋的哲学问题之后，你们有没有人想再问一个更有深度的问题：我们为什么一直在寻找完全竞争企业和市场的短期均衡或长期均衡？答曰：均衡状态是最好的。继续追问：好与坏的标准是什么？继续答曰：社会福利最大化。接着刨根问底，社会福利是啥东东？

在经济学中，社会福利一般用消费者剩余和生产者剩余之和来度量。消费者剩余我们在第三回已经讲过了，接下来我们介绍生产者剩余。

生产者剩余是指企业在提供产品时，实际接受的总支付和愿意接受的最小总支付之间的差额。大家是不是早把消费者剩余忘到九霄云外了？待我打个响指，把它召唤回来。消费者剩余是指消费者在购买一定数量的某种商品时愿意接受的最高总价格与实际支付的总价格之间的差额。消费者剩余是一种主观感受。生产者剩余则是实实在在的好处。

注意，不仅生产、成本和利润有短期和长期之分，生产者剩余也有短期和长期之别。

接下来我们先认识一下完全竞争企业的短期生产者剩余。

第二回我们讲过，供给曲线上的点都是企业愿意接受的最低价格，而市场价格是企业实际接受的总支付。因此，根据生产者剩余的定义，我们得到价格线之下，供给曲线之上的不规则图形 P_0EC 的面积就是企业的短期生产者剩余（见图6-11）。这么不规则的图形，我们怎么计算它的面积呢？学过高等数学的同学都知道用定积分来计算。计算公式如下：

$$PS = P_0 Q_0 - \int_0^{Q_0} SMC(Q)\, dQ \qquad\qquad (6-1)$$

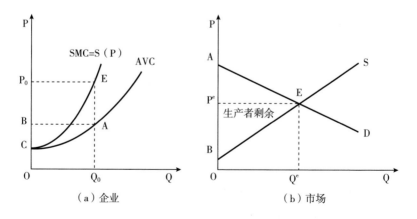

图6-11　短期的生产者剩余

如果考试时题目给的不是边际成本函数，而是直接给了供给函数，那么就用公式：

$$PS = P_0Q_0 - \int_0^{Q_0} f(Q) dQ \qquad (6\text{-}2)$$

如果你不知道定积分为何物，也可以用第二种方法来计算。由于不变成本与产量无关，增加的边际成本都是可变成本，所以生产一定产量的总边际成本等于总可变成本。换成大白话就是，刚才给出的两个计算公式中令人讨厌的定积分等于总可变成本。因此，生产者剩余的计算公式可变为：

$$PS = P_0Q_0 - TVC = TR - TVC \qquad (6\text{-}3)$$

由图 6-11（a）可知，总收益为长方形 P_0EQ_0O 的面积，总可变成本等于长方形 BAQ_0O 的面积。总收益减去总可变成本就等于长方形 P_0EAB 的面积。这样，我们就成功地把一个求定积分的问题变成了一个求长方形面积的问题。长方形的面积就容易计算多了吧？

现实中，如果我们不知道企业的总收益和总可变成本，那又该如何是好呢？没事儿，咱们还有第三种计算方法。将第二种方法的计算公式，稍微做一下变化，我们就得到 $PS = \pi + TFC$，也就是说，生产者剩余还等于企业的利润加上总不变成本。

现实中，不管采用哪个公式计算，生产者剩余都是一样的。在考试的时候，根据题目给出的信息选择相应的公式计算即可。

像求行业的供给曲线一样，将市场上所有企业的生产者剩余进行加总，就得到完全竞争行业的短期生产者剩余。由图 6-11

（b）可知，它等于行业的短期供给曲线之上，价格之下和纵轴围成的三角形 P^eEB 的面积。这个很简单，在此不再赘述。

比较麻烦的是长期的生产者剩余。我查阅了几本经典的教科书，有这么几种情况：萨缪尔森的《微观经济学》（第十九版）没有提及长期生产者剩余，平狄克的《微观经济学》（第九版）提到了完全竞争企业的长期生产者剩余，高鸿业主编的《西方经济学》中没有提企业的长期生产者剩余，却讲了完全竞争市场的长期生产者剩余。

高鸿业老师的这本教科书认为，只有成本递增行业才有长期的生产者剩余。它试图用李嘉图租金来解释完全竞争市场的长期生产者剩余，认为市场价格是由拥有稀缺的低质量要素投入企业的长期平均成本的最小值决定的，即市场达到长期均衡时，拥有稀缺的低质量要素投入企业的经济利润为零，而拥有稀缺的高质量要素投入企业的经济利润为正。将这部分正的经济利润加总就是完全竞争市场的长期生产者剩余。我认为这个解释与前面讲的完全竞争企业的长期均衡为零利润均衡是矛盾的。

平狄克试图用经济租金的概念来解释完全竞争企业的长期生产者剩余。他认为，拥有稀缺资源的完全竞争企业可以获得较高的会计利润，但是经济利润仍等于零。为啥呢？他给出的理由是，拥有稀缺资源的企业之所以获得较高的会计利润是因为它没有考虑稀缺资源的机会成本。如果把这部分机会成本考虑进去，那么拥有稀缺资源企业的经济利润在长期也等于零。他认为，稀缺资源带来的这部分经济租金就是企业长期的生产者剩余。经济学中的成本不都是机会成本吗？怎么这儿又突然搬出来机会成本来解释生产者剩余？我认为不妥。

综上所述，我认为，由于在长期内完全竞争企业的经济利润等于零，也没有不变成本，根据第三种计算方法，企业的长期生产者剩余为零。那么，成本递增行业的长期生产者剩余又如何解释呢？

我认为，长期都是由一个个短期组成的。俗语云：活在当下。对企业来说，短期才是真实的存在。举个例子，假设彩色拉面的长期均衡价格为 18 元/碗，均衡数量是 1000 碗。大家知道，这 1000 碗面是逐渐卖出去的。可能有 10 元/碗卖出去的，也可能有 15 元/碗卖出去的。这些低于 18 元/碗卖出去的拉面卖出价和 18 元之间的差额都会被统计为长期生产者剩余。这些前期低于长期均衡价格卖出去的产品的卖出价和长期均衡价格之间的总差额就是完全竞争市场的长期生产者剩余。注意，这个剩余是被统计出来的，是根本不存在的[①]。

不管怎么解释，长期的生产者剩余长的还是老样子，即价格线以下，供给曲线之上和纵轴围成的图形面积（见图 6-11（b））。

消费者剩余加上生产者剩余等于社会总剩余。经济学家通常用社会总剩余来度量社会福利。

前面我们曾提及，当完全竞争市场达到均衡状态时，社会福利便实现了最大化。为啥呢？我们来解释一下。

---

① 这是我对长期生产者剩余的初步思考，不一定对。

如图 6-12 所示，当市场上的供求相等时，市场便达到了均衡状态，此时社会福利或社会总剩余等于消费者剩余大小相当于三角形 AEP^e 的面积加上生产者剩余大小相当于三角形 P^eEB 的面积。

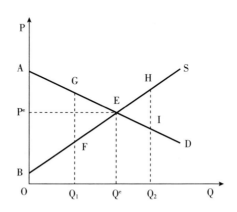

图 6-12　完全竞争市场的社会福利

如果市场上商品的数量为 Q_1，小于均衡数量 Q^e，大家有没有发现，在 Q_1 和 Q^e 之间，消费者愿意接受的最高价格大于企业愿意接受的最低价格，直白地说，就是多卖会多赚。由于企业卖的数量少于均衡数量，所以它会少赚图 6-12 中大小等于三角形 EFG 面积的钱。

相反地，如果市场上商品的数量为 Q_2，大于均衡数量 Q^e，大家有没有发现，在 Q^e 和 Q_2 之间，消费者愿意接受的最高价格小于企业愿意接受的最低价格，正常情况下，这些买卖根本做不成。如果企业按照消费者愿意接受的最高价格卖出了这些产品，那么它就会少赚大小相当于图 6-12 中三角形 EHI 面积的钱。

综上所述，我们可以得出结论：完全竞争市场达到均衡时，社会福利实现了最大化。这是不是意味着完全竞争市场就可以放任不管了呢？答案是否定的，因为政府的眼中不是只有经济效率，它还有很多其他目标，比如公平。有时候政府为了实现公平等目标，会制定一些经济政策，对经济活动进行干预。这些政策会带来多大的经济效率损失呢？接下来我们考察两种常见政策的福利效应：一是价格控制，包括最高限价和最低限价；二是征税。

接下来，考察第二回讲过的最高限价和最低限价的福利效应。

如图 6-13 所示，当不存在价格控制时，市场均衡价格为 P^e，均衡数量为 Q^e，此时消费者剩余 CS = 梯形 A 的面积 + 三角形 D 的面积，生产者剩余 PS = 长方形 B 的面积 + 三角形 C 的面积 + 三角形 F 的面积。如果政府认为市场均衡价格 P^e 太高了，决定实施最高限价政策。第二回我们讲过，最高限价一定要低于均衡价格才有效果。

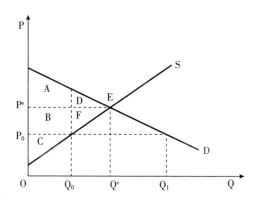

图 6-13　最高限价的福利效应

假设最高限价为 P_0，此时供给量为 Q_0，需求量为 Q_1，市场供不应求。对于能继续买到商品的消费者来说，由于价格下降，消费者剩余增加了长方形 B 的面积，而那些买不到商品的倒霉蛋则无奈地退出市场，这导致消费者剩余减少了三角形 D 的面积，因此，消费者剩余 CS 变为梯形 A 的面积加上长方形 B 的面积，最高限价前后变化量为长方形 B 的面积减去三角形 D 的面积。

另外，采取最高限价后，由于商品价格下降使得部分企业不愿意卖了，这导致生产者剩余减少三角形 F 的面积。对于那些留在市场上的企业来说，由于商品价格下降，生产者剩余减少了长方形 B 的面积（这部分生产者剩余转化成了消费者剩余）。因此，生产者剩余变为三角形 C 的面积，与最高限价前相比，减少了长方形 B 的面积和三角形 F 的面积。

将最高限价后的消费者剩余和生产者剩余相加，得到社会总剩余变为梯形 A 的面积+长方形 B 的面积+三角形 C 的面积，比之前减少了三角形 D 的面积和三角形 F 的面积。三角形 D 的面积+三角形 F 的面积就是传说中的社会福利的无谓损失。通俗地说，无谓损失就是平白无故的损失，因为消费者剩余减少的三角形 D 面积没有转化为生产者剩余，生产者剩余减少的三角形 F 面积，也没有转化为消费者剩余，或者说它们凭空消失了。

政府当然知道，最高限价会导致社会福利的无谓损失。那么为什么政府有时候还要出台最高限价政策呢？这是因为政府想保护消费者的利益，即以消费者剩余最大化为政策目标。我们刚刚讲过，最高限价前后消费者剩余的变化量为长方形 B 的面积减去三角形 D 的面积。从图中可以看出，长方形 B 的面积明显大于三角形 D 的面积。因此，最高限价政策确实可以提供消费者剩余。

但是，如果图中的需求曲线变得非常陡峭，或者说商品需求缺乏弹性，那么结果就是另外一回事了。有兴趣的看官可以照葫芦画瓢画一张类似图 6-13 的图，你会发现，此时不仅社会福利的无谓损失（即三角形 D 的面积+三角形 F 的面积）比刚才大了很多，而且三角形 D 的面积也开始大于长方形 B 的面积。换句话说，最高限价也减少了消费者剩余，背离了政策目标。这就是为啥国内外有些经济学家反对政府出台最高限价政策的原因所在。

听到这儿，有的同学可能会说，最高限价不好，最低限价应该会好吧？最低限价好不好你们接着往下瞧。

如图 6-14 所示，当不存在价格控制时，市场均衡价格为 P^e，均衡数量为 Q^e，此时消费者剩余 CS = 三角形 G 的面积+长方形 A 的面积+三角形 B 的面积，生产者剩余等于梯形 F 的面积+三角形 C 的面积。如果政府认为市场均衡价格 P^e 太低了，决定实施最低限价政策。第二回我们讲过，最低限价一定要高于均衡价格才有效果。

假设最低限价为 P_0，此时需求量为 Q_0，供给量为 Q_1，市场供大于求。对于能继续买到商品的消费者来说，由于价格上升，消费者剩余减少了长方形 A 的面积，而那些因高价放弃购买的消费者退出市场，这导致消费者剩余减少了三角形 B 的面积，因此，消费者剩余变为三角形 G 的面积，与最低限价前相比减少了长方形 A 的面积加上三角形 B 的面积。

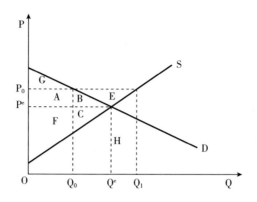

图 6-14　最低限价的福利效应

　　另外，采取最低限价后，由于商品价格上升使得部分企业因卖不掉东西无奈退出市场，这导致生产者剩余减少三角形 C 的面积。对于那些留在市场上的企业来说，由于商品价格上升，生产者剩余增加了长方形 A 的面积（这部分生产者剩余是由消费者剩余转化而来的）。因此，生产者剩余变为长方形 A 的面积+梯形 F 的面积，与最高限价前相比，变成了长方形 A 的面积减去三角形 C 的面积。

　　将最低限价后的消费者剩余和生产者剩余相加，得到社会总剩余变为长方形 A 的面积+梯形 F 的面积+三角形 G 的面积，比之前减少了三角形 B 的面积和三角形 C 的面积。神奇吧？最低限价也会带来社会福利的无谓损失。与刚才类似，消费者剩余减少的三角形 B 面积没有转化为生产者剩余，生产者剩余减少的三角形 C 面积也没有转化为消费者剩余，或者说它们又凭空消失了。

政府当然也知道，最低限价会导致社会福利的无谓损失。那么为什么政府偏向虎山行呢？这是因为政府想保护生产者的利益，即以生产者剩余最大化为政策目标。我们刚刚讲过，最低限价前后生产者剩余的变化量为长方形 A 减去三角形 C 面积。从图中可以看出，长方形 A 的面积略大于三角形 C 的面积。因此，最低限价政策也可以实现政策目标，即提高生产者剩余。

但是，如果图中的供给曲线变得非常陡峭，或者说商品供给缺乏弹性，那么结果就是另外一回事了。有兴趣的看官同样可以照葫芦画瓢画一张类似图 6-14 的图，你会发现，此时不仅社会福利的无谓损失（三角形 B 的面积+三角形 C 的面积）比刚才大了很多，而且三角形 C 的面积也明显大于长方形 A 的面积。换句话说，最低限价也减少了生产者剩余，同样背离了政策目标。

此外，现实中，最低限价导致的福利损失可能会更多。比如，企业不管卖掉卖不掉，都按照最低限价生产出产量为 Q_1 的产品。由于在最低限价情形下，市场需求只有 Q_0，这会导致 $Q_1 - Q_0$ 的产品卖不出去。这部分大小相当于图 6-14 中梯形 H 的面积的成本，有时候也算作最低限价的福利损失。因此，最低限价的福利损失就变为三角形 B 的面积+三角形 C 的面积+梯形 H 的面积。

总结一下：不管是最高限价，还是最低限价，价格控制都限制了市场交易，从而导致社会福利损失。因此，在设计和执行政策时需要综合考虑与权衡利弊，兼顾效率与公平，趋利避害。

接下来考察另外一种政策——征税对社会福利的影响。

如图 6-15 所示，在征税前，市场的供给曲线和需求曲线相交于 E 点，均衡价格为 P^*，均衡数量为 Q^*。此时，消费者剩余为三角形 AP^*E 的面积，生产者剩余为三角形 P^*EC 的面积，社会总剩余或社会福利等于大三角形 ACE 的面积。

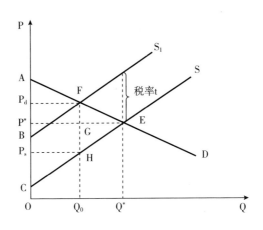

图 6-15　对卖家征税的福利效应

假设政府对每碗彩色拉面征收 t 元的拉面税。这个拉面税向谁征收呢？通常有三种征收方式：向卖家征收、向买家征收、买家和卖家分担税收。你们觉得这三种征收方式会不会带来不同的社会福利影响？我觉得大多数同学会说，应该会吧！我们来看看真理到底站在谁那一边。

首先考察政府向卖家征税的情形。由于政府对拉面馆拉出的每碗彩色拉面征收 t 元的拉面税，增加了彩色拉面的成本，所以彩色拉面的供给曲线向上移动到 S_1，移动的垂直高度恰好等于税率 t。

新的供给曲线 S_1 和需求曲线 D 相交于 F 点。新的均衡价格为 P_d，新的均衡数量为 Q_0。此时，买家支付的价格是 P_d，卖家实际收到的价格是 P_s，两者之间的差额就是卖家代收的税款。

此时，消费者剩余就由征税前的三角形 AP^*E 的面积变为小三角形 AFP_d 的面积，减少了梯形 P_dFEP^* 的面积。生产者剩余由征税前的三角形 P^*EC 的面积变为小三角形 P_dFB 的面积。如果直接看的话，不太容易看出征税后生产者剩余变化的情况。像海盗研究藏宝图一样，你们认真研究几秒钟之后有没有发现，两个小三角形 P_dFB 和 P_sHC 的面积是相等的。这么一腾挪，是不是就豁然开朗了？征税后，生产者剩余减少了梯形 P^*EHP_s 的面积。政府收到了大小相当于矩形 P_dFHP_s 面积的税。综合起来，大家有没有发现，消费者剩余减少的梯形 P_dFEP^* 面积和生产者剩余减少的梯形 P^*EHP_s 面积中只有矩形 P_dFHP_s 的面积转化为了税收，三角形 FEH 的面积凭空消失了！神秘的社会福利三角损失又现江湖。

在搞清楚向卖家征税的社会福利影响之后，我们接着考察向买家征税的社会福利影响。

假设消费者每吃一碗彩色拉面需要向政府缴纳 t 元的拉面税，相当于每一个价格水平下的拉面都变贵了 t 元，使得彩色拉面的需求曲线向左下方移动到 D_1，移动的垂直高度也恰好等于税率 t。新的需求曲线 D_1 和供给曲线 S 相交于 H 点。新的均衡价格为 P_s，新的均衡数量为 Q_0。此时，买家支付的价格是 P_d，卖家实际收到的价格是 P_s，两者之间的差额就是买家代收的税款。

此时，如图 6-16 所示，消费者剩余就由征税前的三角形 AP*
E 的面积变为了小三角形 BHP_s 的面积。像刚才一样，如果直接看
的话，不太容易看出征税后消费者剩余的变化情况。如果你们把
该图当成藏宝图，多看它几眼，你们有没有发现，两个小三角形
AP_dF 和 BHP_s 的面积是相等的。如此腾挪一番，是不是柳暗花明
了呢？征税后，消费者剩余减少了梯形 P_dFEP* 的面积。

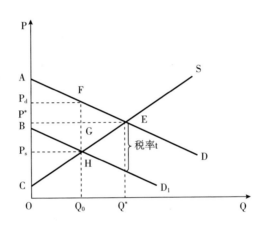

图 6-16　对买家征税的福利效应

生产者剩余由征税前的三角形 P*EC 的面积变为小三角形
P_sHC 的面积，减少了梯形 P*EHP_s 的面积。这次政府收到了大小
相当于矩形 P_dFHP_s 面积的税。综合起来看，消费者剩余减少的梯
形 P_dFEP* 面积和生产者剩余减少的梯形 P*EHP_s 面积中还是只有
矩形 P_dFHP_s 的面积转化为了税收，三角形 FEH 的面积又凭空消失

了！社会福利三角损失又神秘现身了。

最后，我们来考察对买家和卖家同时征税的社会福利影响（有些教科书只讲这种情形）。

买家和卖家分担税收的情景类似于对拉面征税，供给和需求曲线都不移动，而是直接在供给和需求曲线之间加一个高度等于税率 t 的楔子，即图 6-17 中的 FH 这根线段。这样，买家支付的价格从 P^* 上升到 P_d，卖家实际收到的价格从 P^* 下降到 P_s，均衡数量从 Q^* 下降到 Q_0。此时，消费者剩余由三角形 AP^*E 的面积变为三角形 AP_dF 的面积，减少了梯形 P_dFEP^* 的面积。

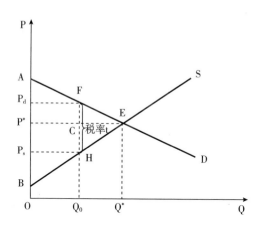

图 6-17 卖家和买家分担税收的福利效应

生产者剩余由三角形 P^*EB 的面积变为三角形 P_sHB 的面积，减少了梯形 P^*EHP_s 的面积。税率 FH 乘以新的均衡数量 Q_0，得到政府的税收大小相当于矩形 P_dFHP_s 的面积。大家有没有发现，与前两种情形一样，消费者剩余减少梯形 P_dFEP^* 的面积中只有矩形 P_dFCP^* 的面积转化为税收，生产者剩余减少的梯形 P^*EHP_s 面积中只有矩形 P^*CHP_s 的面积转化为税收。换句话说，大小相当于三角形 FEH 面积的社会福利再一次凭空消失了！

对比上述三种征税方式，我们惊奇地发现，不管是向卖家征税，还是向买家征税，或者向商品本身征税，买家最终支付的价格都是 P_d，卖家实际收到的价格都是 P_s，两者之间的差额等于税率 t。其中，买家承担的税额为 $(P_d-P^*) \times Q_0$，卖家承担的税额为 $(P^*-P_s) \times Q_0$。另外，三种征税方式都可以征收到大小等于 $(P_d-P_s) \times Q_0$ 的税，同时带来大小相当于三角形 FEH 面积的社会福利损失。

读到这儿，有没有同学好奇买卖双方是如何分担税额的？由图6-17可知，买家和卖家承担的税额差不多。这是纯属巧合还是历史的必然呢？

事实胜于雄辩，我们再来看图6-18中两张图中的 P_d 和 P_s 是相等的，也就是说，税率是相等的。图6-18（a）中，买家承担的税额小于卖家承担的税额；图6-18（b）中，买家承担的税额大于卖家承担的税额。这是为啥呢？仔细对比研究左右两张图，大家有没有发现，图6-18（a）中需求曲线相对平缓，图6-18（b）中供给曲线相对平缓。第二回我们讲过，需求曲线或供给曲线越平缓，其弹性越大。这就是秘密所在！不管采用哪种征税方式，买家和卖家谁的价格弹性大，谁承担的税就少；谁的价格弹性小，谁承担的税就多；如果它们的价格弹性一样大，那么它们就平摊税额。

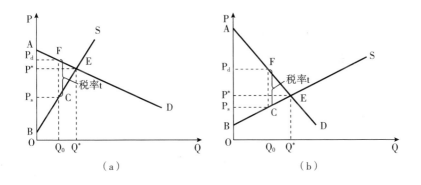

图 6-18　供需弹性和税收分担

在搞清楚了税收的分担问题之后，有没有同学会突然奇想：既然供给价格弹性和需求价格弹性的相对大小会影响税额的分担比例，那么它们是不是也会影响社会福利损失的大小？答案是肯定的。

如图 6-19（a）所示，当需求曲线为平缓的 D 时，根据刚才的分析，我们知道征税的社会福利损失为三角形 EFH 的面积。当需求曲线变为相对陡峭的 D_1 后，征税的社会福利损失变为相对较小的三角形 MNE 的面积。因此，我们得出结论：需求价格弹性越小，征税带来的社会福利损失越小。

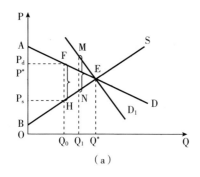 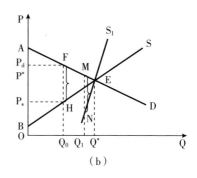

（a）   （b）

图6-19　供需弹性和征税的社会福利损失

同理，由图6-19（b）可知，当供给曲线为平缓的S时，征税的社会福利损失为三角形 EFH 的面积。当供给曲线变为相对陡峭的 S_1 后，征税的社会福利损失变为相对较小的三角形 MNE 的面积。因此，我们得出结论：供给价格弹性越小，征税带来的社会福利损失也越小。

如果仅从社会福利损失的角度考虑，政府应该选择供需价格弹性都比较小的商品征税。注意，咱们这里讨论的税收仅仅是政府诸多税种中的一种从量税。现实中，更多的税种，比如增值税、营业税和消费税等都是从价税，即按价格的一定百分比征税。也就是说，咱们刚刚得出的结论不具有普遍意义。这一点大家要知道。

读到这儿，本回的内容就讲完了。虽然完全竞争市场在现实中基本上不存在，但是它在理论上具有非常重要的价值，有很多重要的结论，通常也是研究其他市场的标杆和起点。因此，我们花了大量的时间来研究它，以期为分析后面三类市场打下良好的基础。预知买卖双方在其他三类市场上如何继续斗智斗勇，请听下回分解。

要点回顾

本回主要讲述了买卖双方在完全竞争市场上如何相互作用以决定均衡价格和均衡数量。首先，介绍了市场的概念和分类，然后介绍了完全竞争的条件、完全竞争企业的需求曲线、收益曲线和利润最大化的均衡条件；其次，介绍了完全竞争企业的五种短期均衡情形，并在此基础上推导出了完全竞争企业的短期供给曲线，水平加总市场上所有企业的短期供给曲线就得到了完全竞争行业的短期供给曲线；再次，介绍了完全竞争企业和行业的长期均衡和长期供给曲线；最后，介绍了完全竞争市场的福利情况。包括生产者剩余的概念、限价政策和征税对社会福利的影响。大家要记住以下要点：

（1）按照交易标的，市场可分为产品市场和要素市场；按照市场上企业的数目、产品的差异化程度、单个企业对价格的控制力和进出市场的难易程度，市场可划分为：完全竞争市场、垄断竞争市场、寡头市场和垄断市场。

（2）完全竞争市场的条件：市场上有大量的买者和卖者、产品是同质的、买卖双方都是价格的接受者和自由进出市场。

（3）完全竞争企业的需求曲线是一条水平线，水平线的高度是由市场供求决定的；完全竞争企业的平均收益曲线 AR、边际收益曲线 MR 和需求曲线 d 重合，又称"三线合一"；完全竞争企业的总收益曲线是一条从原点出发的射线，其斜率是市场均衡价格 P。

（4）完全竞争企业实现利润最大化的均衡条件：MR＝MC，即边际收益等于边际成本，或者 P＝MC，即产品价格等于边际成本，且利润最大化的点一定位于短期边际成本曲线最低点的右侧。

（5）在短期内，完全竞争企业可能盈利、可以亏损，也可能盈亏平衡。

（6）完全竞争企业的短期供给曲线为短期边际成本曲线位于短期平均可变成本曲线最低点之上的部分，包括最低点；将行业内所有企业的短期供给曲线进行水平加总，就得到完全竞争行业的短期供给曲线。

（7）完全竞争企业的长期均衡条件：LMR＝MR＝P＝LMC＝LAC＝SMC＝SAC，即长期边际收益等于产品的价格等于长期的边际成本和平均成本，也等于均衡点所对应的短期边际收益、短期边际成本和短期平均成本。由于长期均衡点位于长期平均成本曲线的最低点，所以长期内所有企业的经济利润都等于零。

（8）与短期不同，完全竞争企业没有长期供给曲线，只有一个最优的供给点，即长期平均成本的最小值点。值得注意的是，完全竞争行业有供给曲线，因为完全竞争行业的供给曲线并不是完全竞争企业长期供给曲线的加总，而是根据行业的成本状况，从短期推导出来的。成本不变行业的长期供给曲线是一条水平线，成本递增行业的长期供给曲线向右上方倾斜，成本递减行业的长期供给曲线向右下方倾斜。现实中，大多数行业都是成本递增的行业，这就是为啥我们常见的供给曲线都向右上方倾斜的原因。

（9）生产者剩余是企业在提供产品时，实际接受的总支付和愿意接受的最小总支付之间的差额。完全竞争企业的短期生产者剩余是供给曲线之上、价格线以下和纵轴围成的图形面积。该面积可以用三种方法计算出来。生产者剩余等于总收益减去供给函数的一段积分，或者等于总收益减去总可变成本，还等于利润加上总不变成本。方法可以不同，但理论上结果肯定是一样的。

（10）完全竞争行业的短期生产者剩余也是供给曲线之上，价格线以下和纵轴围成的图形面积。注意，这里的供给曲线是完全竞争行业的短期供给曲线；对于长期生产者剩余，学者们的观点不尽相同。平狄克用经济租金的概念来解释完全竞争企业的长期生产者剩余。高鸿业老师主编的教科书认为，只有成本递增行业才有长期生产者剩余，它可以用李嘉图租金来解释。我认为，完全竞争企业没有长期生产者剩余，完全竞争行业的长期生产者剩余是被统计出来的，实际上并不存在。

（11）经济学家通常用社会总剩余来度量社会福利，而社会总剩余等于消费者剩余加上生产者剩余；当完全竞争市场达到均衡状态时，社会福利便实现了最大化。

（12）不管是最高限价政策，还是最低限价政策，只要限制了市场交易，都会导致社会福利的无谓损失。另外，现实中，最低限价政策带来的社会福利损失可能更多，比如，可能还包括过剩产品的生产成本。

（13）不管向消费者征税，还是向企业征税，最终的结果都是一样的：买家支付的价格都是 P_d，卖家实际收到的价格都是 P_s，政府收到的税都是 $(P_d - P_s) \times Q_1$，都会造成大小相当于三角形 FEH 面积的社会福利损失。

（14）需求价格弹性和供给价格弹性的相对大小决定了消费者和企业的税负分担比例。若需求的价格弹性相对较大，那么消费者承担的税负比例就相对较小；若供给的价格弹性相对较大，那么企业承担的税负比例则相对较小。简而言之，谁的弹性大，谁负担的税就少。

（15）供给价格弹性和需求价格弹性越小，征税带来的社会福利损失也越小。

第七回　店大物奇效率损
——不完全竞争市场

古之为市也，以其所有易其所无者，有司者治之耳。有贱丈夫
焉，必求龙①断而登之，以左右望，而罔市利。

——《孟子·公孙丑下》

俗语云：不想当将军的士兵不是好士兵。现实中，企业不想登
"陇"而断之者，古已鲜也。通俗地说，每家企业都想方设法把竞
争对手干趴下，然后独霸市场。当然，愿望是美好的，现实是残
酷的。一家企业成功，垄断市场就诞生了。少数几家企业成功，
就有了寡头市场。大多数企业都没成功便造就了垄断竞争市场。
所有企业都没成功那就形成了上一回所讲的、具有重要理论价值
的完全竞争市场。

本回将介绍垄断竞争市场、寡头市场和垄断市场三类不完全竞
争市场上买卖双方如何相互作用，以决定市场的均衡价格和均衡
数量。主要包括：第一，垄断市场的条件、垄断的成因、垄断企
业的需求曲线和收益曲线、短期均衡和长期均衡，以及价格歧视；

---

① 这里"龙"通"垄""陇"。

第二，垄断竞争市场的条件、垄断竞争的两条需求曲线、短期均衡和长期均衡，以及非价格竞争策略；第三，主要的寡头竞争模型，如古诺模型、伯川德模型、卡特尔模型和斯威齐模型等。

排名不分先后，重要程度有分别。接下来率先登场的是垄断市场。它与刚刚介绍完的完全竞争市场在很多方面都是相反的。另外两类市场则介于它们二者之间。先两端后中间，如此安排为哪般？各位看官学习方便！

闲言少叙，言归正传！首先介绍一下垄断市场的条件。一般来说，垄断市场要具备以下三个条件：第一，市场上只有一个卖家。第二，产品没有替代品。换句话说，它与其他产品的差异程度太大，以至于它们之间没有替代性。第三，进出市场极为困难，甚至不可能。这一条非常关键。如果进出市场比较容易，那么市场上就可能不止一个卖家。由于市场上只有一个卖家，所以它对商品价格有绝对的控制力。但是，这并不意味着垄断企业可以漫天要价，因为当价格超过了消费者的心理承受能力，消费者可以拍着胸脯自豪地说，买不起，还躲不起吗？垄断企业再骄横，不把东西卖出去，它一毛钱也赚不到，对不对？那垄断企业应该如何来定价呢？我们暂且按下不表，先谈谈为啥会有垄断。或者说，垄断产生的原因有哪些呢？一般来说，主要有以下四种原因：

第一，市场上唯一的卖家控制了某种商品的全部资源或基本资源的供给。假设你是一位书法爱好者，酷爱写毛笔字。但是每次写完字洗毛笔令你非常头疼。俗语云：穷则思变。假如有一天根据周公告诉你的秘方，你发明了一种洗毛笔的水。只要把写完字的毛笔在洗笔水中随意蘸一蘸，毛笔就立马干净了，更神奇的是洗笔水依旧透明如初。拥有超高财商的你说时迟那时快，赶紧注册了商标"蘸蘸自洗"、申请了发明专利毛笔清洗剂，顺便开了一家毛笔洗发科技有限公司。由于你独家控制了除了水之外的生产洗笔水的全部资源，其他企业根本无法进入洗笔水市场，所以你的毛笔洗发科技有限公司成了洗笔水市场的垄断者。

第二，企业独家拥有某种商品的知识产权（包括专利权、著作权或版权和商业秘密等）。继续以洗笔水为例，由于你为洗笔水申请了发明专利，即使你的工人在得知了洗笔水的配方后，叛逃到了你的竞争对手那里，你的竞争对手如果没有得到你的授权，它也不能生产与你同样的洗笔水，否则就侵犯了你的专利权。如果你打死也不愿意把这项专利授权给其他公司，那么其他公司也就无法进入到洗笔水市场。因此，你的毛笔洗发科技有限公司还是洗笔水市场上独占鳌头的垄断者。这里插一句。不管什么专利，它都有一个有效期，过了有效期，那么任何企业或个人都可以利用该专利生产产品或提供服务。商业秘密则永远有效，前提是你能守得住。一旦秘密被破译，那就一点儿价值都没有了。现实中，可口可乐的配方并没有申请专利，而是以商业秘密的形式保密了120多年。

第三，垄断企业拥有政府授予的提供某种产品或服务的特许权。假如你的洗笔水被国家定为第八大发明。为了保持洗笔水血统的纯正，国家特许你独家生产洗笔水。这样，即使你的专利到期了，原材料也可以买到，你的公司依旧笑傲洗笔水市场这个江湖，因为其他企业没有国家的授权不能生产洗笔水。

读到这儿，各位看官有没有意识到，前面三种原因本质上是一样的，即垄断企业独家拥有生产某种商品或提供某种服务所必需的资源。该资源可能是实打实的原材料，可能是专利等知识产权，也可能是国家或政府某个部门的一纸授权书。

第四，自然垄断。自然垄断企业可能没有独家资源，但肯定有过硬的看家本领。俗语云：商场如战场。每个企业都逃脱不了丛林法则的魔咒。以一个池塘的生态为例，假设池塘里最初有很多的鱼虾，它们非常和谐，每天优哉游哉好不快活。突然有一天，一条满身黄鳞的小鱼因为误食了几口人类丢弃的方便面，胃口大开，从此以后每天都要多吃几口水草，随着时间的推移它变得越来越大。后来，它不再满足于吃素，开始生吞鱼虾。不知道过了多少年月，池塘里就只剩下了这条满身黄鳞的池中霸，这就是自然垄断，即通过竞争逐渐打败了所有的竞争对手，它便自然而然地成了市场上唯一的存在。

经济学中，通常用成本的次可加性来界定自然垄断。通俗地说，就是两家或两家以上企业生产某种商品的成本之和大于由一家企业生产等量该种商品的成本。翻译成大白话就是，一家企业生产比多家企业生产更省钱。因此，从经济效率的角度看，市场上只有一家企业是最好的。

在搞清楚了垄断市场的条件和垄断产生的原因之后，接下来我们开始进入深水区，考察垄断企业的短期均衡和长期均衡。

在考察垄断企业的短期和长期均衡之前，我们先了解一下垄断企业的需求曲线和收益曲线。由于市场上只有垄断企业一个卖家，所以市场的需求曲线也是垄断企业面临的需求曲线，通常向右下方倾斜。

有没有看官想问：完全竞争企业的需求曲线是一条水平线，垄断企业那么厉害，为啥不能阻止价格下降呢？或者说，垄断企业的需求曲线为啥不能继续维持水平呢？这是一个好问题。我来解释一下。完全竞争企业的需求曲线之所以是一条水平线是因为完全竞争企业都是价格的接受者，也就是说，不管它卖多少，都不影响商品的价格。而在垄断市场上就不一样了。虽然市场上只有一家企业，但它也必须遵循市场规律：想多卖就要降价。想涨价就必须少卖。假如当一瓶洗笔水的价格为 100 元时，你卖了887 瓶。如果你想多卖一瓶凑一个更吉祥的销售量，那么你就必须降价，因为第 888 个想买洗笔水的人认为一瓶洗笔水最多值 99 元，你不可能以每瓶 100 元的价格卖给他。因此，在垄断市场上，需求量和价格之间呈反向关系。在图形上表现为，需求曲线向右下方倾斜。

读到这儿，大家有没有一种预感：垄断企业的收益曲线和完全竞争市场的收益曲线也不相同。实话告诉你们，你们的第 n 感是对的。但从计算公式来看，垄断企业的总收益（TR＝P（Q）×Q）和平均收益（AR＝P（Q））与完全竞争企业的总收益（TR＝P×Q）和平均收益（AR＝P）差别不大。不就是 P 后面多了一个括号，里面藏了一个 Q 吗？如果你们真这么认为的话，那就大错特错了。在完全竞争市场上，价格 P 与企业的销量 Q 没关系，而在垄断市场上，价格 P 是销量 Q 的函数。价格 P 迈出的这一小步，却导致了垄断企业的边际收益（MR＝P＋（dP/dQ）×Q）就比完全竞争企业的边际收益（MR＝P）多了一项看起来不太友好的东东。

为了更直观地展现两类市场上收益曲线的差别，我们来看一张对比图（见图 7-1）。你们有没有发现，垄断企业的收益曲线与完全竞争企业的收益曲线大不相同？抬起脑袋先别懵，集中精力认真听，待我慢慢给大家解释一下为啥会发生这么大的变化。

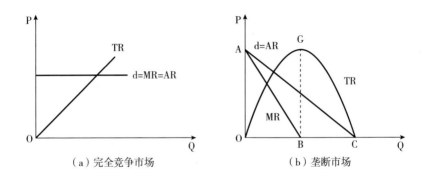

（a）完全竞争市场　　　　　（b）垄断市场

图 7-1　完全竞争市场和垄断市场的收益曲线

首先，解释总收益曲线为啥呈倒 U 形。刚才我们分析过，垄断市场上价格 P 和销量 Q 呈反方向变动关系，通俗地说就是，一个变大一个变小。上过小学的人应该都知道它们的乘积不会一直变大，也就是说，达到某个最大值后便开始减少，所以总收益曲线呈倒 U 形。

其次，解释为啥平均收益曲线和边际收益向右下方倾斜。从平均收益的计算公式（AR＝P（Q））可知，平均收益和需求曲线仍然是重合的。完全竞争市场的"三线合一"变成了垄断市场的"二线合一"。需求曲线向右下方倾斜，平均收益曲线自然也向右下方倾斜。

再次，看边际收益的计算公式：MR＝P+（dP/dQ）×Q。由于价格和销售量呈反向变动关系，所以 dP/dQ 是一个负数，再加上价格 P 本身就是销售 Q 的减函数，所以边际收益是递减的，即向右下方倾斜。

又次，解释边际收益和总收益之间的关系。由于边际收益是总收益的变化率，所以当边际收益为正时，总收益在以递减的速率增加；当边际收益变成负数时，总收益开始以递增的速率减少。因此，当边际收益等于零时，总收益取得最大值。注意，是总收益，不是利润取得最大值。大家有没有发现，根据边际收益和总收益的关系，我们也可以解释总收益曲线为啥呈倒 U 形。

最后，解释边际收益和平均收益的关系。由于平均收益等于价格 P，边际收益比平均收益多了一项，并且刚刚分析过，多的这一项是负数，所以边际收益小于平均收益，在图形上表现为 MR 曲线在 AR 曲线的左下方。

为了更好地理解垄断企业的收益曲线，以及它们之间的关系，我们举个例子，假设反需求函数为 P＝a-bQ，根据总收益、平均收益和边际收益的公式，得到：$TR = aQ-bQ^2$，$AR = P = a-bQ$，$MR = a-2bQ$。由于 TR 是一个一元二次函数，并且二次项前面的系数为负，所以总收益曲线呈倒 U 形。平均收益函数和边际收益函数一看就知道它们是向右下方倾斜的，因为它们的斜率都为负。由于边际收益曲线斜率的绝对值为 2b，大于平均收益曲线斜率的绝对值 b，所以，边际收益曲线在平均收益曲线的左下方。有没有同学惊奇地发现，边际收益曲线在横轴上的截距为 a/2b（即图 7-1（b）中线段 OB 的长度）恰好是平均收益曲线或需求曲线在横轴上的截距为 a/b（即图 7-1（b）中线段 OC 的长度）的一半。

行文至此，本回的出场人物都介绍完了。接下来，我们考察垄断企业的短期均衡。希望大家都还记得：完全竞争市场的短期均衡条件是 P＝MC，所有市场都适用的短期均衡条件是 MR＝MC。因此，垄断市场的短期均衡条件是 MR＝SMC。

如图 7-2 所示，根据 MR＝SMC 的均衡条件，我们得到均衡数量为 Q_1，注意均衡价格是 P_1，不是 P_2。为啥？因为当需求量为 Q_1 时，消费者愿意支付的最高价格是 P_1，不是 P_2。大家别搞错了！此时，垄断企业的总收益等于 $P_1 \times Q_1$，大小相当于图 7-2（a）中矩形 P_1AQ_1O 的面积，总成本等于矩形 CBQ_1O 的面积，总收益减去总成本，得到垄断企业的利润等于矩形 P_1ABC 的面积。

像完全竞争企业一样，在短期内垄断企业也可能亏损，即经济利润为负数。如图 7-2（b）所示，当 MR＝SMC 时，垄断企业总收益等于图中矩形 P_1BQ_1O 的面积，总成本等于矩形 CBQ_1O 的面积，总收益减去总成本，得到垄断企业的亏损额（或负利润）等于矩形 $CABP_1$ 的面积。

当然，垄断企业在短期内也可能既不盈利也不亏损。如图 7-2（c）所示，当垄断企业取得短期均衡（即 MR＝SMC）时，其总

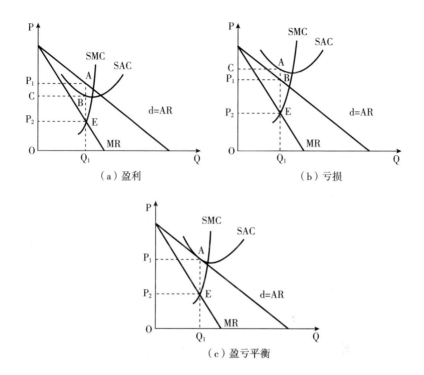

图 7-2　垄断企业的短期均衡

收益和总成本都等于图中矩形 P_1AQ_1O 的面积。

　　综上所述，在短期内，与完全竞争企业一样，垄断企业可能盈利，可能亏损，也可能盈亏平衡。大家是不是觉得有点不可思议？都独家垄断了，怎么还能亏损？简单来说，短期内垄断企业亏损无怪乎两个原因：第一，产品不好。假如有个人突发奇想，发明了一个自动雾霾机。它可以根据你的心情按需供给雾霾，特别智能。你说这样的垄断企业短期内能不亏损吗？第二，产品是好东西，但短时间内消费者需要适应。比如，你发明的洗笔水。一开始消费者可能怀疑你是骗子，不敢买。慢慢地才有人抱着试试看的态度买一两瓶。而你在生产初期投入了大量的钱购买机器设备、培训员工和搭建销售网络，等等。换句话说，短期内不变成本比较大，而收益却比较小，所以垄断企业短期内可能会亏损。除此之外，也有可能是垄断企业为了迅速占领市场，故意低价销售商品，从而造成短期亏损。

我们知道，在长期条件下，所有的要素投入都是可变的，垄断企业也有了更多的选择或回旋余地，是不是垄断企业都能赚得盆满钵满？我们一起来见证一下有没有奇迹发生。

假设你的毛笔洗发科技有限公司的需求曲线、收益和成本曲线如图 7-3（a）所示，短期内你的企业采用规模 1 进行生产。根据垄断企业的短期均衡条件：$MR = SMC$，得到均衡数量为 Q_1，均衡价格为 P_1。注意，此时均衡价格 P_1 小于对应的短期平均成本，所以短期内你的企业是亏损的，亏损额等于图中矩形 $ABCP_1$ 的面积。

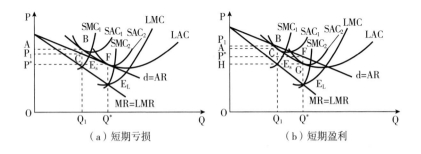

（a）短期亏损　　　（b）短期盈利

图 7-3　垄断企业的长期均衡

假如你在分析了亏损的原因后发现，亏损的主要原因是消费者没有养成用洗笔水的习惯。于是你加大了宣传力度。随着时间的推移，蘸蘸自洗牌洗笔水逐渐打开市场，市场需求扩大，你也扩大了生产规模。比如，采用规模2进行生产。根据垄断企业的长期均衡条件：$MR = LMC$，得到均衡数量为 Q^*，均衡价格为 P^*。注意，此时的长期均衡也是短期均衡，因为 MR 还等于 SMC。这里假设短期的收益曲线和长期的收益曲线是一样的。大家有没有惊奇地发现，当交易量为 Q^* 时，均衡价格 P^* 等于短期的平均成本 SAC_2 还等于长期的平均成本 LAC，因此，在长期均衡点 E_L 上，你的企业是盈亏平衡的。这表明短期内亏损的垄断企业可以通过调整生产规模在长期实现盈亏平衡。

假如你搭上了国家大力推广民族文化的"顺风车"，公司开张就大吉。如图7-3（b）所示，在短期均衡点 E_s 上均衡数量为 Q_1，均衡价格为 P_1，大于对应的短期平均成本 SAC_1，所以短期内你的企业是盈利的，利润等于图中矩形 P_1BCA 的面积。作为成熟企业家的你肯定不会停下脚步，而是继续扩大生产规模以满足国人们对洗笔水的海量需求。如图7-3（b）所示，假如在长期你的企业采用规模2进行生产，在长期均衡点 E_L 上，均衡数量为 Q^*，均衡价格为 P^*，大于长期平均成本 LAC，所以长期内你的企业继续盈利，利润等于矩形 P^*FGH 的面积。显然，在短期内盈利的垄断企业通过调整生产规模，在长期可以获得比短期更多的利润。

听到这儿，有的同学是不是急切地想知道，垄断企业在长期到底会不会亏损。答案是不会。为什么呢？因为长期内所有的要素投入都是可变的，如果你的毛笔洗发科技有限公司在可以预见的未来都不可能盈利，理性的你肯定会决绝地退出洗笔水市场，对不对？

总的来说，短期内亏损的垄断企业，在长期内可能实现盈亏平衡，可能扭亏为盈，也可能退出市场；短期内盈利的垄断企业，在长期内通常可以获得更多的利润，当然也不能排除由盈转亏，甚至退出市场的可能性。

简而言之，垄断企业长期均衡时不是盈利就是盈亏平衡，通常不可能亏损。

在讲完了垄断企业的短期均衡和长期均衡之后，接下来我们讲一下垄断市场的供给曲线。

大家还记得吗？完全竞争企业的短期供给曲线是短期边际成本曲线位于短期平均可变成本曲线最低点之上的部分（包括最低点），将市场上所有企业的短期供给曲线水平加总就得到完全竞争市场的短期供给曲线。完全竞争企业没有长期供给曲线，但完全竞争行业根据行业特点不同，行业的供给曲线有水平的，有向右上方倾斜的，也有向右下方倾斜的。

回想至此，有没有犯迷糊？短期的、长期的、企业的、行业的、完全竞争市场的供给曲线不仅品种多，而且长得还不一样。

俗语云：没有对比就没有伤害。偷偷地告诉你们：垄断市场，准确地说，不完全竞争市场不管是短期的还是长期的，不管是企业还是行业都没有供给曲线。比较好学的同学肯定想知道为什么。

数学老师肯定告诉过你们，一对函数关系中自变量和因变量之间必须存在一一对应的关系。换句话说，如果一个自变量有两个或两个以上的因变量与之对应，那么它们之间就不存在函数关系。不要怀疑我在凑字数噢！该结论一会儿就会用到。

假如某垄断企业的需求曲线、边际收益曲线和边际成本曲线如图 7-4（a）所示，根据边际成本等于边际收益的均衡条件，得到均衡价格为 P^*，均衡数量为 Q_1。如果需求曲线由 d_1 变为 d_2，相应的边际收益曲线由 MR_1 变为 MR_2。有没有同学想问，边际收益曲线为啥跟着需求曲线变化呢？那是因为需求曲线和平均收益曲线重合，而边际收益比平均收益多了一个负数项。简单来说，边际收益曲线和需求曲线很亲密，一个变化另外一个也跟着变化。

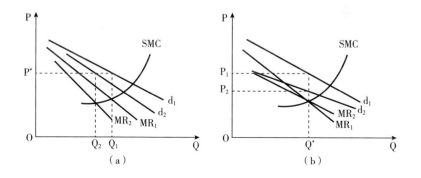

图 7-4　垄断企业的供给曲线

根据 $MR_2 = MC$ 的均衡条件，得到均衡价格仍为 P^*，而均衡数量则变为 Q_2。总结一下：当垄断企业将价格定为 P^* 时，如果市场

需求曲线是 d_1，那么垄断企业的最佳产量为 Q_1；如果市场需求曲线是 d_2，那么垄断企业的最佳产量则为 Q_2。换句话说，一个价格 P 与两个供给量 Q 相对应。因此，我们可以得出结论：供给量 Q 不是价格 P 的函数。

当然，还可能有另外一种剧情。假如某垄断企业的需求曲线、边际收益曲线和边际成本曲线如图 7-4（b）所示，根据边际成本等于边际收益的均衡条件，得到均衡价格为 P_1，均衡数量为 Q^*。像刚才一样，如果需求曲线由 d_1 变为 d_2，相应的边际收益曲线也由 MR_1 变为 MR_2。同样，根据 $MR_2 = MC$ 的均衡条件，得到均衡价格为 P_2，而均衡数量则仍变为 Q^*。总的来说，当垄断企业准备卖掉数量为 Q^* 的产品时，如果市场需求曲线是 d_1，那么垄断企业就将价格定为 P_1；如果市场需求曲线是 d_2，那么垄断企业则将价格定为 P_2。换句话说，一个供给量 Q 与两个价格 P 相对应。因此，我们可以得出结论：价格 P 也不是供给量 Q 的函数。

分析到此，大家是不是终于明白了不完全市场（包括垄断市场）为啥没有供给曲线了吧？希望大家能异口同声答曰：因为供给量和价格之间不存在一一对应关系。

读到这儿，有没有看官好奇，垄断企业为啥会面临两条不同的需求曲线？实际上，垄断企业面临的需求曲线可能有无数条，图中只画了两条而已。不管垄断企业有多厉害，它也无法准确预测市场需求。因此，垄断企业可能面临多条需求曲线。完全竞争企业之所以只有一条水平的需求曲线是因为它是价格的接受者，可以在该价格下卖掉所有想卖的东西，没有必要也不可能通过预测需求量再制定价格。

行文至此，实际上完全属于垄断市场的内容就讲完了。大多数教科书都会在该部分增加一块价格歧视的内容。虽然垄断企业最有能力采取这种价格政策，但大家要注意现实中许多采用这种价格政策的企业并不是垄断企业。

什么是价格歧视？如何实施价格歧视？价格歧视对社会福利有何影响呢？接下来我们将回答这些问题。

价格歧视，有些经济学书籍也称为区别定价，简单来说就是同一种商品以不同的价格卖出去。这里要注意两点：

第一，产品必须是同质的，即产品必须完全一样！同一种产品在不同的销售渠道卖不同的价格，不属于价格歧视，同一种产品包装不同，售价不同也不属于价格歧视，因为销售渠道或包装不同，产品的成本不同，售价当然可以不同，也就是说，不存在歧视行为。比如，网上卖的洗笔水比实体店里卖的同款洗笔水便宜，是因为网店卖的洗笔水的成本低于实体店，而不是歧视在实体店里购买洗笔水的消费者。

第二，价格歧视不等同于看人下菜碟。价格歧视可能是一个人一个价，可能是多人一个价格，也可能是一个人多个价格。一个人一个价比较好理解。我来解释一下一个人多个价和多个人一个价是啥意思。比如，我准备买 3 瓶洗笔水，由于边际效用递减规律的存在，第一瓶愿意花 150 元购买，第二瓶愿意出 120 元购买，第三瓶最多愿意出 100 元购买。理论上，你可以先后以 150 元、120

元和100元的价格卖给我3瓶洗笔水。这就是一个人多个价。如果你考虑到学生们没有收入，打算以一瓶50元的成本价卖给他们，这就是多个人一个价。

看到这儿，将孔老夫子"学而不思则罔"那句警示铭记在心的看官们，有没有好奇一个问题：根据边际收益等于边际成本的均衡条件，企业不是已经获得利润最大化了，为啥还要制定那么多价格呢？

俗语云：无利不起早。企业之所以热衷于采用价格歧视策略，毫无疑问是为了获得更多的利润。为啥制定多个价格就能获得更多的利润呢？暂且按下不表。先说企业如何才能成功实施价格歧视策略。换句话说，价格歧视的成功实施必须具备哪些条件。一般来说，企业实施价格歧视必须具备以下两个条件：

第一，消费者的异质性。通俗地说，就是消费者是不同的，这里的不同不是指长相、年龄、性别、收入和社会地位的不同，而是指消费者对商品的评价不同，表现为愿意出的最高价格不同。如果消费者愿意出的价格都是一样的，你说企业制定不同的价格有啥用？插一句，消费者愿意出的最高价格有的书上会给它起个大名——保留价格。

第二，市场的可分离性。市场的可分离性有两层含义：一是企业能区分出消费者的类型，并能将同类消费者归到同一个市场上；二是不同市场之间是完全隔离的，这样就阻止了两个市场之间倒买倒卖现象的发生。用专业术语来说就是，阻止了套利行为的发生。举个例子，假设洗笔水市场上有两类消费者A和B，他们的保留价格分别为 100 元和 80 元。如果 A 类消费者所在的 A 市场和 B 类消费者所在的 B 市场是分离的，那么你就可以将 A 市场上洗笔水的价格定为 100 元，将 B 市场上洗笔水的价格定为 80 元。如果 A、B 两个市场不可分离，那么 B 类消费者就会多买一些洗笔水，然后以 80~100 元的某个价格，如 99 元，到 A 市场转卖给 A 类消费者。这样，你就无法成功实施价格歧视了，是不是？

在搞清楚了价格歧视的定义和实施条件之后，我们来介绍一下价格歧视的分类。通常价格歧视分为三类：一级价格歧视、二级价格歧视和三级价格歧视。

一级价格歧视，也被称为完全价格歧视，是指企业对每一单位产品都按消费者所愿意支付的最高价格出售。现实中，所有的企业基本上都不可能获得所有消费者的保留价格，并按每个消费者的保留价格把同一种产品卖给他们。换句话说，目前一级价格歧视在现实中很难成功实施。不过，随着大数据、云计算和人工智能的发展，未来的某一天一级价格歧视有可能会被成功实施。目前很多平台企业的"大数据杀熟"行为本质上有点近似一级价格歧视。

二级价格歧视，是指企业根据消费行为的不同设定不同价格的情形。最常见的是按消费数量进行价格歧视，即量大从优①。除此之外，还可以通过其他消费行为进行价格歧视。比如，电信运营

---

① 现实中，拥有垄断性质的水、电、天然气的分段计价却是相反的情形，即消费量越大价格越高。这就是时而见诸报端的阶梯定价。这也属于二级价格歧视。

商无法区分，也不用区分消费者属于哪种类型，只要知道消费者
有三种类型：喜欢打电话的、喜欢发短信的、喜欢上网的。电信
运营商只要设计好三大类套餐，打电话比较便宜的、发短信比较
便宜的和上网比较便宜的就行了。理性的消费者会根据自己的类
型自投罗网。正在读书的你投了哪个网？

　　三级价格歧视，是指企业对不同的市场或不同的消费群体收取
不同的价格。比如，学生买火车票半价，女士去舞厅免费，老人
逛公园免票，等等。现实中，通常根据年龄、性别和身份等容易
识别的特征来划分群体。

　　接下来，我们分别考察三类价格歧视是如何具体实施的，并探
究它们对社会福利的影响。

　　首先考察一级价格歧视对社会福利的影响。假设某垄断企业的
边际成本曲线、需求曲线和边际收益曲线如图 7-5（a）所示。

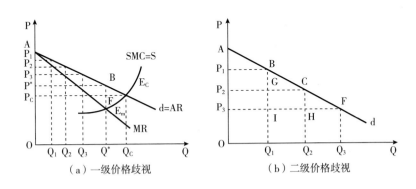

图 7-5　价格歧视的福利效应

如果垄断企业只能制定一个价格，它的最优选择是边际收益等于边际成本时的 P^*，此时企业的收益等于矩形 P^*BQ^*O 的面积。如果企业采用一级价格歧视的策略，对第 Q_1 单位产品卖给保留价格为 P_1 的消费者，对第 Q_2 单位产品卖给保留价格为 P_2 的消费者，对第 Q_3 单位产品卖给保留价格为 P_3 的消费者，以此类推。这样，企业销售数量为 Q^* 的产品将会获得大小相当于梯形 ABQ^*O 面积的收益。由于这两种情形下，企业的产量相同，成本一般也是相同的，所以垄断企业采取一级价格歧视可以多赚大小等于三角形 ABP^* 面积的利润。眼尖的看官估计已经注意到了，三角形 ABP^* 的面积恰好是价格等于 P^* 时的消费者剩余。换句话说，企业增加的利润都是由消费者剩余转化而来的。

故事还没完，接着往下看。大家注意到了没有？当交易量在图 7-5 （a）中的 Q^* 和 Q_c 之间时，消费者愿意支付的最高价格，即需求曲线上的点，虽然小于垄断价格 P^*，但是仍大于企业的边际成本 SMC。这意味着垄断企业继续扩大销售量，可以获得大小相当于小三角形 BFE_c 面积的可变利润（即收益减去可变成本后的利润）。

当销量大于 Q_c 时，垄断企业的边际成本高于消费者愿意支付的最高价格，这意味着企业此时卖多少亏多少。因此，理性的企业肯定会选择 Q_c 的产量。有没有同学发现一个惊天的秘密：当交易量为 Q_c 时，对应的价格 P_c 恰好等于 MC，而 P＝MC 是完全竞争市场的均衡条件，也就是说，如果垄断企业采用一级价格歧视策略，那么垄断企业的最优产量恰好等于完全竞争市场的均衡产量，所有的消费者剩余都转化为了生产者剩余，没有造成社会福利的无谓损失。如图 7-5（a）所示，三角形 BFE_C 并没有凭空消失，而是转化成了生产者剩余。

值得注意的是，一级价格歧视虽然没有造成社会福利的无谓损失，但是企业侵占了所有的消费者剩余，带来了分配的公平问题。

其次考察二级价格歧视对社会福利的影响。本质上，二级价格歧视是一级价格歧视的简化版。前面讲过，现实中企业几乎不可能获得所有消费者的保留价格，但是企业可以根据历史的交易信息，根据需求量分段制定不同的价格。如图 7-5（b）所示，在 $0 \sim Q_1$ 段设定价格为 P_1，在 $Q_1 \sim Q_2$ 段设定价格为 P_2，在 $Q_2 \sim Q_3$ 段设定价格为 P_3。如果企业采用单一价格策略，销售数量为 Q_3 的产品，需要将价格定为 P_3，此时的收益为矩形 P_3FQ_3O 的面积。如果采用二级价格歧视的策略，收益将会增加图中矩形 P_1BIP_3 和矩形 $GCHI$ 的面积。同样，由于两种情形下的产量是一样的，成本通常也是一样的，所以企业采用二级价格歧视也会多获得大小相当于图中矩形 P_1BIP_3 和矩形 $GCHI$ 面积的利润。另外，企业增加的这部分利润也是由消费者剩余转化而来的。与一级价格歧视不同的是，二级价格歧视下，消费者还能拥有部分的消费者剩余（等于图 7-5（b）中三角形 AP_1B、BGC、CHF 面积之和）。

最后考察三级价格歧视对社会福利的影响。三级价格歧视也是一级价格歧视的简化版。与二级价格歧视不同的是，它是对不同的群体制定不同的价格。不管基于消费行为，还是群体分别定价，本质上都是制定多个价格，所以三级价格歧视对社会福利的影响与二级价格歧视相同。这里就不再重复了。下面讲一些三级价格歧视所独有的内容。

由于群体间的特征差异比较明显，或者非常容易识别，所以不同群体所处的市场通常都是分离的。也就是说，同一种产品在两个或多个市场按不同的价格进行销售。接下来的问题就是不同市场的产品价格应该如何来制定。简而言之，哪个市场的价格高，哪个市场价格低，应该高多少。简单回答就是，市场的弹性越大，价格越低；市场的弹性越小，价格越高。道理也非常朴素。弹性大意味着价格一涨消费者跑掉的多，价格自然要低；弹性小意味着价格再涨消费者也跑不掉或跑掉的不多，你说唯利是图的企业们能放过这些鲜美的羔羊吗？价格自然会高。

至于两个市场价格之间的精确关系，我们需要借助科学、严谨的数学公式来推导一番。首先根据总收益函数推导出边际收益函数，其次对收益函数进行一番乾坤大挪移，分出一块儿需求价格弹性，最后变成 $MR = P(1 - 1/E_d)$。

即使同一种产品在多个市场上以不同的价格销售，在每一个市场上也必须满足 $MR = MC$ 的均衡条件。否则的话，通过调整两个市场上的销售量，企业可以获得更多的利润。假设市场 1 的边际收益大于边际成本，而市场 2 的边际收益小于边际成本。此时，理性的企业会将市场 2 的部分产品调到市场 1 来卖，直到两个市场的边际收益相等，并且等于边际成本为止。因此，同一种产品在两个市场销售的均衡条件为 $MR_1 = MR_2 = MC$。再结合两个市场上边际收益和需求价格弹性之间的关系，我们就可以推导出：

$$\frac{P_1}{P_2} = \left(1 - \frac{1}{Ed_2}\right) \Big/ \left(1 - \frac{1}{Ed_1}\right) \qquad (7-1)$$

即两个市场的价格之比等于1减去需求价格弹性倒数之比的倒数[①]。或者说，两个市场的价格与1减去需求价格弹性倒数的乘积是相等的。简而言之，弹性大价格低，弹性小价格高。

为了更直观地看出弹性和价格之间的关系，我们举个数值的例子。假如市场1的需求价格弹性为2，市场2的需求价格弹性为4，根据上述公式，我们可以计算出市场1的价格 P_1 是市场2的价格 P_2 的1.5倍。

总结一下：在一级价格歧视情形下，企业对每单位产品制定不同的价格，并且这些价格都等于消费者的保留价格。即使一个人买两单位产品，价格也是不同的。在二级价格歧视情形下，同一消费数量段，价格相同，不同的消费数量段，价格不同。在三级价格歧视情形下，同一市场或同一群体，价格相同，不同的市场或群体，价格不同。

行文至此，我们就把垄断市场的内容讲完了。接下来我们介绍垄断竞争市场。

垄断竞争市场是指许多企业生产和销售有差别的同种产品的一类市场，产品之间的差别主要表现在商品质量、规格、品牌、购

---

① 注意，这个公式仅适用于需求价格弹性大于1的情形！但是，该公式揭示的道理则适用于所有情形。

物环境和售后服务，等等。具体来说，垄断竞争市场需要具备三个条件：

（1）市场上销售的产品是有差别的。注意，这里的产品差别可能是真实存在的，比如衣服的颜色、款式、材质和品牌不同，也可能只是内心感受的差别，比如，两件相同的衣服摆在你的面前，你总觉得第一眼看到的那件衣服比较顺眼，就是这个意思。

（2）市场上有大量的企业。

（3）进入和退出市场比较容易。

由于垄断竞争市场在很多方面与前面讲过的完全竞争市场和垄断市场比较类似，比如，与垄断市场一样，垄断竞争市场的需求曲线和平均收益曲线重合，并向右下方倾斜，垄断竞争企业和行业没有供给曲线，垄断竞争企业在短期内可能盈利、可能亏损，也可能盈亏平衡，所以为了避免重复，下面我们将重点介绍它与完全竞争市场和垄断市场不同的地方。比如，在下文的分析中，假设所有垄断竞争企业的成本曲线和需求曲线都是一样的。这是完全竞争市场所没有的假设，也是垄断市场不需要的假设。

首先介绍垄断竞争企业的需求曲线的独特之处。与完全竞争市场和垄断市场不同，垄断竞争市场上企业都有两条需求曲线：一条是主观需求曲线，另一条是实际需求曲线。主观需求曲线是指某个企业改变价格而其他企业都不改变价格时，该企业的价格和销售量之间的关系；实际需求曲线是指某个企业改变价格，而其他所有企业也做出价格调整时，该企业的价格和销售量之间的关系。估计有的看官好奇，垄断竞争企业为啥有两条需求曲线？我稍微解释一下。完全竞争市场上产品是同质的，企业都是价格的接受者，每家企业都不会受其他企业的影响。垄断市场上只有一家企业，产品是独一无二的，没有企业可以影响它。因此，它们都只有一条需求曲线。

如前文所述，垄断竞争市场上大量企业销售有差别的产品，这使得每家企业在一定程度上可以控制自家产品的价格和销售数量。由于不同产品之间具有较强的替代关系，所以每家企业在控制自家产品的价格和销售量时不得不考虑其他企业的反应。因此，它们有两条需求曲线。主观需求曲线是比较自我的，只考虑自己不考虑别人。实际需求曲线是比较现实的，不仅考虑自己行为的后果，还考虑自己的行为对别人的影响，以及别人的行为对自己的影响。那么，这两条需求曲线有何联系呢？我们来考察一番。

假设某垄断竞争企业的主观需求曲线如图 7-6 所示，当产品价格由 P_1 降到 P_2 时，如果其他企业不跟着降价，该企业的需求量将由 Q_1 增加到 Q_2，需求点从图中的 A 点沿着 d_1 移动到 F 点。注意，这里增加的需求量有两个来源：一是原来的消费者多买了，二是吸引来了其他企业的消费者购买。现实中，其他企业也不傻，为了防止它们的客户被拐跑，其他企业通常都会跟着降价，此时该垄断竞争企业降价后，将不能吸引到新的消费者。因此，该垄断竞争企业意识到它的主观需求曲线应该向左移动，假设移动到 d_2。与价格 P_2 对应的需求量变为 Q_4，这才是该垄断竞争企业降价后的实际需求量。也就是说，降价后需求点先从降价前的 A 点沿

着主观需求曲线 d_1 移动到 F 点，然后再由 F 点沿着价格线移动到 B 点。

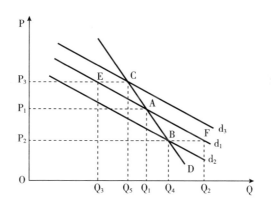

图 7-6　垄断竞争企业的需求曲线

如果该垄断竞争企业不是降价，而是涨价，会是怎样的情形呢？假如产品价格由 P_1 上涨到 P_3，如果其他企业不跟着涨价，该企业的需求量将由 Q_1 减少到 Q_3，需求点从图中 A 点沿着主观需求曲线 d_1 移动到 E 点。注意，这里减少的需求量有两个去向：一是部分消费者少买了，二是部分消费者购买了其他企业的同类产品。如果其他企业唯你的马首是瞻，也跟着涨价，那么该垄断竞争企业涨价后，将不会导致消费者逃离。因此，该垄断竞争企业的主观需求曲线应该向右移动，假设移动到 d_3。注意，这表示它的需求曲线比预期要好一些，并不是需求量随着价格的上涨真的增加了。与价格 P_3 对应的需求量变为 Q_5，这才是该垄断竞争企业涨价后的实际需求量。也就是说，涨价后需求点先从涨价前的 A 点移动到 E 点，然后再由 E 点沿着价格线移动到 C 点。

将价格变化后的实际需求点连起来的线就是实际的需求曲线 D。从图 7-6 可以直观地看出，实际需求曲线 D 比主观需求曲线陡峭，这意味着前者的弹性小于后者，因为其他企业同时降价或涨价后，需求量的变动幅度肯定要比其他企业不变时要小。

以上是很多教科书上的内容。我费了诸多口舌去讲，不知道大家有没有听明白两条需求曲线之间的区别与联系。我认为，没有必要费劲巴拉地非要搞清楚回字的四种写法。平狄克和萨缪尔森的教科书就没有强调垄断竞争企业有两条需求曲线。如果垄断竞争市场上产品差异比较小，企业之间的影响便可以忽略不计，那么实际需求曲线和主观需求曲线基本上就会重合。如果垄断竞争市场上产品差异比较大，企业之间的影响就会非常大，此时主观需求曲线的存在意义就不大了。因此，垄断竞争企业的需求曲线实际上只有一条有意义。

其次考察垄断竞争企业的短期均衡和长期均衡。像前面讲过的两类市场一样，在短期内，垄断竞争企业的均衡条件也是 MR = SMC。在短期均衡时，它可能盈利、可能亏损，也可能盈亏平衡。与完全竞争企业一样，垄断竞争企业的长期均衡条件为 MR = LMC = SMC = LMR，P = AR = LAC = SAC = LAR，其长期均衡也是零利润均衡。不过，两者之间还是有些差别的，比如均衡时的边际收益 MR 不再和价格 P 相等。直观地看，完全竞争企业的均衡条件是一长串等式，而垄断竞争企业的均衡条件是两串等式。

另外，如图 7-7 所示，除了比完全竞争企业的长期均衡图多了一条实际需求曲线 D 之外，垄断竞争企业的长期均衡点在长期平均成本曲线最低点的左侧。而完全竞争企业的长期均衡点位于长期平均成本曲线的最低点。

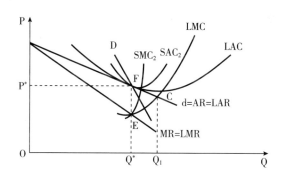

图 7-7　垄断竞争企业的长期均衡

由图 7-7 可知，根据边际成本等于边际收益的均衡条件得知，均衡价格为 P^*，均衡数量为 Q^*，此时垄断竞争企业的经济利润为零，但会计利润是正的。有没有看官发现，在 Q^* 和 Q_1 之间，消费者愿意支付的最高价格大于长期边际成本，这意味着垄断竞争市场的长期均衡会造成大小相当于不规则图形 ECF 面积的社会福利损失。

除此之外，垄断竞争市场还存在多余的生产能力，或过剩的生产能力，从某种意义上说，这也是一种浪费。具体是怎么回事儿呢？我们来研究一番。

经济学中，通常把完全竞争企业 LAC 曲线最低点对应的产量称为理想产量，把实际产量与理想产量之间的差额称作多余的生产能力。

如图 7-8 所示，完全竞争企业的长期均衡产量是 Q_c。垄断竞争企业的长期均衡产量是 Q_A，所以根据刚才对多余生产能力的界定，图中的 $Q_A Q_c$，为过剩的生产能力。大家注意到了没有？过剩的生产能力实际上由两部分组成，其中 $Q_A Q_B$ 段表示企业没有充分利用现有的生产设备，换句话说，生产没有达到短期平均成本曲线 SAC_m 的最低点；$Q_B Q_C$ 段则表示企业没有更多的使用社会资源，或者说，没有采用 SAC_p 所代表的最佳生产规模进行生产。

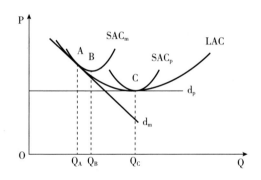

图 7-8　垄断竞争企业的产能过剩

最后垄断竞争市场还有一点与前面讲过的完全竞争市场和垄断市场不同，即垄断竞争市场上普遍存在非价格竞争。非价格竞争一般是指通过改进产品质量、精心设计商标和包装、改善售后服务以及广告宣传等手段，来扩大自己产品的市场销售份额。其中，最常见的也是争议性比较大的非价格竞争手段是争相打广告，排着队给电视台、网站和各类媒体送钱。

在经济学中，广告一般分为信息性广告和劝说性广告两类。"今年过节不收米，收米只收花生米"，这就是典型的劝说性广告。产品咋做的，有啥功能、特点全不提，劝就一个字：买！信息性广告一看就很善良，如洗笔水广告告诉我有一种神奇的药水，可以快速清洗毛笔。信息性广告的特点是告诉你有好东西可以买，你能买最好，不买也不想着法子劝你买。

读到这儿，有没有看官想知道，为啥完全竞争市场和垄断市场没有非价格竞争，而垄断竞争市场上企业们热衷非价格竞争，比如打广告呢？

在完全竞争市场上，所有企业的产品都是一样的，没有企业愿意打广告。为啥呢？假如彩色拉面市场是一个完全竞争市场，你花了血本在各大媒体上打了广告：彩色拉面都说好，美容健康还防老。老百姓争先恐后去吃彩色拉面。注意，老百姓可不一定去你的彩虹拉面馆吃噢！因为彩色拉面是一样的，去哪里吃效果都一样。如果大家知道是这么个后果，你说哪个完全竞争企业会那么傻去打广告？而在垄断市场上，垄断企业没有必要打广告。这又为啥呢？你想想你的蘸蘸自洗牌洗笔水都没有竞争对手，老百姓都争抢着买，打广告不是纯属浪费钱吗？你要是想扶贫可以先扶一扶黄三少啊！

由于垄断竞争市场上产品之间有差异，所以垄断竞争企业无法像完全竞争企业一样可以搭其他企业的广告顺风车。另外，由于垄断竞争市场上产品比较多，并且产品之间的替代性较强。我打广告，他打广告，你不打广告，你的客户可能就跑光了。因此，垄断竞争市场上企业们争先恐后，想方设法打广告。由于信息性广告可能会提高生产效率，比如把洗毛笔的时间用来备课，所以经济学家们并不反对此类广告。但是，经济学家们对劝说性广告就没有好脸色了，因为它只是通过各种方式刺激老百姓的购买欲望，既没有给消费者带来新产品，也没有让产品变得更便宜。羊毛出在羊身上。通常产品变得更贵了，因为广告费都摊到产品价格里了。你说广告除了提醒你该上厕所了，它有啥用？

最后我们来介绍寡头市场。

寡头市场是指少数几家企业控制整个市场的产品生产和销售的一种市场组织。与垄断市场类似，寡头市场的形成原因主要包括：规模经济，少数几家企业控制着基本生产资源的供给，政府的扶持和支持。根据市场上产品之间是否有差异，寡头行业分为纯粹寡头行业和差别寡头行业。

不管是纯粹寡头行业还是差别寡头行业，通常都具有如下特征：第一，少数几家大企业控制着全部或者大部分产品的生产和销售；第二，企业间相互依赖是寡头市场最重要的特点；第三，一家企业的行为在很大程度上会改变整个市场的状况。这些特征与前面讲过的三类市场都不同。完全竞争市场上企业之间彼此没有关系，相互也没有影响；垄断竞争市场上企业之间彼此之间有一点联系，但相互之间的影响比较小；垄断市场上企业是独一无二的，没有企业可以影响它。因此，经济学家们需要找到一种新的思路来分析寡头市场上企业之间如何相互作用以决定均衡价格和均衡数量。

为了刻画寡头市场上企业之间的相互作用，经济学家们具体市场具体分析，建立了大量的经济模型。其中有些模型通用性较强，经受住了历史的风吹雨打，活成了经典。因此，接下来，在介绍寡头市场时，我们将不再介绍寡头企业的需求曲线、供给曲线、短期均衡和长期均衡，以及它们的效率损失等内容，而是重点介绍经典的寡头模型。

如果寡头市场上企业之间是竞争关系，那么经典模型主要有古诺模型、斯塔克伯格模型、伯川德模型和价格领导模型。如果寡头市场上企业之间是合作关系，经典模型有卡特尔模型。如果竞争性企业的决策变量是产量，经典模型有古诺模型和斯塔克伯格模型。如果竞争性企业的决策变量是价格，经典模型有伯川德模型和价格领导模型。此外还有刻画企业之间"同跌不同涨"现象的斯威齐模型。

前方是高数雷区，大家要有思想准备。

首先讲最经典的，也是相对最古老的寡头模型——古诺模型。先插一句，我们前面多次提到，这里再强调一次，经济学中的很多理论和结论都是在诸多假设条件下得到的。换句话说，许多经济学的理论和结论不是放之四海而皆准的，而是在特定条件下才能成立。因此，接下来在分析模型时，我们都会给出模型的假设条件。

古诺模型是 1838 年法国经济学家古诺提出来的。模型假设：第一，产品是同质的。第二，企业的决策变量是产量。第三，企业同时选择产量，并且只进行一次竞争。第四，没有其他企业进入。为了更好地分析进一步假设。第五，市场上只有 A、B 两家企业，企业的成本为零，市场的反需求函数为 $P=a-bQ$。两家企业的产量之和等于市场的总需求。

看到上面这么多假设，有没有开始犯懵的？大概是这么个故事。一个小山村里有 A、B 两家生产矿泉水的企业，一个在村东头，一个在村西头。它们都从村子中间的千年古泉里打水，所以产品是同质的，成本可以忽略不计。另外，这两家企业都明白矿泉水的价格取决于它们的产量之和，这意味着它们是拴在一根绳子上的蚂蚱。因此，它们在决定生产多少瓶矿泉水时，不得不考虑对方的反应。它们的心理活动大致是这样的：如果对手一瓶都不生产，我应该生产多少瓶；如果对手生产 10 瓶，我应该生产多少瓶；如果对手生产 100 瓶，我又应该生产多少瓶……就这样千万次地问，千万次地记下这些产量组合。由于 A 企业不知道 B 企业到底会生产多少瓶矿泉水，B 企业也不知道 A 企业到底会生产多少瓶矿泉水，那么它们最终都会生产多少瓶矿泉水呢？这就是我们接下来要回答的问题。

不管假设如何变化，企业的目标都是始终如一的，即获得尽可能多的利润。因此，我们首先要写出企业的利润函数。由于 A 企业和 B 企业是同时进行决策，所以先考察谁都无所谓。我们就以字母为序，先考察 A 企业。

$$\left.\begin{array}{l}\pi_A = TR_A - TC_A = PQ_A - 0 \\ P = a - bQ\end{array}\right\} \Rightarrow \pi_A = (a-bQ)Q_A = \left[a-b(Q_A+Q_B)\right]Q_A$$

$$= -bQ_A^2 - bQ_AQ_B + aQ_A$$

$$(\pi_A)' = -2bQ_A - bQ_B + a = 0 \Rightarrow Q_A = \frac{1}{2}\left(\frac{a}{b} - Q_B\right)$$

经过上述一番推导，最终得到 A 企业的反应函数 $Q_A = 1/2$ （a/ b-Q_B），即 A 企业的最优产量是 B 企业产量的函数。

同理，我们可以求得 B 企业的反应函数 $Q_B = 1/2$ （a/b-Q_A），即 B 企业的最优产量是 A 企业产量的函数。从这两个反应函数的表达式可以很容易地看出，两家企业是相互依存的，它们的产量是相互影响的。联立这两个反应方程，求解该方程组得到，$Q_A = Q_B = a/$ （3b），两家企业的产量相加得到总产量，也是市场的总需求量 $Q = 2a/$ （3b）。将 $Q = 2a/$ （3b）代入市场的反需求函数中，得到市场的均衡价格 $P = a/3$。将 $P = a/3$，$Q_A = Q_B = a/$ （3b），代入 A、B 两家企业的利润函数中，得到 $\pi_A = \pi_B = a^2/$ （9b），将两家企业的利润相加得到市场的总利润 $\pi = 2a^2/$ （9b）。

为了更直观地看出古诺模型的均衡结果，我们也可以把 A、B 两家企业的反应函数画在坐标系里，变成两条反应曲线，如图 7-9 所示，这两条反应曲线的交点 E 就是均衡点。E 点所对应的 Q_A^* 和 Q_B^* 就是 A、B 企业的均衡产量。为啥呢？因为当 A 企业的产量为 Q_A^*，B 企业的最佳产量是 Q_B^*；当 B 企业的产量为 Q_B^* 时，A 企业的最佳产量是 Q_A^*。那么其他的点，比如 F 点为啥不是均衡点呢？

我们来看一下。当 B 企业的产量为 Q_{B1} 时，A 企业的最佳产量是 Q_{A1}，当 A 企业的产量为 Q_{A1}，B 企业的最佳产量是 Q_{B2}，所以 F 点不是均衡点。

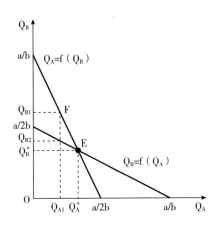

图 7-9　古诺模型的反应曲线

接下来介绍另一个决策变量是产量的寡头模型——斯塔克伯格模型。

斯塔克伯格模型是 20 世纪 30 年代德国经济学家斯塔克伯格提出来的。它与古诺模型的唯一区别是两家企业是先后进行产量决策，不是古诺模型中的同时决策。其他的具体假设和古诺模型一样，这里就不重复了。

假设 A 企业是领导者，B 企业是跟随者。由于现在两家的地位发生了变化，由平起平坐的平等关系变为领导—追随的上下级关系，所以它们的心理活动也发生了变化。A 企业想我是领导，我可以先选择产量，小跟班 B 企业肯定会根据我选定的产量选择它的最佳产量。这样，把小跟班的产量从市场总需求中减掉，剩下的需求量就是我应该选择的最佳产量。B 企业心想，A 企业是领导，我要看它的脸色行事。但它又不知道领导到底会选择生产多少瓶矿泉水，所以它仍然需要像在古诺模型中一样，先找到自己的反应函数。等领导的产量一确定，把它代进去，就可以得到自己的最佳产量。我们清楚了两家企业的心理戏之后，接下来的分析就比较容易了。

由于 A 企业和 B 企业选择产量的顺序有先后，所以我们的考察顺序也不能乱。虽然 A 企业先动，但我们却要后考察它。为啥呢？一会儿你就知道了。

B 企业的利润函数和反应函数与古诺模型中是一样一样的。这里也不重复了。

接下来，我们来看看 A 企业的利润函数有啥变化？

企业 A 的利润函数没有变化，仍为：

$$\pi_A = TR_A - TC_A = PQ_A - 0 \tag{7-2}$$

然后把 $P = a - bQ$ 代入利润函数中，得到：

$$\pi_A = (a - bQ)Q_A = [a - b(Q_A + Q_B)]Q_A \tag{7-3}$$

到这儿与古诺模型无异，是不是？发生变异的是接下来的这一步：将 B 企业的反应函数 $Q_B = 1/2(a/b - Q_A)$ 代入 A 企业的利润函数中，并化简得到：

$$\pi_A = \left[a - b \left(Q_A + \frac{1}{2} \left(\frac{a}{b} - Q_A \right) \right) \right] Q_A = -\frac{b}{2} Q_A^2 + \frac{a}{2} Q_A \qquad (7\text{-}4)$$

令利润函数的一阶导数等于零，得到 $-bQ_A + a/2 = 0$，变换一下，得到 $Q_A = a/(2b)$。将 $Q_A = a/(2b)$ 代入 B 企业的反应函数中，并化简得到 $Q_B = a/(4b)$。

把刚刚求得的 $Q_A = a/(2b)$，$Q_B = a/(4b)$ 相加得到市场的总需求量 $Q = 3a/(4b)$，将 $Q = 3a/(4b)$ 代入市场的反需求函数中，得到均衡价格 $P = a/4$。将 $P = a/4$ 和 $Q_A = a/(2b)$ 代入 A 企业的利润函数中得到，$\pi_A = a^2/(8b)$，同理，得到 $\pi_B = a^2/(16b)$。将两家企业的利润相加，得到市场的总利润 $\pi = 3a^2/(16b)$。

看到这儿，大家有没有发现，A 企业和 B 企业本来是完全一样的，A 企业突然变成领导后率先选择产量，结果 A 企业的均衡产量是 B 企业的两倍，A 企业的利润也是 B 企业的两倍。这就是我们常说的先发优势。

另外，有没有同学发现，斯塔克伯格模型的均衡价格 $P = a/4$，低于古诺模型的均衡价格 $P = a/3$，而均衡数量 $Q = 3a/(4b)$ 则大于古诺模型的均衡数量 $Q = 2a/(3b)$。这意味着斯塔克伯格模型的均衡结果更有效率。惊不惊奇？意不意外？两家企业由同时决策变为先后决策，竟然可以提高效率！或者说，减少效率损失，因为它们与完全竞争市场的均衡结果相比都是有效率损失的。

大家要记住，在古诺模型和斯塔克伯格模型中，企业的决策变量是产量。而现实中，企业的决策变量更多的时候是价格。因此，接下来，我们要介绍几个以价格为决策变量的经典寡头模型。

　　率先登场的是 1883 年法国人伯川德提出的伯川德模型。它与古诺模型的主要区别在于企业的决策变量由产量变成了价格。注意，这里不再假设边际成本为零，而是假设边际成本为 c，是一个不变的常数。其实，古诺模型和斯塔克伯格模型中企业的边际成本不为零，也不影响结论。只不过为了推导方便，一般教科书都约定俗成地把它们假设为零。这里假设企业的边际成本不为零，也是有原因的。一会儿再解释。

　　由于两家企业的产品是同质的，所以谁的价格高，谁将失去整个市场，相反，谁的价格低，哪怕只低 1 分钱，谁也会占领整个市场。如果两家企业的价格一样高，那么它们将平分市场。这个道理两家企业都明明白白的。为了活命，它们肯定会争相降价，你比我少 1 毛，我比你少 1 块。开动你聪明的脑袋瓜想一想，它们最后的结局会如何？同归于尽？没有那么惨烈！它们最终会把价格降到等于边际成本为止。为啥呢？因为再降的话，它就亏大了，连可变成本都收不回来了。如果价格比边际成本哪怕高 1 分钱，而另外一家企业的价格恰好等于边际成本，那它就会失去整个市场。因此，两家企业最终都会将价格定在等于边际成本的水平上，即 $P_A = P_B = c$。如果刚才仍旧假设边际成本等于零，那么两家企业的均衡价格都变成了零，即产品免费送。这是没法解释的。因此，刚才要假设边际成本为不变的常数 c。

　　听到这儿，有没有同学又有神奇的发现：市场上只有两家企业的寡头市场的均衡结果竟然与完全竞争市场的均衡结果一致。

　　另外，可能让大家觉得更不可思议的是：从古诺模型到伯川德模型，仅仅是决策变量由产量变成价格，结果寡头市场的均衡结果居然变成了完全竞争市场的均衡结果，效率也不损失了。

我们再一次见证了，模型假设的一个小小改变都可能会对模型结果产生重大的影响。这也从侧面说明了模型假设准确的重要性。差之毫厘，谬以千里。好的经济学家和差的经济学家的区别就在于模型假设是否能准确刻画现实。

言归正传，接下来介绍下一个模型——价格领导模型。一听名字，估计大家都猜到了，价格领导模型中两家企业的决策是有先后次序的。该模型与伯川德模型的区别在于两家企业的决策有先后次序，与斯塔克伯格模型的区别在于决策变量由产量变成了价格。我们来看一看，这一次结果又会有怎样的变化。

像斯塔克伯格模型一样，A企业和B企业变成了领导—追随的上下级关系，它们的心理活动也发生了变化。A企业知道自己是领导，自己制定一个价格后，B企业肯定会在它制定的价格下选择最佳产量。这样，把小跟班的产量从市场总需求中减掉后剩下的需求量就是自己应该选择的最佳产量。B企业心里明白，A企业是领导，它只能接受A企业制定的价格。虽然它不知道领导到底会制定多高的价格，但是它可以像完全竞争企业一样选择产量，因为此时它是价格的接受者。在搞清楚了两家企业的心理戏之后，接下来的分析就很容易了。

注意，这里假设两家企业的成本分别为C_A和C_B，是两个成本函数，这与伯川德模型假设边际成本为不变的常数是不同的。

与斯塔克伯格模型一样，我们需要先分析跟随者如何选择最佳产量。

注意，由于企业 B 是价格的接受者，所以它实现利润最大化的均衡条件是 $P = MC$，这与前面三个模型是不同的。把 $P = a - bQ$ 代入到均衡条件中得到，$a - b(Q_A + Q_B) = MC(Q_B)$。由于成本函数是一个隐函数，上述方程无法求出一个显性解，所以我们也只能把 Q_B 写成 Q_A 的隐函数。把 $Q_B = f(Q_A)$ 代入到 A 企业的利润函数中，并化简得到：

$$\pi_A = -bQ_A^2 + aQ_A - bf(Q_A)Q_A - C(Q_A) \qquad (7-5)$$

令利润函数的一阶导数等于零，得到：

$$-2bQ_A + a - bf'(Q_A)Q_A - bf(Q_A) - MC(Q_A) = 0 \qquad (7-6)$$

同样，由于隐函数的存在求不出显性解，所以我们假设 A 企业的最优产量 $Q_A = Q_A^*$。将 $Q_A = Q_A^*$ 代入到隐函数 $Q_B = f(Q_A)$ 中，得到 B 企业的最优产量 $Q_B^* = f(Q_A^*)$。将 A、B 两家企业的最优产量相加得到市场的总需求量 Q^*，然后把它代入到市场的反需求函数中得到均衡价格 P^*，把均衡价格 P^* 和两家企业的均衡产量分别代入到两家企业的利润函数中，便可求得两家企业均衡时的利润，把它们相加便得到市场的总利润。

由于该模型没有显性解，所以无法与其他模型进行对比。

接下来，我们介绍另外一个寡头模型——斯威齐模型。为了解释有些寡头市场存在价格刚性的现象，20 世纪 30 年代美国经济学家斯威齐建立了该模型。

与前四个模型不同，该模型假设市场上有少数几家企业，不再局限于两家。更重要的是该模型假设所考察的企业价格上涨时，其他企业不跟随，而该企业价格下降时，其他企业则同步跟随。与伯川德模型和价格领导模型一样，企业的决策变量是价格。

如图 7-10 所示，假设企业现在处在 B 点的位置，企业的主观需求为 d。根据模型的假设条件，企业的价格上涨时，其他企业不跟随，这意味着当价格高于 P_1 时，企业的主观需求曲线也是它的实际需求曲线。同样，根据模型的假设条件，企业的价格下降时，其他企业同步跟随，这意味着当价格低于 P_1 时，企业的实际需求曲线变为 BF，不再是主观需求曲线 BC。简而言之，根据模型的假设，企业的实际需求曲线不再是直线，而是在 B 点发生了弯折。这使得与需求曲线对应的边际收益曲线在 I 点和 J 点处中断了。具体来说，当价格大于 P_1 时，边际收益曲线为 AI，当价格小于 P_1 时，边际收益曲线为 JG。大家有没有发现，在边际收益曲线垂直的 IJ 段，不管短期边际成本曲线是 SMC_1，还是 SMC_2，根据边际成本等于边际收益的均衡条件，最终的均衡价格都是 P_1。也就是说，价格在一定条件下是存在刚性的。这里的"一定条件"是指短期边际成本曲线 SMC 与垂直的边际收益曲线 IJ 相交。

听到这儿，有没有同学快崩溃了？这是黎明前的黑暗。冬天已经来临，春天还会远吗？再坚持一下，还剩下最后一个模型——卡特尔模型。

在现实中，一些寡头企业公开地或秘密地勾结在一起，联合行动来制定价格、限定产量和瓜分利润。当若干个企业达成公开或正式协议，试图控制整个市场利润最大化产量和价格时，它们便

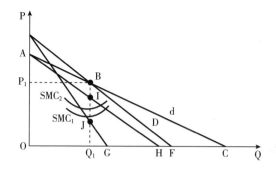

图 7-10　斯威齐模型

成为一个卡特尔组织。通俗地说，几个寡头企业结成一个联盟，该联盟把自己视为一个垄断企业，然后按照垄断企业的均衡条件，决定整个市场的均衡价格和均衡数量，并获得垄断利润。最后这几个寡头企业瓜分垄断利润。

搞清楚卡特尔模型的基本思想后，我们来看看它与前几个模型有何不同。

为了与前面的模型结果进行对比，这里沿用了古诺模型和斯塔克伯格模型中的具体假设。

由于卡特尔实际上就是一个垄断企业，所以它的产量就是整个市场的需求量 Q，所以它的利润函数 $\pi=TR-TC=PQ-0$，把市场的反需求函数 $P=a-bQ$ 代入利润函数中得到，$\pi=aQ-bQ^2$。令利润函数的一阶导数等于零，得到 $a-2bQ=0$，变换一下，求得 $Q^*=a/(2b)$。将 $Q^*=a/(2b)$ 代入市场的反需求函数中，求得 $P^*=a/2$。将 $P^*=a/2$ 和 $Q^*=a/(2b)$ 代入利润函数中，求得市场的总利

润 $\pi^* = a^2/$（4b）。如果两家企业平分产量和利润的话，那么
$Q_A = Q_B = a/$（4b），$\pi_A = \pi_B = a^2/$（8b）。

与前几个模型相比，卡特尔模型中的均衡价格最高，产量最小，企业的利润却最高。因此，寡头企业做梦都想结成卡特尔。不过，在现实中绝大多数卡特尔都是违反《反垄断法》的。也就是说，它们是不允许存在的。

讲到这儿，我们就把迄今为止难度系数最高的一回讲完了。

最后，我们来比较一下四类市场之间的异同。

（1）完全竞争企业的需求曲线、平均收益曲线和边际收益曲线三线合一，并且都是水平线；而其他三类企业是两线合一，边际收益曲线不再与需求曲线和平均收益曲线重合，并且这三条线都向右下方倾斜。

（2）除了完全竞争市场外，其他三类市场都没有供给曲线。

（3）在短期内，除了寡头市场外，其他三类市场上的企业可能盈利、可能亏损，也可能盈亏平衡。均衡条件都是 MR＝SMC。

（4）完全竞争市场和垄断竞争市场的长期均衡都是零利润均衡，而垄断市场的长期均衡通常是正利润均衡。不过，垄断竞争企业的长期均衡点位于长期平均成本曲线最低点的左侧，有多余的生产能力，会导致社会福利的无谓损失，而完全竞争企业的长期均衡点位于长期平均成本曲线的最低点，没有多余的生产能力，也不会导致社会福利的无谓损失。

总的来说，从完全竞争市场、垄断竞争市场、寡头市场到垄断市场，竞争程度越来越小，均衡价格越来越高，均衡数量越来越

少，经济效率越来越低。

到目前为止，我们讲的供给、需求，消费者和企业在四类市场上的买卖交易，虽然没有明文假设，但是实际上都暗指产品的供给、需求和买卖交易。

我们知道，产品市场和要素市场是有区别的。在产品市场上，消费者是买家，企业是卖家，钱从消费者的口袋流向企业的银行账户；在生产要素市场上，消费者是卖家，企业是买家，钱从企业的钱袋子流向消费者的荷包。这种买卖角色的转变，使得前面讲的有些结论不再适用于生产要素市场。预知生产要素的需求、供给和买卖双方如何相互作用以决定各种生产要素的均衡价格和均衡数量，请听下回分解。

要点回顾

本回主要介绍了买卖双方如何在垄断竞争市场、寡头市场和垄断市场上相互作用以决定均衡价格和均衡数量。首先介绍了垄断市场的条件、垄断形成的原因、垄断企业的收益曲线、需求曲线、供给曲线、短期均衡和长期均衡，以及三类价格歧视等；然后介绍了垄断竞争市场的条件、垄断竞争企业的收益曲线、需求曲线、短期均衡、长期均衡和多余的生产能力，以及非价格竞争等；接着介绍了六个经典的寡头模型：古诺模型、斯塔克伯格模型、伯川德模型、价格领导模型、斯威齐模型和卡特尔模型；最后比较了四类市场的不同。大家要记住这些要点：

（1）垄断市场上只有一个卖家、产品是独一无二的，市场进入极为困难，甚至不可能进入；垄断产生的原因主要有四种：独占原材料、独家拥有专利等知识产权、有特许权和自然垄断；垄断企业的需求曲线和平均收益曲线二线合一，都向右下方倾斜，总收益曲线呈倒 U 形，边际收益曲线在平均收益曲线的左下方。

（2）与完全竞争企业一样，在短期内，垄断企业可能盈利、可能亏损，也可能盈亏平衡；在长期内，垄断企业可能盈利，也可能盈亏平衡，通常不会亏损。

（3）由于供给量和价格之间不存在一一对应关系，垄断企业没有供给曲线。确切地说，不完全竞争企业和不完全竞争市场都没有供给曲线。

（4）价格歧视主要分为三类：一级价格歧视、二级价格歧视和三级价格歧视。一级价格歧视对每单位商品制定不同的价格，并且这些价格都等于消费者的保留价格。二级价格歧视对不同的消费数量段制定不同的价格。三级价格歧视对不同的市场或群体制定不同的价格。

（5）一级价格歧视时的均衡数量恰好等于完全竞争市场的均衡数量，不会导致社会福利的无谓损失，或者不会产生效率损失，但是会带来公平问题，因为垄断企业侵占了所有的消费者剩余。在三级价格歧视下，不同市场的价格不同。一般来说，市场的需求价格弹性越大，价格越低；市场的需求价格弹性越小，价格越高。

（6）垄断竞争市场的条件：差异化产品、企业数目多、进出市场比较容易；垄断竞争企业有两条需求曲线：主观需求曲线和实际需求曲线，两条需求曲线都向右下方倾斜，但实际需求曲线比主观需求曲线陡峭。

（7）在短期，垄断竞争企业可能盈利、可能亏损，也可能盈亏平衡，均衡条件为 MR＝SMC；在长期，垄断竞争企业的经济利润为零，均衡条件为：MR＝LMC，P＝AR＝LAC；垄断竞争企业的长期均衡点位于长期平均成本最低点的左侧，这意味着它有多余的生产能力，也会导致社会福利的无谓损失；垄断竞争市场上普遍存在非价格竞争，比如打广告。广告分为信息性广告和劝说性广告。基于与垄断市场相同的理由，垄断竞争企业和市场也不存在供给曲线。

（8）古诺模型和斯塔克伯格模型的决策变量是产量，伯川德模型、价格领导模型、斯威齐模型和卡特尔模型的决策变量是价格；古诺模型和伯川德模型的企业同时决策，斯塔克伯格模型和价格领导模型的企业先后进行决策。

（9）古诺模型的求解过程：首先根据企业利润函数的一阶导数等于 0，求得企业的反应函数；其次联立两家企业的反应函数，求解该方程组得到，两家企业的均衡产量，接着把它们代入到市场的反需求函数中，求出均衡价格；最后把均衡价格和均衡产量代入到各企业的利润函数中，得到它们均衡时的利润。

（10）从古诺模型到斯塔克伯格模型，企业由同时决策到先后决策，均衡价格下降，均衡产量增加，并且先动者有先发优势；从古诺模型到伯川德模型，企业的决策变量由产量到价格，均衡结果回到了完全竞争市场的均衡价格和均衡产量，没有了效率损失。

（11）在斯威齐模型中，企业的实际需求曲线在考察点发生了弯折，这使得短期边际成本曲线在一定幅度内变化时，与垂直的边际收益曲线相交，导致均衡价格不变，这在一定程度上解释了某些寡头市场上的价格刚性现象。

（12）卡特尔模型中企业之间是合作关系，它们像垄断企业一样决定市场价格和总产量，然后瓜分垄断利润。

从上述模型之间的关系可以看出，模型假设的小小改变可能会对模型结果产生非常重要的影响。因此，你们今后在构建自己的模型时，一定要根据所研究的问题设定合理的假设，否则你们的研究结果可能是不可靠的！

第八回　油盐酱醋调百味
——生产要素市场

晏景初尚书，请僧住院，僧辞以穷陋不可为。景初曰："高才固易耳。"僧曰："巧妇安能作无面汤饼乎？"景初曰："有面则拙妇亦办矣。"

——《老学庵笔记》

俗语云：巧妇难为无米之炊。但有了米面油菜，也不是每个人都能做出满汉全席。换句话说，食材重要，厨艺可能更重要。现实中企业面临相同的生产要素，有的企业赚得盆满钵满，有的企业则亏得底裤不见，还有的企业不赔不赚，亦是楚楚可怜。这就凸显了企业"厨艺"的重要性。本回将主要介绍企业是如何"烹饪"的，主要包括：第一，生产要素需求的特征：引致需求和联合需求；第二，单个生产要素的使用原则，即最优采购量；第三，企业的生产要素需求曲线；第四，劳动的供给曲线；第五，土地的供给曲线；第六，资本的供给曲线；第七，洛伦兹曲线和基尼系数。

在讲具体内容之前，我们首先隆重介绍一下本回的主角——生产要素。

271

话说我们每天吃、穿、住、行和用的东西通常有两个来源：买的和自己动手做的。有的看官可能会补充："还有租的和别人赠送的。"实际上，租的东西也是买的东西，只不过买的是使用权，不是所有权。别人赠送的礼品其实也是买的东西，只不过是别人付钱而已。为了严谨起见，我们统一一下说法：只有花钱才能得到的东西或享受的服务都算买来的，不管钱是谁付的。

东西不管是买来的，还是自己做的，都需要一些材料。这些生产产品或提供服务所需要投入的原材料就是本回要讲的"生产要素"吗？比如说，一把不锈钢弹弓。弹弓架是不锈钢的，皮筋和皮兜都是合成材料做成的。是不是不锈钢条、皮筋和皮兜就是生产不锈钢弹弓的生产要素？答案是否定的，因为用来制作弹弓架的钢条对生产弹弓的企业来说，它的确是原材料，但对不锈钢厂来说，它却是产品。另外，不锈钢条是以不锈钢锭为原材料生产出来的，而不锈钢锭又是以铁矿石等为原材料炼出来的。因此，在经济学中，不锈钢锭、不锈钢条和皮筋被称为生产弹弓的中间产品。那什么是生产弹弓的生产要素呢？铁矿石、冶炼不锈钢的机器、厂房和工人，以及建高炉、买铁矿石和支付工人工资等所需的钞票是也！大家有没有注意到生产要素都是最原始的。比如，铁矿石是大自然的恩赐。

在经济学中，目前公认的生产要素主要有四类：劳动、土地、资本和企业家才能①。劳动是指人的体力和脑力支出。土地是指包括黑土地和黄土地在内的一切自然资源。资本是指机器和厂房等人造资源。企业家才能是指组织和管理能力。这些生产要素投入生产过程中，自然要得到回报。它们的回报方式分别是工资、地租、利息和正常利润②。

为什么经济学家要将众多的生产资料进行归类处理呢？这是因为同一类生产要素的供给和需求，以及市场上买卖双方的行为是类似的，归类处理后经济学家就可以专注地研究少数几类生产要素的供给和需求，以及它们的均衡价格和均衡数量的形成机制，而不用逐个研究现实中数不胜数的各种具体原材料的供需等问题。这将会大大减轻经济学家们的负担，进而也会减轻各位看官的阅读和学习负担。

在对生产要素有了大致了解之后，我们来看一下它的需求和供给到底有何特别之处。

要素需求主要有两大特征：引致需求和联合需求。引致需求，有的书翻译成派生需求。大白话就是间接需求。比如，钢铁厂对铁矿石的需求就是一种引致需求，因为钢铁厂最终想要的是钢铁，

---

① 现实中时而见诸报端、登上电视或写入政府文件中的生产要素与经济学中的生产要素内涵可能是不同的，种类也可能更多。比如，2020 年 3 月 30 日，国家出台的《中共中央　国务院关于构建更加完善的要素市场化配置体制机制的意见》中就提到了五类生产要素：劳动、土地、资本、技术和数据。把数据列为生产要素，这可能是世界首次。在即将到来的数字经济时代，有的学者认为数据就像现在的石油一样重要。我认为，数据比石油好，因为数据会越用越多，运输和存储成本比较低，而石油则越用越少，运输和存储成本非常高。

② 正常利润其实就是企业家的工资。

不是铁矿石，但是生产钢铁需要用到铁矿石。再比如，学生对教科书的需求也是一种引致需求，因为同学们真正需要的不是教科书，而是教科书里的知识，或者利用教科书里的知识获得学分。而我们前面讲的产品需求都是直接需求，不用绕弯弯。比如，你想吃碗彩色拉面，到黄三少的彩虹拉面馆里一坐，一会儿热腾腾、香气四溢，营养又健康的拉面就可以下肚了。

生产要素的另外一个特征——联合需求是指对生产要素的需求通常都是成对或成套需求。比如，钢铁厂生产钢铁不仅需要铁矿石，还需要焦炭、高炉和工人等生产要素。有兴趣的同学可以试一试，看看能不能找到只需要一种生产要素就可以生产出来的产品。我估计你们找不到。哪怕你从千年古泉里捧点矿泉水喝，也至少需要劳动和土地（泉水作为自然资源属于经济学中的土地范畴）两种生产要素。

在搞清楚了生产要素的内涵和需求特征之后，接下来我们来考察要素市场的需求情况。注意，在要素市场上，企业是生产要素的买方或需求方。理性的企业应该购买哪些要素，每种要素又应该购买多少呢？或者说，企业采购生产要素的原则是什么？其实，很简单。由于企业是决策主体，并且企业的目标永远是利润最大化，所以企业采购要素的原则仍旧是边际收益等于边际成本。

为了与产品市场相区别，要素市场的"边际收益"被重新命名为"边际产品价值"（Value of Marginal Product，VMP），即增加一单位要素投入能给企业带来多大的价值。"边际成本"的名字虽然没变，但它的含义发生了变化，这里指增加一单位要素投入企业总成本的增量。

　　为了研究方便，这里像其他教科书一样，假设企业的产品市场属于完全竞争市场，生产产品所需的要素市场也属于完全竞争市场。这意味着它在产品市场和要素市场上都是价格的接受者。因此，增加一单位要素投入的边际成本等于要素的价格（Price of Raw Materials，Pr）。这样，经过一番假设、推理，我们得到企业采购要素的原则：VMP＝Pr，即边际产品价值等于要素的价格。

　　现实中，要素的价格一般容易得到。要素的边际产品价值怎么计算呢？首先我们要计算出增加一单位要素投入能多生产出多少产品，然后再计算多生产出的产品能多卖多少钱。

　　举个例子，假如有一天你户外远足意外发现一片野生青萝卜，你拔了一个尝了尝，脆爽可口。怀揣发财梦想的你便萌生雇人来拔萝卜的想法。如果一个工人一天可以拔500斤萝卜，每斤野生萝卜可以卖2元钱，那么你雇一个工人一天可以给你带来的价值为500×2＝1000元，即雇佣一个工人一天的边际产品价值为1000元。如果你雇佣一个工人一天的工资为800元，即要素价格为800元，那么此时你的边际产品价值就大于要素价格。通俗地说就是，你花800元雇人拔萝卜，萝卜卖了1000块钱，最终你一天赚了200元。这时候你应该怎么办？毫无疑问，你应该再多雇几个工人，直到最后一个工人给你带来的边际产品价值等于你给他发的工资。

　　假设生产某种产品只需要一种要素投入L，用公式来推导该要素的边际产品价值，过程如下：

首先写出企业的总收益函数 $TR = P \times Q$（L）[①]，然后对总收益函数两边对要素 L 求导，得到边际收益函数 $MR = P \times dQ/dL$，其中 dQ/dL 表示产品产量 Q 对要素 L 的导数，即要素 L 的边际产量（Marginal Product，MP）。这样，经过一番变换，企业的边际收益函数变为 $MR = P \times MP$。前文讲过，要素市场上企业的边际收益被冠名为边际产品价值，故上式就变为 $VMP = P \times MP$，企业采购要素的原则相应地变为：

$$VMP = P \times MP = Pr \qquad\qquad (8-1)$$

在搞清楚企业采购要素的原则之后，接下来我们讲要素的需求曲线。像产品市场一样，我们先讲企业的需求曲线，然后再讲市场的需求曲线。

要素市场上的完全竞争企业与产品市场上的垄断竞争企业类似，也有两条需求曲线：一条是类似于主观需求曲线的边际产品价值曲线（没有考虑其他企业的反应），另一条是类似于实际需求曲线的真实需求曲线（考虑了其他企业的反应）。

先介绍与边际产品价值曲线重合的要素需求曲线。刚刚讲过，企业采购要素的原则是边际产品价值等于要素价格。如果只有劳动一种要素投入，劳动的价格或工资为 w，那么企业对劳动的采购原则为 $VMP = w$。因此，根据 $VMP = w$ 的均衡条件得知，当要素价格等于 w_0 时，最佳的要素投入量为 L_0，对应于图 8-1 中的 A 点。当要素价格等于 w_1 时，最佳的要素投入量为 L_1，对应于图中的 B

---

① 第四回我们讲过产品产量 Q 是劳动投入量 L 的函数。

点。大家有没有发现，企业的要素需求曲线和边际产品价值曲线是重合的！换句话说，要素市场上完全竞争企业的需求曲线也是企业的边际产品价值曲线[1]。

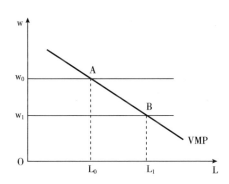

图 8-1 企业的 VMP 和要素需求曲线

由于边际产品价值曲线是向右下方倾斜的，所以与之重合的要素需求曲线也向右下方倾斜。我们知道，大多数商品的需求曲线向右下方倾斜是因为边际效用递减规律。我们自然想问，那要素需求曲线向右下方倾斜的原因是什么呢？

如图 8-2 所示，假设现在企业位于 A 点，要素价格为 w_0，根据要素采购原则 $VMP_0 = w_0$，最佳要素投入为 L_0。如果要素价格从 w_0 降到 w_1，此时 VMP_0 大于 w_1，不再满足要素采购原则，这意味

---

[1] 这一点与产品市场上完全竞争企业的短期供给曲线类似。还记否？产品市场上完全竞争企业的短期供给曲线是短期边际成本曲线位于短期可变成本最低点（包括最低点）之上的一部分。

着企业此时无法实现利润最大化。现在理性的企业应该怎么办呢？在不考虑其他企业反应的情况下，产品价格 P 通常不受要素价格变化的影响，即 P 通常保持不变，那么企业要使 VMP 变小，就只能让边际产品 MP 变小。根据第四回讲的边际报酬递减规律，企业应该增加要素投入。假设要素投入量增加到 L_1，也就是说，当要素价格降到 w_1 时，最佳的要素投入量增加到 L_1，与图 8-2 中的 B 点相对应。将 A 点和 B 点连起来的线就是要素的需求曲线。从图 8-2 可以非常直观地看出，它是向右下方倾斜的，即要素价格和要素投入量呈反向变动关系。

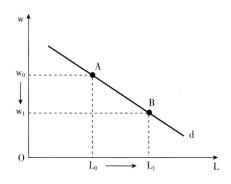

图 8-2　企业的要素需求曲线

值得注意的是，虽然边际产品价值曲线和需求曲线重合，但是它们的含义是不同的。比如，边际产品价值函数的自变量是要素投入量，而要素需求函数的自变量是要素价格。

另外，要注意要素需求曲线和边际产品价值曲线重合是有前提的：要素价格变化时，边际产品 MP 和产品价格 P 要保持不变。如果生产过程中只有一种要素投入，边际产品只与生产技术有关，与要素价格无关，所以这个 MP 不变的前提可以得到满足。当要素价格变化时，如果不考虑其他企业的反应，那么产品价格不变的前提也可以得到满足。

接着，介绍离开边际产品价值曲线单飞的要素需求曲线。如果生产过程中仍然只有一种要素投入，在生产技术不变的前提下，边际产品 MP 通常仍保持不变。但是，产品价格 P 通常会下降。为啥呢？因为当要素价格下降后，所有的企业都扩大了生产规模，导致产品供给曲线右移。在需求不变的前提下，供给增加使得均衡价格下降。因此，当要素价格变化时，如果其他企业也作出产量调整，那么边际产品 MP 保持不变，产品价格 P 将下降，这使得边际产品价值 VMP 减少。

如图 8-3 所示，假设代表性企业 m 现在处于 H 点，要素价格 $P_0=w_0$，最佳要素投入为 L_0，边际产品价值等于 $P_0 \times MP$。假设要素价格从 w_0 降到 w_1，如果其他企业没有做出产量调整，那么此时企业 m 的最佳要素投入量为 L_2，对应于图中的 F 点，要素投入的增加量为 L_2-L_0。现实中，当要素价格下降时，其他企业通常也会增加要素投入量。刚刚我们分析过，这会导致产品价格下降，进而导致边际产品价值减少，在图形中表现为 VMP 曲线向左移动，假设移动到图 8-3 中虚线的位置，与 w_1 的价格线相交于 I 点，对应的最佳要素投入量为 L_1。这意味着当要素价格下降时，如果其他企业也做出产量调整,那么企业 m 真正的最佳要素投入是 L_1,而不是 L_2,要素投入的真实增加量是 $L_1 - L_0$。换句话说,当要素价格降到 w_1 时,企业 m 真实的要素需求点是 I 点,而不是 F 点。将 H 点和 I 点连起来就得到企业真实的需求曲线 d_m。

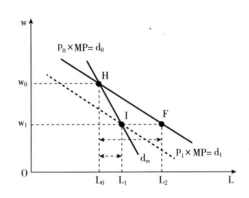

图 8-3　企业真实的要素需求曲线

　　将要素市场上所有企业的真实需求曲线水平相加就得到了市场的需求曲线。如果要素市场上企业都是一样的,那么企业数目 n 乘以代表性企业 m 的每一价格水平下的最佳要素投入量,也可以得到市场的最佳要素投入量。注意,水平相加的是企业的真实的需求曲线,而不是与边际产品价值曲线重合的需求曲线,因为其他企业通常也会对要素价格变化做出反应。这一点与完全竞争产品市场的短期需求曲线不同。

　　在搞清楚企业和市场的要素需求之后,接下来我们谈一谈要素供给。如前文所述，生产要素主要包括劳动、土地、资本和企业家才能。鉴于企业家才能（即老板的组织管理能力）的供给极为复杂，这里像其他经济学教科书一样，略去不表。

首先我们讲一讲劳动①的供给曲线。概括地说，该部分主要回答三个问题：为什么要参加工作（即劳动供给）？谁去工作（即提供劳动供给）？应该工作多长时间（即最佳劳动供给量）？

各位看官，你们有没有做过这样的美梦：每天吃撑了看蚂蚁上树，研究研究白蚂蚁跑得快，还是黑蚂蚁跑得快，或者研究一下哪种树上的蚂蚁最多，蚂蚁爬行路线的规律啥的。这多香啊！每天起早贪黑拼命工作为哪般？我相信大家一定会异口同声地说：钱！没错儿。在社会主义初级阶段，劳动还是谋生的手段。大多数情况下我们工作的确是为了养家糊口。

一般来说，工作本身只能给我们带来996后遗症，无法直接给我们带来快乐或满足感，即经济学中的正效用。但是，工作可以挣钱，钱可以买到想要的东西或服务。这些买到的东西和服务则可以给我们带来正效用。通常挣的钱越多，我们的满足感越强，也就是效用越大。

可是，闲着看蚂蚁上树本身就可以给我们带来正效用。因此，大多数人面临的抉择就是工作多一点还是闲暇多一点。之所以这么说是因为大多数人中还有一小部分人没有这个选择，如丧失劳动能力的残疾人。另外，未满16周岁的未成年人虽然可以提供送

---

① 作为生产要素的劳动是指人的脑力和体力支出。注意不是劳动力的买卖。

报纸、买牛奶的服务，但没有人敢雇佣。为啥？因为雇佣童工是违法的。

因此，我们可以得出结论：劳动的供给方是年满 16 周岁且有劳动能力的消费者。

为了实现效用最大化，劳动的供给方每天应该工作多长时间呢？换句话说，劳动供给的原则是什么？如果把工作和闲暇看作两种产品，根据第三回的基数效用论，当最后一单位时间自用或闲暇带来的边际效用等于用于劳动供给或工作带来的边际效用时，消费者便实现了效用最大化。否则的话，把时间重新分配会增加消费者的总效用。比如，若最后一小时用来玩的效用大于多工作一小时的效用，那么多玩一小时会更爽，对不对？

$$MU_{自} = MU_{供} \Rightarrow \frac{\Delta U}{\Delta L} = \frac{\Delta Y}{\Delta L} \times \frac{\Delta U}{\Delta Y} \Rightarrow \frac{\Delta U/\Delta L}{\Delta U/\Delta Y} = \frac{\Delta Y}{\Delta L} \Rightarrow \frac{dU/dL}{dU/dY} = \frac{dY}{dL}$$

$$= \frac{dY}{dL} \Big/ 1 \Rightarrow \frac{dU/dL}{dU/dY} = \frac{w}{1} \tag{8-2}$$

为了得到更有意思的结论，我们将自用和劳动供给边际效用相等的条件进行一番变换：等号左边的 $\Delta U/\Delta L$ 表示增加一单位劳动消费带来的效用增量，即劳动自用的边际效用；等号右边的 $\Delta Y/\Delta L$，表示增加一单位劳动供给带来的收入增量，$\Delta U/\Delta Y$ 表示增加一单位收入带来的效用增量（即收入的边际效用），二者的乘积则表示增加一单位劳动供给带来的效用增量，即劳动供给的边际效用。如果 ΔU、ΔL、ΔY 都特别小，就可以把它们变成导数的形式。

如果劳动市场是完全竞争市场，那么 dY/dL 就是工资率 w。闲暇一小时就相当于放弃一小时的工作收入，所以闲暇的价格等于工资率 w。如果把收入的价格看成 1，那么上述等式的含义就变为：闲暇和收入（工作的报酬）的边际效用之比等于它们的价格之比①。

在搞清楚了劳动的内涵、供给方和供给原则之后，我们接下来的重头戏是推导出劳动的供给曲线。推导思路是这样的：首先把工作和闲暇看作两种产品，然后利用前面讲过的序数效用论下消费者的选择理论推导出消费者的价格—消费曲线，然后根据价格—消费曲线推导出劳动的供给曲线。前面知识掌握比较牢的看官可能会有疑问：第三回讲的不是根据价格—消费曲线可以推导出需求曲线吗？别着急，且听我慢慢道来。

在推导劳动的供给曲线之前，我们先做一些假设：假设一天 24 小时里扣掉吃喝拉撒睡的 8 小时，只有 16 个小时是可以用来工作和卖呆的；消费者的非工资收入为 Y_0，比如，家里的房子、车子和存在银行的票子等，或者黄三少赠给他的一幅蚯蚓找妈妈状的书法作品，估值 8888.88 元；闲暇价格为 w，收入的价格等于 1，消费者的总预算等于工资收入和非工资收入之和。根据上述假设，我们可以得到消费者的预算方程为 $Y_0+w\times L=I$。

假设最初工资率为 w_0，预算线方程变为 $Y_0+w_0\times L=I_0$，对应于

---

① 这个结论是不是似曾相识？如果把闲暇和工作看作两种产品的话，是不是就回到了第三回序数效用论下消费者实现最优消费选择的均衡条件：两种产品的边际效用之比等于它们的价格之比。如果闲暇和工作看作两种要素投入的话，是不是就回到了第四回生产者实现最优生产决策的均衡条件：两种要素的边际产量之比（等于边际技术替代率）等于它们的价格之比。

图 8-4 中的预算线 K_0E。注意，由于有非工资收入的存在，所以 E 点在横轴的上方，垂直高度等于非工资收入 Y_0，其实，令非工资收入等于零也不影响随后的结论，但为了更贴近现实，这里假设非工资收入 Y_0 大于零。横轴上的 16 表示闲暇的最长时间，纵轴上的 K_0 表示可用的 16 小时都用来工作可以赚的钱数。如图 8-4 所示，当工资率等于 w_0 时，预算线与无差异曲线相切于 A' 点。此时最佳的闲暇时间为 H_0，相应的最佳劳动供给量为 $16-H_0$。

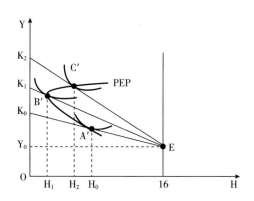

图 8-4 劳动供给曲线的推导过程

如果现在工资率上涨到 w_1，预算方程变为 $Y_0+w_1 \times L=I_1$，相应的预算线变为 K_1E，与新的无差异曲线相切于 B' 点。此时最佳的闲暇时间为 H_1，相应的最佳劳动供给量为 $16-H_1$。

如果工资率继续上涨到 w_2，预算方程变为 $Y_0+w_2 \times L=I_2$，相应的预算线变为 K_2E，与新的无差异曲线相切于 C' 点。此时最佳的

闲暇时间为 H_2，相应的最佳劳动供给量为 $16-H_2$。

将图中的 A′、B′ 和 C′ 点连起来，就得到闲暇的价格—消费曲线 PEP。

将刚刚求得的 3 对工资率和劳动供给量的组合绘在一个坐标系里就得到了大家梦寐以求的劳动供给曲线。有没有同学发现其中的奥秘：根据闲暇的价格—消费曲线，先推导出闲暇的需求曲线，然后再根据闲暇和工作之间此消彼长的关系，间接推导出劳动的供给曲线。

各位看官，有没有觉得劳动的供给曲线长得有点奇怪？供给曲线一般都是向右上方倾斜，偶尔有向右下方倾斜，这个劳动的供给曲线怎么兼而有之？

举个例子大家就明白了。当你兜里钱比较少的时候通常会拼命工作挣钱，此时工资越高工作时间越长，对应于图 8-5 中供给曲线向右上方倾斜的 AB 段。当荷包鼓鼓的时候，你就想去看看祖国的大好河山，来一趟说走就走的旅行，此时工资越高，你工作的时间通常越短，因为工作的最终目的是更好地生活，现在你的收入已经高到足以支撑你想要的生活，你还会傻傻地卖命赚未来的药钱吗？聪明的你肯定不会，对吧？此时对应于图 8-5 中供给曲线向后弯曲，或者说向右下方倾斜的 BC 段。

学有余力的看官可以利用闲暇的替代效应和收入效应来解释劳动供给曲线的奇怪长相。工资率上涨意味着闲暇的价格变贵，消费者会减少对闲暇的消费，从而增加劳动供给，即延长工作时间，这是闲暇的替代效应。另外，工资率提高意味着挣相同的钱只需

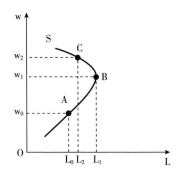

图 8-5 劳动的供给曲线

工作更短的时间，即缩短工作时间，这是闲暇的收入效应。

总结一下：闲暇的替代效应会增加劳动供给，收入效应会减少劳动供给。当工资率比较低时，工资率上涨时闲暇的替代效应大于收入效应，所以总效应会增加劳动供给，也就是说，工资率和劳动供给呈正向变动关系，供给曲线向右上方倾斜。当工资率达到某个临界值后，工资率上涨时闲暇的替代效应小于收入效应，所以总效应会减少劳动供给，也就是说，工资率和劳动供给呈反向变动关系，供给曲线向后弯曲，或向右下方倾斜。

将市场上所有消费者的劳动供给曲线水平加总就得到市场的劳动供给曲线。注意，市场的劳动供给曲线并没有一段向后弯曲的部分。很意外，对不对？大概是这么回事，直观来说，每个消费者劳动供给曲线向后弯曲的部分通常是不同的，这意味着将所有消费者的劳动供给曲线相加后向后弯曲的部分会被抵消。比如，张三向后弯曲的劳动供给曲线和李四向右上方倾斜的劳动供给曲线相抵消。

再举个例子，假设你没考上大学的高中同学小王当工资达到每月 1 万元时就开始享受生活，即增加闲暇，减少劳动供给，假设每月少工作 5 天，而你大学毕业后月工资超过 1 万元时感觉还不够花，还要披星戴月地工作，即减少闲暇，增加劳动供给，假设每月加 8 天班。这样，把你们两个人的月工资为 1 万元时的劳动供给变化量相加仍是正的，也就是说，总的劳动供给曲线仍向右上方倾斜。

像产品市场一样，劳动市场的供给曲线和需求曲线的交点，即劳动的供需相等时，劳动市场便实现了均衡。此时的价格即为均衡工资率，数量即为劳动的均衡数量。与完全竞争的产品市场类似，劳动力市场首先决定劳动的均衡价格，然后每个消费者在此价格下选择最佳的劳动供给量。

至此，我们就把劳动的供给曲线讲完了，接下来讲土地的供给曲线。

前文我们讲过，经济学中作为生产要素的土地是指黄土地和黑土地，以及附着在土地上的森林、河流和矿产资源等一切自然资源。

目前多数教科书在讲土地供给时虽然没有明说，但实际上指的都是狭义的黑土地和黄土地的供给。我猜测可能有这么几个理由：第一，狭义土地的供给比较常见，也比较容易理解；第二，森林、河流和矿产资源等的供给与狭义土地的供给不同。比如，森林和矿产资源越用越少，而狭义的土地在生产过程中通常保持不变。

河流虽然在生产过程中也可能保持不变，但是用于经济活动中的河流资源相对是比较少的。另外，也有很多不可控的因素影响河流资源的供给。我比较赞同第二个理由，所以下文的土地供给也是指狭义的土地供给，即黑土地和黄土地的供给。

在美国等西方国家，土地是私有的。在中华人民共和国成立之前，咱们国家的土地也是私有的。目前咱们国家的土地是社会主义公有制。简单来说，城市的土地归国家所有，农村的土地归集体所有。农民承包了集体土地进行耕种或生产经营，享用使用权。集体所有的土地可以进行使用权转让。说白了，农民租用的集体土地可以转租出去。比如，你爷爷年龄大了，干不了农活了，把承包集体的 2 亩地以一年 200 元/亩的价格转租给了你的堂叔。

因此，我们可以得出结论：在我们国家土地的供给方为城市土地管理部门和承包了集体土地的农民。

再强调一下，土地的供给不是土地本身的买卖，而是土地使用权的出租。一方面，因为咱们国家的土地是国有或集体所有，土地本身或土地的所有权是无法买卖的；另一方面，即使土地私有制国家的土地所有权可以买卖，土地本身的买卖与其他产品的买卖无异。换句话说，也就没有必要再重复讲土地的供给问题了。

像劳动一样，土地也可以分为自用和土地供给。比如，自用的土地可以用来种花、种菜和盖房子等。由于自用的土地相对于土地总量来说占比较小，所以大多数教科书为了研究方便，都假设土地只能供给，没有自用。换句话说，假设土地自用没有价值，或者说土地自用的效用为零。土地只能供给意味着不管土地的价格水平的高低，土地供给都是一样的。表现在图形上就是，土地的供给曲线是垂直的。

敲黑板提醒易错的点，土地垂直的供给曲线是因为土地没有它用，只能供给，而不是土地本身不能增减。实际上土地本身是可以增减的，比如，填海造田可以增加土地，土地沙漠化相当于减少土地。

像劳动市场和产品市场一样，有了土地的供给曲线和需求曲线，就可以得到土地的均衡价格，即地租。由于土地供给曲线是垂直的，所以地租的高低是由土地的需求决定的。如图 8-6 所示，土地的需求增加，地租上涨，意味着土地的价值增加；土地的需求减少，地租下降，甚至降为零，即土地没有价值。举个例子，城区和郊区同样大小的一块地，由于城区的土地需求通常大于郊区的土地需求，所以城区的地价通常高于郊区的地价。

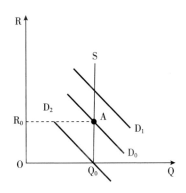

图 8-6　土地的供给曲线和需求曲线

经济学家们发现，除了土地，现实中也有一些生产要素的供给曲线也是垂直的，为了与地租相区别，把这些要素的价格称为租金。本质上，租金就是一般化的地租。为啥这些供给不变的生产要素的价格称为租金呢？因为这些要素的供给实际上让渡的是使用权而不是所有权，换句话说，这些要素是租出去，而不是卖出去的。如果是卖出去的，卖一个会少一个，那么它们的供给曲线就不可能是垂直的。比如，土地卖一亩少一亩。好了，既然它们是租出去的，价格当然就是租金了，对不对？

对那些供给数量暂时是固定的生产要素的支付，经济学中称之为准租金。准租金就是对短期固定投入要素的支付。准租金等于总收益减去可变成本。我们知道，经济利润等于总收益减去总成本。因此准租金还等于经济利润加上固定成本。这样，当经济利润等于零时，准租金等于固定成本。经济利润若小于零，准租金小于固定成本。

进一步一般化，如果从总支付中减掉一部分，要素的供给并不会减少，或者说保持不变，那么减掉的这部分被称为经济租金。经济租金类似于产品市场上的生产者剩余。前面我们讲过，供给曲线上的点都是卖家愿意接受的最低价格，市场价格高于愿意接受的最低价格的部分就是经济租金，因为把这部分拿掉，卖家并不会减少要素供给量。

最后，我们将简单讲一讲资本供给的问题。

与前面考察劳动供给和土地供给一样，我们先界定资本的内涵。经济学中作为生产要素的资本是指机器和厂房等人造资源。

除了机器、厂房，还包括狭义的资本，俗称钱的东西。有些教科书将资本定义为由经济制度本身生产出来并被用作投入要素以便进一步生产更多的产品和劳务的物品。

由于资本供给非常复杂，短时间内很难讲清楚，所以下面我们将聚焦于能买到实物资本的狭义资本——钱，这样的话，任何有富余钱的人都可能是资本的供给者。

与劳动和土地不同的是，资本的总量是可变的，既可能越积累越多，也可能越花越少。另外，资本还有个流量的概念，比如你爸妈每月领的工资。因此，我们无法按照推导劳动供给曲线的思路，推导出资本的供给曲线。

为了解决资本可变的问题，经济学家们假设每个人都有一个最佳的资本存量 K^*。若实际资本存量大于最佳资本存量，就花掉多余的；若实际资本存量小于最佳资本存量就存钱，补上差额。至于最佳资本存量 K^* 是怎么来的，那就复杂了，咱们就当是天上掉下来的，或者周公托梦告诉我们的。这样固定的资本流量像劳动和土地一样，有两种用途：自用，即把钱花掉；资本供给，即把钱存起来。经过这么一番折腾，大家有没有发现又回到了我们熟悉的轨道。把一笔固定的收入分配到两种用途上。如果把两种用途看作消费两种产品，那么资本的供给曲线也可以通过资本自用的价格扩展线推导出资本的供给曲线。基于与劳动的供给曲线类似的理由，资本的供给曲线也有一段向后弯曲的部分。

由于资本流量相对于资本存量来说非常小，通常可以忽略不计，这意味着短期内资本存量不变，换句话说，短期内资本的供给曲线是垂直的。再强调一次，短期内资本供给曲线是垂直的，并不是说短期内资本供给和利率（资本的价格）没有关系，而是假设掉了短期内的资本流量。用大白话说就是，为了分析方便，经济学家通常假设短期内资本的供给曲线是垂直的。现实中，它可能并不是垂直的。

与劳动和土地市场一样，根据资本市场的供需相等，求得资本的均衡价格即利率。

讲到这儿，要素市场的需求和供给就讲完了。

最后我们讲一点与要素供给有关的内容——洛伦兹曲线和基尼系数。

洛伦兹曲线和基尼系数在宏观经济学中偶尔会被用到，之所以放到这儿，是因为国家或人们之间的贫富差距往往是由于要素禀赋不同造成的，通俗地说就是，拥有的劳动、土地和资本等要素不同导致了国家或人们之间的贫富差距。贫富差距或收入分配的公平性如何来衡量呢？答曰：通常采用洛伦兹曲线和基尼系数和度量。

洛伦兹曲线是 1905 年美国的统计学家洛伦兹提出来的。其实这条曲线很简单。横轴是人口的百分比，纵轴是收入的百分比。洛伦兹曲线大概是这么来的。首先把一国人民的收入按递增的顺序排列，然后把人口分成 5 组，每组占总人口的 20%，接着计算出每组人口的收入占总收入的比重。比如，收入最低 20% 人口的收入占总收入的比重为 6%，收入最高 20% 人口的收入占总收入的比重为 41%。将这些点描绘在坐标系里，就得到了洛伦兹曲线。

如图 8-7 所示，从原点出发的 45 度线表示收入分配绝对平均线，即 1% 的人口占 1% 的收入，50% 的人口占 50% 的收入。图中黑色粗线表示收入分配绝对不平均线，即一个人占有了所有的收入。当然在现实中这是不可能的。图中的折线就是大名鼎鼎的洛伦兹曲线。从图中可以直观地看出，洛伦兹曲线弯曲得越厉害，收入分配越不平均。

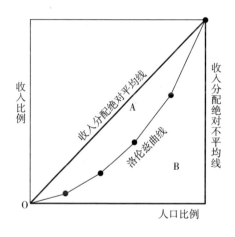

图 8-7 洛伦兹曲线

大家有没有发现，洛伦兹曲线有一个致命的缺陷就是无法精确地比较两个国家或地区收入分配的平均情况，或者考察一个国家或地区收入分配的历史变化趋势。

1922 年意大利统计学家基尼巧妙地解决了这个问题。如果你早生 100 年，说不定你也能想到该办法。他构造了一个基尼系数，基尼系数等于图 8-7 中图形 A 的面积除以图形 A+图形 B 的面积。图形 A 是收入分配绝对平均线与洛伦兹曲线围成的图形。图形 B 是洛伦兹曲线和收入分配绝对不平均曲线围成的图形。其实，图形 A+图形 B 就是收入分配绝对平均线和收入分配绝对不平均线围成的直角三角形。

从基尼系数的构造可以看出，基尼系数越大，收入分配越不平均。基尼系数越小，收入分配越平均。我们知道，对一个国家或社会来说，收入分配绝对平均不一定最好，那基尼系数多大是比较合理的呢？国际上通常将基尼系数等于 0.4 视为收入分配不合理的警戒线。基尼系数在 0.2~0.3 是比较合理的。

至此，生产要素市场的买卖情况就介绍完了。

到目前为止，除了第二回讲供给曲线和需求曲线的移动时，考虑了其他产品或要素对所研究的产品或要素的供需产生影响，我们通常只研究某个产品市场或要素市场的供需问题，以及买卖双方相互作用以决定均衡价格和均衡数量的问题，没有考虑产品市场之间的相互影响，也没有考虑产品市场和要素市场之间的相互影响。经济学中称这种分析问题的方法为局部均衡分析。

我们知道，现实中产品市场之间、要素市场之间、产品市场和要素市场之间都是密切联系的。如果将所有产品市场和要素市场都纳入到分析范畴，考虑它们之间的相互影响，那么这种分析问题的方法就是一般均衡分析方法。预知"一般均衡"为何物，请听下回分解。

要点回顾

本回主要讲了劳动、土地和资本等原始生产要素的需求特征、使用原则和供给曲线，以及市场均衡等，首先讲了要素的两大需求特征：引致需求和联合需求；其次讲了企业对要素的使用原则：边际产品价值等于要素价格；再次讲了企业的与边际产品价值曲线重合的需求曲线和真实的需求曲线，以及真实需求曲线水平加总得到的市场需求曲线；最后讲了劳动、土地和资本的供给问题，以及租金、准租金和经济租金的概念，洛伦兹曲线和基尼系数等内容。大家要记住这些要点：

（1）生产要素主要包括劳动、土地、资本和企业家才能；要素的买家是企业，卖家是消费者；要素需求主要有两大特征：引致需求和联合需求。

（2）企业使用要素的原则：$VMP = P \times MP = Pr$。

（3）当要素价格变化时，若 P 和 MP 保持不变，边际产品价值曲线和需求曲线重合；当要素价格变化时，其他企业也做出产量调整，需求曲线和边际产品价值曲线分离。

（4）要素需求曲线向右下方倾斜的原因是边际报酬递减规律。

（5）将市场上所有企业的真实需求曲线水平加总就得到了市场的需求曲线。

（6）本回主要讲劳动、土地和资本等原始生产要素服务的供给和均衡价格决定问题，不是原始生产要素源泉的供给和均衡价格决定问题。比如，劳动供给指的是人的脑力和体力支出，不是劳动力的供给，狭义的土地供给指的是黑土地或黄土地使用权的出租，不是土地本身的买卖。

（7）个人的劳动供给曲线先向右上方倾斜，然后向后弯曲，而市场的劳动供给曲线通常一直向右上方倾斜。

（8）当工资率上涨时，闲暇的替代效应增加劳动供给，收入效应减少劳动供给，在最初阶段，替代效应大于收入效应，劳动的供给曲线向右上方倾斜，当达到某一临界点后，替代效应小于收入效应，劳动的供给曲线向后弯曲。

（9）由于假设土地自用的效用为零，所以土地的供给曲线是垂直的，这使得土地的均衡价格租金的高低完全取决于土地的需求情况。

（10）租金是一般化的地租，是对供给量不变要素的支付，准租金是对短期供给不变要素的支付，经济租金是指去掉它并不影响要素供给的支付，类似于产品市场的生产者剩余。

（11）洛伦兹曲线弯曲得越厉害，基尼系数越大，表示一个国家或地区的收入分配越不平均。国际上通常认为基尼系数等于0.4是收入分配不均的警戒线。

第九回　蝴蝶振翅海浪滚

——一般均衡理论和福利经济学

> 物格而后知至，知至而后意诚，意诚而后心正，心正而后身修，身修而后家齐，家齐而后国治，国治而后天下平。
>
> ——《大学》

格物致知，以致身修、家齐、国治和天下平的道理属于阳春白雪，大家可能不太熟悉。亚马逊热带雨林的一只蝴蝶扇动几下翅膀结果导致美国得克萨斯州刮起了龙卷风的故事想必很多人都听说过。蝴蝶效应表明大自然是一个密切联系的整体。现实中各种各样的产品市场和要素市场也是一个整体，也会牵一发而动全身，即某个产品市场的价格变动不仅会引起该产品的供需变动，也会进而影响它的替代品和互补品的价格和供需变动，以及它的上下游产品或要素的价格、供需变动。反过来，这些替代品、互补品和上下游产品或要素价格的变动又会影响该产品价格和供需的变动……这一连串的连锁反应会不会停止？这就是本回接下来要回答的问题，即使得所有市场都实现均衡的一般均衡解是否存在？除此之外，本回的主要内容还包括：第一，一般均衡解的求解方法；第二，交换的帕累托最优条件；第三，生产的帕累托最优条件；第四，生产和交换的帕累托最优条件；第五，福利经济学第一定理和福利经济学第二定理；第六，帕累托最优标准的局限性。

在正式回答这些问题之前，我们先来看看局部均衡和一般均衡的区别。简单来说，局部均衡就是经济系统的某个产品市场或要素市场实现了供需均衡，一般均衡就是整个经济系统的所有产品市场和要素市场都实现了供需均衡。局部均衡分析只考虑所研究市场的供给和需求，不考虑其他市场对它的影响。一般均衡分析不仅考虑所研究市场的供给和需求，还考虑该市场的供求对其他市场的影响，以及其他市场反过来对该市场供求的影响。

为了更好地理解局部均衡和一般均衡的区别与联系，我们举一个例子。夏天到了，假设你发明了一件冬暖夏凉的丝缕棉衣。该衣服以蚕丝为缕，以天然棉花为料，采用188纳米技术织就而成。可谓是：顺滑如丝身不沾，薄如蝉翼体无感。一经上市，那是：十里长街排队买，万人空巷等衣来。

假如人们看了黄三少在本书中的推荐，再来一波购买潮。这使得丝缕棉衣的需求增加，表现为需求曲线向右移动。在供给不变的条件下，丝缕棉衣的均衡价格上涨和均衡数量将增加。分析到此，就是局部均衡分析。

由于丝缕棉衣的主要成分是棉花，所以丝缕棉衣的畅销使得棉花市场的需求增加，进而推高了棉花的价格。随着棉花价格的上涨，农民开始大量种植棉花。在总耕地面积不变的前提下，这势必会减少粮食的播种面积。在粮食的亩产量不变的条件下，必然会减少粮食的产量，表现为粮食市场的供给曲线向左移动。在需求不变的条件下，粮食的价格将上涨。米面油变贵了，生活成本增加，换句话说，劳动的供给成本增加。这将导致劳动市场的供给曲线向左移动。在劳动市场需求不变的条件下，工资率将会上涨。反过来，工资率上涨使丝缕棉衣的生产成本增加，导致供给曲线向左移动，这将进一步推高丝缕棉衣的价格。像这样考虑到市场之间相互影响的分析就是一般均衡分析。

看到这儿，有没有看官好奇：如果一直这么你影响我，我影响你，你又影响我，我又影响你……这种相互影响是不是就没法停止了。答案是有可能。当然也有可能停止。当所有的市场都实现了均衡，即实现了一般均衡，这种循环影响就会停止。那么需要满足什么条件，市场才能达到一般均衡状态呢？

在回答该问题之前，我们先了解一下什么是一般均衡解。

假设经济体中有 H 个消费者，M 家企业，N 种商品和 L 种要素。N 种商品的数量为 Q_1，Q_2，$\cdots$，Q_N，价格为 p_1，p_2，$\cdots$，p_N，要素的数量为 x_1，x_2，$\cdots$，x_L，价格为 w_1，w_2，$\cdots$，w_L。如果存在一组价格 P^*（P_1，P_2，$\cdots$，P_N；w_1，w_2，$\cdots$，w_L），使得下列等式都成立，那么整个经济体系就实现了一般均衡：

$$\begin{cases} Q_i^S(P_1,\ P_2,\ \cdots,\ P_N;\ w_1,\ w_2,\ \cdots,\ w_N) = \\ Q_i^D(P_1,\ P_2,\ \cdots,\ P_N;\ w_1,\ w_2,\ \cdots,\ w_N),\ i=1,\ 2,\ \cdots,\ N \\ x_j^S(P_1,\ P_2,\ \cdots,\ P_N;\ w_1,\ w_2,\ \cdots,\ w_N) = \\ x_j^D(P_1,\ P_2,\ \cdots,\ P_N;\ w_1,\ w_2,\ \cdots,\ w_N),\ j=1,\ 2,\ \cdots,\ L \end{cases}$$

（9-1）

有没有看官想知道这两大串令人头皮发麻的等式到底有多少个呢？答曰：N+L 个。为啥呢？因为 N 种产品市场的供需相等，即第一串等式其实是 N 个等式的合体；L 种要素市场的供需也要相等，即第二串等式是 L 个等式的合体，所以它们加起来共有 N+L 个。

在搞明白了一般均衡解的含义之后，我们来探究一下一般均衡解的存在性问题，即使得所有市场都实现供需相等的那组价格到底存不存在。一般均衡理论的提出者瓦尔拉斯认为，短期内供需不相等的市场在长期经过调整后终究会实现供需相等。另外，他认为方程的个数和未知数的个数相等，均衡解应该存在。总之，瓦尔拉斯没有严格证明一般均衡解的存在性。后来阿罗和德布鲁利用非常复杂的数学知识证明了，一般均衡解在极为严格的条件下是存在的。这些条件包括但不限于：企业不存在规模报酬递增、每个消费者可以提供所有的生产要素，等等。显然，这些条件在现实中一般很难得到满足。

至于现实中一般均衡解存不存在，我认为这是一个无关紧要的问题，因为现实中产品和要素的价格是瞬息万变的，千辛万苦找到的一组均衡价格可能在下一秒就不再是均衡价格，也就失去了意义。不过话说回来，一般均衡解就像理想一样，可能一辈子都实现不了，即使实现了可能也没啥意义。但是，像理想让人有奔头一样，一般均衡解则是经济学家的精神图腾。

在现实中，一般均衡解怎么得到呢？简单来说，一遍遍试错。假设有一个拍卖人，一开始他根据经验（或者随便）给出一组价格，然后让所有市场的参与者上报供给和需求，如果所有的市场都实现了均衡，那么该组价格就是一般均衡解。如果不是，那就根据供需的不均衡程度调整价格。怎么调整呢？调整思路大概是这样的：供大于求的产品或要素降价，供小于求的产品或要素涨价。过剩越多降价幅度越大，短缺越严重涨价幅度越大。拍卖人再把调整后的价格告诉所有的市场参与者，市场参与者再一次上报供给和需求。以此类推，直到找到一组价格使得所有的市场都实现供需相等。最后市场参与者按照此组价格进行真正的交易。注意，前面的试错过程中市场参与者上报的供给和需求都是口头上的，并没有实际交易发生。当然了，现实中多数情况下可能找不到一般均衡解。一是因为拍卖人并不存在，二是因为试错过程很难真正进行。

假设我们幸运地找到了一个一般均衡解。接下来的问题是这个均衡解对社会来说好不好。我们知道，不管判断什么，只要涉及好与坏，就需要有个标准。那么，一般均衡解的好坏要用什么标准来判断呢？这是一个非常难的问题。为啥呢？举个例子，假设现在某媒体向你们调查黄三少是不是一位好老师。有的同学说黄老师讲课思路清晰，语言浅显易懂，是一位好老师，有的同学可能觉得黄老师的普通话不标准，不是一位好老师。可能1000位同学眼中有1000位黄三少。这时候该媒体应该怎么办呢？

有的同学可能会说，按照少数服从多数的原则，投票呗。这确实是一种解决办法。俗语云：真理往往掌握在少数人那一边。万一少数人的意见更符合实际呢？另外，如果你们都认为黄三少是一位好老师，而某位具有决定权的人认为黄三少的形象不符合好老师的标准，那又该怎么办呢？

总之，依据不同的标准，同一个问题可能会给出不同的答案。判断一个小人物的好坏都这么困难，你们想一想一般均衡解涉及那么多市场，那么多参与者，判断它是好是坏的困难程度就可想而知了。经济学家们可不都是吓大的。经过不懈努力，经济学家们提出了各种各样的判断标准，其中意大利的经济学家帕累托提出的判断标准脱颖而出，得到经济学家们的广泛认同。这就是接下来要讲的帕累托最优标准。

帕累托最优状态是指这样一种资源配置状态，即在不影响他人境况的条件下不可能改善某个人的福利状况。我把它比喻为只有损人才能利己的一种资源配置状态。如果资源重新配置后，至少一个人的状况得到改善，而其他人的状况没有变差，这种情况称为帕累托改进。这样，帕累托最优状态也可以表述为不存在帕累托改进的资源配置状态。

如果大家留意的话就会发现，经济学的书籍和报纸杂志中经常会出现"效率"二字，那什么是经济学意义上的效率呢？答曰：满足帕累托最优状态的资源配置是有经济效率的。换言之，资源配置有没有效率取决于它是否达到了帕累托最优状态。

帕累托最优标准听起来是不是很美！在现实中如何配置资源才能达到帕累托最优状态呢？或者说，满足帕累托最优标准需要具备哪些条件呢？一般来说有三个条件：交换的帕累托最优条件、生产的帕累托最优条件，交换和生产同时满足的帕累托最优条件。

交换的帕累托最优条件。在具体讲交换的帕累托最优条件之前，我们先介绍一个新的分析工具——埃奇沃思盒。它首先被英国经济学家埃奇沃思采用，长得像个盒子，于是有了这个洋味十足的名字。实际上，埃奇沃思盒是由两个坐标系的第一象限拼起来的。

各位看官有没有发现，图 9-1 左下角的 O_A 表示消费者 A 的原点，右上角的 O_B 表示消费者 B 的原点。方盒子的长 X_0 表示 X 产品的数量，方盒子的宽 Y_0 表示 Y 产品的数量。这样，盒子内和盒子边界上的点都代表一种资源配置状态。如图 9-1 中的 a 点表示消费者 A 分到两种产品的数量分别为 X_A 和 Y_A，消费者 B 分到两种产品的数量分别为 X_B 和 Y_B。注意，$X_A + X_B = X_0$，$Y_A + Y_B = Y_0$，X_0 和 Y_0 是给定的两种产品数量。在这些无数的资源配置状态中，哪个或哪些是最优的呢？或者说，哪个或哪些资源配置达到了帕累托最优状态呢？

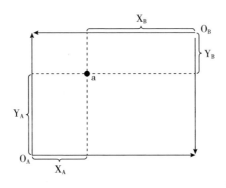

图 9-1　埃奇沃思盒

　　估计有的看官犯愁了：在无穷多个资源配置状态中寻找一个或多个满足帕累托最优标准的最佳资源配置状态，无异于大海捞针。别着急，透过现象看本质。揭开现象的面纱，我们就会发现，这里的资源配置是指在两种产品数量给定的条件下，如何在两个消费者之间进行产品分配以最大化他们的整体效用。第三回讲的消费者选择问题本质上也是一种资源配置问题，即一个消费者在收入给定的条件下，如何在两种产品之间进行支出分配，以实现他的效用最大化。本质上，它们都是产品的分配问题，前者指既定数量的产品在两个消费者之间分配，后者指既定数量的收入（预算）在两种产品之间分配。因此，它们的分析思路是类似的。

　　在第三回讲序数效用论下消费者实现效用最大化的均衡条件时用到了两个非常重要的工具——无差异曲线和预算线。无差异曲线和预算线的切点便是消费者实现效用最大化的均衡点。大家还有一丢丢印象吗？不会全都还给我了吧？

　　循此思路，我们先绘出两个消费者 A 和 B 的无差异曲线，各自凸向自己的原点。由于无差异曲线是处处稠密的，所以方盒子内和边界上的点就可以分为两类：一类是两个消费者的无差异曲线的交点，另一类是他们的无差异曲线的切点。这样我们就把大海捞针的复杂问题，巧妙地变成了一个判断硬币正反面的简单问题。

　　首先，我们来验证一下无差异曲线的交点所代表的资源配置状态有没有达到帕累托最优状态。如图 9-2 所示，a 点是两个消费者的无差异曲线的交点。从 a 点沿着消费者 A 的无差异曲线移动到 e

点，消费者 A 的效用不变，但消费者 B 的效用水平提高了，因为 e 点位于代表效用水平更高的无差异曲线上。这意味着资源配置从 a 点所表示的状态调整到 e 点所表示的状态是一种帕累托改进。

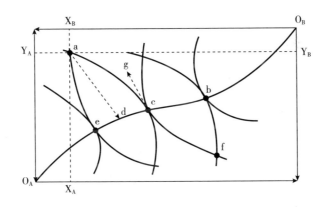

图 9-2　交换的帕累托最优

从 a 点沿着消费者 B 的无差异曲线移动到 c 点，消费者 B 的效用不变，但消费者 A 的效用水平提高了，因为 c 点位于代表效用水平更高的无差异曲线上。这意味着资源配置从 a 点所表示的状态调整到 c 点所表示的状态也是一种帕累托改进。

如果资源配置点和你一样不走寻常路，从 a 点沿着图中的虚线向 d 点移动，那么两个消费者的效用水平都会提高，这意味着资源配置从 a 点所表示的状态调整到 d 点所表示的状态又是一种帕累托改进。

如此看来，a 点不是最佳的资源配置状态，因为比它好的资源配置状态还有很多，如 c 点、d 点和 e 点所表示的资源配置状态。由于 a 点是两个消费者的无差异曲线交点的代表，所以我们可以得出结论：两个消费者的无差异曲线交点代表的资源配置状态没有达到帕累托最优状态。

其次，再来验证一下两个消费者无差异曲线的切点代表的资源配置状态有没有达到帕累托最优状态。见图 9-2 可知，c 点是两个消费者的无差异曲线的切点。从 c 点沿着消费者 A 的无差异曲线移动到 f 点，消费者 A 的效用不变，但消费者 B 的效用水平降低了，因为 f 点位于代表效用水平更低的无差异曲线上。这意味着资源配置从 c 点所表示的状态调整到 f 点所表示的状态不是一种帕累托改进。

从 c 点沿着消费者 B 的无差异曲线移动到 a 点，消费者 B 的效用不变，但消费者 A 的效用水平降低了，因为 a 点位于代表效用水平更低的无差异曲线上。这意味着资源配置从 c 点所表示的状态调整到 a 点所表示的状态也不是一种帕累托改进。

如果从 c 点不沿着两个消费者的无差异曲线移动，而是沿着图中的虚线向 g 点移动，那么两个消费者的效用水平都会降低，这意味着资源配置从 c 点所表示的状态调整到 g 点所表示的状态更不是一种帕累托改进。

如此看来，c 点是最佳的资源配置状态，因为找不到比它更好的资源配置状态。由于 c 点是两个消费者的无差异曲线切点的代表，所以我们可以得出结论：两个消费者的无差异曲线切点所代表的资源配置状态已经达到交换的帕累托最优状态。

从图 9-2 中可以看到，两个消费者的无差异曲线的切点有无数个，将它们连起来的线 O_AO_B 被称为交换的契约线。换句话说，交换契约线上的任何一点（包括 O_A 和 O_B 两个端点）所表示的资源配置状态都满足帕累托最优标准，或者说都是有交换效率的。

看到这儿，大家应该明白了：交换契约线上的点都是最优的。这些点应该如何刻画呢？或者说，能不能找到一个公式来表示交换的帕累托最优条件？

大家赶紧穿越回到第三回，还记得否：无差异曲线切线的斜率绝对值等于边际替代率。由于交换契约线上的点都是两个消费者的无差异曲线的切点，这意味着它们的无差异曲线在切点处都有一条公切线，而公切线的斜率绝对值分别等于两个消费者的边际替代率。因此，交换的帕累托最优条件是两种产品 X 和 Y 对两个消费者来说，它们的边际替代率是相等的。公式表达如下：

$$\mathrm{MRS}_{XY}^{A} = \mathrm{MRS}_{XY}^{B} \qquad\qquad (9\text{-}2)$$

阅读至此，如果你完全搞明白了交换的帕累托最优条件是怎么推导出来的，那么你就继续读下去。如果没有完全搞明白，请返回继续阅读前面的内容。为啥呢？因为接下来要讲的生产的帕累托最优条件，基本上和交换的帕累托最优条件的推导过程是一样的。

如图 9-3 所示，生产的埃奇沃思盒和交换的埃奇沃思盒主要有两点区别：一是 O_C 和 O_D 分别表示两家企业 C 和 D 的原点，二是埃奇沃思盒的长和宽分别表示两种投入要素 L 和 K 的总量。另外，推导过程与前面不同的是，无差异曲线变成了等产量线，相应的边际替代率变成了边际技术替代率，其他推导思路是一样的。

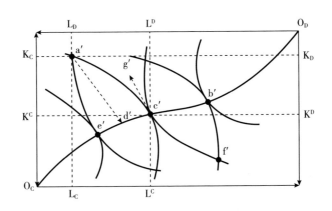

图 9-3　生产的帕累托最优

最终得出结论：两家企业的等产量线的交点（以 a′ 点为代表）所表示的要素分配状态没有达到帕累托最优状态，而它们的等产量线的切点（以 c′ 点为代表）所表示的要素分配状态已经达到生产的帕累托最优状态。

从图 9-3 中可以看到，两家企业的等产量线的切点有无数个，将它们连起来的线 $O_C O_D$ 被称为生产的契约线。换言之，生产契约线上的任何一点（包括 O_C 和 O_D 两个端点）所表示的要素配置状态都满足帕累托最优标准，或者说都是有生产效率的。

类似地，如果用公式来刻画生产契约线上的点，或者生产的帕累托最优条件，那就是：两种投入要素对两个企业来说，它们的边际技术替代率是相等的。公式表达如下：

$$MRTS_{LK}^{C} = MRTS_{LK}^{D} \tag{9-3}$$

最后我们讲帕累托最优的最后一个条件：交换和生产的帕累托最优条件。

满足了交换的帕累托最优条件说明产品市场的资源配置是有效率的，满足了生产的帕累托最优条件说明要素市场的要素配置是有效率的。但是，产品市场的最优配置和要素市场的最优配置并不总是一致的。比如，产品市场最优配置中的产品总量是仨瓜俩枣，而要素市场的最优配置只能生产出两个瓜三个枣。这样，经济系统就不能实现一般均衡。为啥呢？因瓜供不应求，而枣供大于求，都没有实现供需相等。

我们接下来的任务就是寻找交换和生产同时实现帕累托最优的条件。

其实，任务也不难，只要找到一个桥梁把它们连起来就行了，因为我们刚刚已经找到了交换和生产各自的帕累托最优条件。这个桥梁就是我们马上要讲的生产可能性曲线。它是由生产的契约线摇身一变而来的。变的前提或假设主要有：

（1）假设有两家企业 C 和 D，利用两种要素 L 和 K，生产两种产品 X 和 Y。

（2）假设企业 C 只生产 X 产品，企业 D 只生产 Y 产品①。

（3）假设消费者的无差异曲线和企业的等产量线给定不变。

接下来，我们看看它是如何破茧成蝶的。首先分析图 9-4 中

---

① 注意这条假设特别重要，其主要目的是简化分析。

M 点和 N 点的特殊之处。M 点表示所有的要素资源都用来生产 X 产品所能生产的最大数量，N 点表示所有的要素资源都用来生产 Y 产品所能生产的最大数量。你们猜猜它们与生产契约线 $O_C O_D$ 上的哪两个点相对应？你有没有灵机一动，突然想到：既然 M 点和 N 点是生产可能性曲线上的特殊点，与它们相对应的点估计也是生产契约线上的特殊点吧？

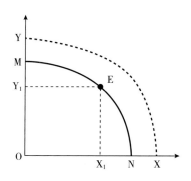

图 9-4　生产可能性曲线

我们来看图 9-3 中生产契约线的两个端点 O_C 和 O_D，O_C 点表示把所有的 L 和 K 都分配给了企业 D，根据刚才的假设，企业 D 只生产 Y 产品，因此 O_C 点与生产可能性曲线上的 M 点相对应的。类似地，O_D 点表示把所有的 L 和 K 都分配给了企业 C，根据刚才的假设，企业 C 只生产 X 产品，因此 O_D 点与生产可能性曲线上的 N 点相对应。

在搞清楚了两个特殊点的对应关系之后，我们来研究一下生产可能性曲线上的普通点代表——E 点与生产契约线上的哪一点相对应。

就像在茫茫人海中寻找你的意中人一样，我们无法从音容笑貌来判断你今天在图书馆、地铁里或马路上遇到的陌生人或熟人是不是你的真命天子。那我们怎么办呢？说实话，没有办法。现实中你只能祈祷 TA 早日出现在你的眼前。不过，在条件不足的情况下，我在这里就"简单粗暴"地假设生产契约线上的某个点（比如 c' 点）和 E 点千里姻缘一线牵。它们对应的关系是这样的：企业 C 利用分配给它的数量为 $O_C L^C$ 的劳动和数量为 $O_C K^C$ 的资本，可以生产出 X 产品的数量为 X_1；企业 D 利用分配给它的数量为 $O_D L^D$ 的劳动和数量为 $O_D K^D$ 的资本，可以生产出 Y 产品的数量为 Y_1。

按照刚才的思路，把生产契约线上每一点的要素配置所能生产出的产品组合描绘在坐标系里就可以得到如图 9-4 所示的生产可能性曲线 MN。从长相来看，它向右下方倾斜，凸向右上方。为啥会是这副模样呢？稍后再表。

生产可能性曲线与坐标轴围成的扇形区域，经济学中称之为生产可能性集合，表示在现有的资源和技术条件下，可能生产出来的所有产品集合。生产可能性集合的边界是生产可能性曲线，表示在现有的资源和技术条件下，可以生产出来的最大产品组合。生产可能性集合内部的点是生产的无效区域，即这些产品组合是没有生产效率的。或者说，生产要素没有得到充分利用。生产可能性边界右边的区域是生产的不可能区域，表示在现有的资源和技术条件下，不可能生产出来的产品组合。通俗地说就是心有余而力不足。

刚刚我们讲过，生产可能性曲线是现有的资源和技术条件下能生产出来的最大产品组合。因此，当资源增加或技术进步后，生产可能性曲线将向右移动；反之，则向左移动。

在对生产可能性曲线有了大致的了解之后，我们下面来解释它的模样为啥和别人不一样，即它为啥向右下方倾斜，又为何凸向右上方？

首先，我们要引入一个至关重要的新概念——边际转换率。X产品对Y产品的边际转换率表示多生产一单位X产品需要放弃Y产品的数量。用公式来表达就是：

$$MRT = -\frac{\Delta Y}{\Delta X} \tag{9-4}$$

注意它与边际替代率的区别。回想一下：X产品对Y产品的边际替代率表示在维持效用水平不变的前提下，多消费一单位X产品所需要放弃的Y产品的数量。边际替代率还等于无差异曲线切线斜率的绝对值。类似地，边际转换率还等于生产可能性曲线切线斜率的绝对值。

如图9-4所示，在生产要素总量给定的条件下，X产品生产得越多，Y产品将生产得越少。这意味着生产可能性曲线向右下方倾斜。这个比较容易理解。

其次，分析它为何凸向右上方。在生产要素总量给定的条件下，随着生产 X 产品的要素投入越来越多，生产 Y 产品的要素投入则越来越少，根据边际报酬递减规律，X 产品的边际产量会越来越小，而 Y 产品的边际产量会越来越大，这意味着随着生产出来的 X 产品越来越多，再多生产一单位 X 产品需要放弃的 Y 产品的数量也越来越多，即边际转换率越来越大，在图形上表现为生产可能性曲线凸向右上方。简而言之，边际报酬递减规律使得生产可能性曲线凸向右上方。

铺好路架好桥，接下来我们来见证一下交换的帕累托最优条件和生产的帕累托最优条件是如何合二为一的（见图 9-5）。

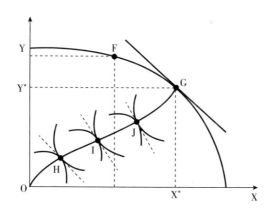

图 9-5　生产和交换的帕累托最优

首先，在生产可能性曲线上随便找一点，比如说 G 点。由于生产可能性曲线上的点都是由生产契约线上的点转化而来的，所以 G 点代表的要素资源配置已经达到了生产的帕累托最优状态。

其次，从 G 点分别向横轴和纵轴作垂线，大家是不是惊奇地发现，两条垂线和两个坐标轴围成了一个埃奇沃思盒。X 产品和 Y 产品的总量分别为 X* 和 Y*。

最后，在这个构建的埃奇沃思盒里添加两个消费者的无差异曲线，无差异曲线切点的连线就是交换的契约线。

前文讲过，交换契约线上无数的点都满足交换的帕累托最优条件，到底哪一个点才是与 G 点对应的点呢？

经过一番研究，大家有没有发现，交换契约线上的点可以分为两类：一类是过该类点的公切线与过 G 点的生产可能性曲线的切线是相交的，这样的点有无数个；另一类是过该类点的公切线与过 G 点的生产可能性曲线的切线是平行的，这样的点只有一个，比如 H 点。一般来说，最优的点只有一个，所以我们可以初步锁定 H 点和 G 点是对应的。

由于生产可能性曲线切线斜率的绝对值等于边际转换率，无差异曲线切线斜率的绝对值等于边际替代率，又由于它们的切线是平行的，所以我们得到交换和生产的帕累托最优条件为两种产品 X 和 Y 的边际替代率等于它们的边际转换率，公式表达如下：

$$MRS_{XY} = MRT_{XY} \tag{9-5}$$

举个例子来验证一下我们的初步判断。假设甜瓜和蜜枣的边际替代率为 2，边际转换率为 1。此时如果果农少生产 1 单位蜜枣，消费者也就少消费 1 单位蜜枣，但可以多生产 1 单位甜瓜，而从多增加的 1 单位甜瓜中拿出 0.5 单位给消费者就可以维持消费者的效用水平不变。因此，要素资源重新配置后，社会可以增加大小相当于 0.5 单位甜瓜的福利。

如果甜瓜和蜜枣的边际替代率为 1，边际转换率为 2。此时如果果农少生产 1 单位甜瓜，消费者也就少消费 1 单位甜瓜，但可以多生产 2 单位蜜枣，而从多增加的 2 单位蜜枣中拿出 1 单位给消费者就可以维持消费者的效用水平不变。因此，要素资源重新配置后，社会可以增加大小相当于 1 单位蜜枣的福利。

因此，我们可以得出结论：不管是边际替代率大于边际转换率，还是边际转换率大于边际替代率，只要两者不相等，就存在帕累托改进的路径，也就没有达到帕累托最优状态。这也从反面证明了交换和生产同时实现帕累托最优的条件是边际替代率等于边际转换率。

值得注意的是，我们刚刚的 G 点是随便取的。这意味着满足交换和生产的帕累托最优条件的资源配置状态有无数个。比如，我们再随便取个 F 点，又可以找一个同时满足交换和生产的帕累托最优条件的资源配置状态。对于追求最优解成癖的经济学家来说，这是不可接受的。于是乎，他们又开始琢磨怎么能找一个唯一的最优解。至于他们如何寻找、能不能找到唯一的最优解，我们暂且按下不表。

接下来先表完全竞争市场和帕累托最优之间的关系。在第六回我们讲过，完全竞争市场的均衡结果是有效率的，刚刚我们又讲了满足帕累托最优状态的资源配置是有经济效率的。它们是一码事吗？换句话说，难道完全竞争市场的均衡结果和帕累托最优状态之间有不得不说的秘密？要揭晓该谜题，需要引入福利经济学的两个定理：福利经济学第一定理和福利经济学第二定理。这两个定理从正反两方面描述了完全竞争市场的均衡结果和帕累托最优状态之间的关系。

按照长幼尊卑的顺序，这里先介绍福利经济学第一定理。该定理认为，在一定的条件下，任何竞争性市场的均衡都是帕累托最优的，或者说，任何竞争性市场都将导致资源的帕累托最优配置[①]。简而言之，完全竞争市场的一般均衡结果达到了资源配置的帕累托最优状态，即满足帕累托最优状态的三个条件。为什么呢？下面我们来证明一下。

假设商品 X 和商品 Y、要素 L 和要素 K 所在的市场都是完全竞争市场，它们的价格分别为 P_X、P_Y、P_L、P_K。各位看官速速随我回到第三回和第六回。序数效用论下消费者实现效用最大化的条件是两种产品的边际替代率等于它们的价格之比。在完全竞争的产品市场上，每个消费者都是价格的接受者，也就是说，产品价格对所有消费者都是一样的，所以消费者 A 和消费者 B 的边际替代率相等，且都等于两种产品的价格之比。如此这般，交换的帕累托最优条件便得到了满足。

接着，思维赶紧跳到第四回。在成本既定的条件下，企业实现产量最大化的均衡条件是两种要素的边际技术替代率等于它们的价格之比。在完全竞争的要素市场上，每个企业都是要素价格的

---

① 福利经济学第一定理的成立条件或假设前提包括但不限于完全竞争、完全信息，没有规模经济，也没有外部性等。

接受者，也就是说，要素价格对所有企业都是一样的，所以企业 C 和企业 D 的边际技术替代率相等，且都等于两种要素的价格之比。这样，生产的帕累托最优条件也得到了满足。

前两步都比较容易，第三步稍微麻烦一点。根据边际转换率的公式（$MRT_{XY} = \Delta Y / \Delta X$）可知，多生产 ΔX 单位的 X 产品需要放弃 ΔY 单位的 Y 产品。如果把所放弃的 ΔY 单位的 Y 产品视为多生产 ΔX 单位的 X 产品的机会成本，那么分子变为 MC_X。同理，把 ΔX 看成是多生产的 ΔY 单位的 Y 产品的机会成本，那么分母变为 MC_Y。经过一番化妆打扮，边际转换率变为：$MRT_{XY} = MC_X / MC_Y$。再利用完全竞争市场的均衡条件：$P = MC$，边际转换率最终的定装造型为：$MRT_{XY} = P_X / P_Y$，再结合序数效用论下消费者实现效用最大化的均衡条件：$MRS_{XY} = P_X / P_Y$，边际转换率就和边际替代率相等了。如此这般令人眼花缭乱、脑袋断电的神操作，交换和生产的帕累托最优条件也得到了满足。

综上所述，我们可以得出结论：完全竞争市场的一般均衡结果达到了资源配置的帕累托最优状态。由此，福利经济学第一定理得证。

接着来我们介绍福利经济学第二定理。该定理认为，在一定的条件下，任何的帕累托最优配置都可以通过一套竞争性的市场价格以及某个恰当的收入分配状态来实现①。简单来说，福利经济学

---

① 福利经济学第二定理成立的假设前提，比如消费者的偏好和生产技术都具有凸性等。

第二定理想告诉我们，某个满足帕累托最优状态的资源配置可以从一个恰当的起点出发，通过完全竞争市场来实现。打个比方，假设你家在北京的南边。如果你在北京的正南方把你家的小狗放下，告诉它一路向北，路上不要随地大小便，躲开不友善的动物（包括人），最终它一定能来到天安门广场。但是，如果你选择的起点不恰当，哪怕只偏了小狗的一小步，最终它不是去了内蒙古，就是东渡去了日本。

福利经济学第一定理和第二定理的关系就像定理和逆定理的关系。这两个定理告诉我们，在一定的条件下，完全竞争市场的一般均衡结果和资源配置的帕累托最优状态是双向直达的。

讲完完全竞争市场和帕累托最优状态的关系之后，我们来看看经济学家们有没有找到解决帕累托最优解不唯一的办法。

经济学家们的设想是这样的：循着生产契约线转换成生产可能性曲线的思路，把交换的契约线转换成效用可能性曲线，如图9-6（a）中形似生产可能性曲线的UU'曲线。另外，找到一组社会作为整体的无差异曲线（或社会福利曲线），如图9-6（a）中用虚线表示的形似无差异曲线的WE曲线。这样，就可以找到唯一的帕累托最优点。

俗语云：理想很丰满，现实多骨感。经济学家们面对的现实却是这样的：与生产可能性曲线不同的是，效用可能性曲线并不总是凸向右上方。前面我们讲过生产可能性曲线凸向右上方是因为边际报酬递减规律。有没有同学联想到边际效用递减规律？可是边际效用递减规律并不能保证效用可能性曲线凸向右上方。为啥

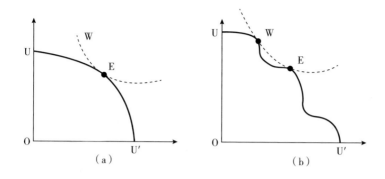

图9-6　最大社会福利

呢？因为边际效用递减规律是对一个消费者而言的，而效用可能性曲线是两个消费者的效用组合点的轨迹。简而言之，边际效用递减规律不适用于分析效用可能性曲线的形状。比如，效用可能性曲线可能是凸向原点的，可能是直线的，也可能是如图9-6（b）所示波浪线状的。

另外，更致命的是阿罗已经用复杂的数学知识证明，社会福利函数是不可能存在的。皮之不存，毛将焉附。既然社会福利函数不存在，社会福利曲线自然也就没法画出来了，经济学家们的完美设想也就彻底落空了。

最后，我们讲帕累托最优标准的另外一点不足，即它忽视了公平问题。

回想一下，生产可能性曲线的两个端点，即与横轴与纵轴的交点，它们分别对应于埃奇沃思盒中的两个原点，表示把所有的要素资源都配置给某一个企业。这显然是非常不公平的分配，但是，这种分配结果仍然满足生产的帕累托最优条件。类似地，交换契约线的两个端点代表的资源配置也是极不公平的，它们同样满足交换的帕累托最优条件。简而言之，帕累托最优标准只关注效率，而忽视了经济学中另外一个重要的主题——公平。

公平与效率是经济学中一对永恒的、需要权衡的主题。由于生产要素是稀缺的，所以需要配置它们以实现生产效率，即生产出最多的、最恰当的产品组合。不管生产出来的产品有多少，对人类无穷的欲望而言都是稀缺的，因此需要对产品进行配置，以实现人们总体效用的最大化。问题就出现在这里。总体效用最大化，不代表每个人都实现了效用最大化。这就牵涉到了公平问题。比如，劫富济贫通常会增加总效用，这样做对富人公平吗？拍卖车牌通常也会增加总效用，这样做对穷人公平吗？公平的标准不同，答案可能截然相反。

举个例子，假设在你和你的 TA 组成的二人世界里有一种特产——爱生果，吃了它就会对对方产生爱恋，吃得越多爱得越深。假设这种神奇的植物一年只能结 99 个果子。进一步假设你们已经吃掉了 66 个爱生果，其中你吃了 30 个，你的 TA 吃了 36 个。显然，剩下的 33 个爱生果有无数种分配方案。我们来看几种有代表性的分配方案。

第一种方案：将剩下的 33 个爱生果全部分给你或 TA。如果将剩下的爱生果全部分给你，最终你分得 63 个爱生果，TA 分得 36 个爱生果；如果将剩下的爱生果全部分给 TA，最终你分得 33 个爱生果，TA 分得 66 个爱生果。

第二种方案：将没分完的爱生果按照你们现在的分配比例分配，换句话说，分完后你们的占比保持不变。如果按此方案分配，最终你分得 45 个爱生果，TA 分得 54 个爱生果。

第三种方案：将剩下的 33 个爱生果平均分配，最终你将分得 46.5 个爱生果，TA 将分得 52.5 个爱生果。

以上这些分配方案，哪一种更公平呢？这不能一概而论，而要看公平的标准是什么。

如果你们觉得现在的分配比例就非常公平，那么第二种方案是最优的。如果从绝对公平的角度来看，第三种方案是最优的。如果你们能欣然接受更多对方的爱，那么第一种方案也可以是最优的。因此，我们可以得出结论：公平的标准不同，最优资源配置的结果将不同。

假如我们选用了某个公平标准，发现对经济非常有效率，但是分配结果不是特别公平。这时候应该怎么办呢？国际上通常的做法是收入再分配。比如，累进税和政府转移支付等。目前我国的个人所得税就是累进税。简单来说，就是工资越高，税率也越高。对低收入群体的补贴等属于政府转移支付。为啥叫转移支付呢？因为政府补贴低收入群体的钱主要来自税收，而税收主要来源于高收入群体。因此，这相当于收入从高收入群体转移到了低收入群体。

回顾一下，我们刚刚得到的一个非常重要的结论，即福利经济学第一定理表述的内容：在一定的条件下，完全竞争市场的一般均衡结果满足帕累托最优状态。这是西方主流学者主张小政府或减少政府干预经济活动的理论基础。用大白话来说就是，政府只要确保市场是完全竞争的就行了，剩下的活都交给市场。为啥呢？因为完全竞争市场会自动实现一般均衡，更重要的是这个一般均衡结果是最好的。

注意，福利经济学第一定理成立的条件包括但不限于：完全竞争、完全信息和没有外部性等。如果这些条件得不到满足，那么完全由市场配置资源将是无效的，或者市场配置资源的结果不再满足帕累托最优状态。通俗地说，市场配置资源的结果将不再是最好的。为什么这些条件不成立，市场配置资源就失灵了呢？市场是怎么失灵的？政府又该如何纠正市场失灵呢？预知这些问题的答案，请听下回分解。

要点回顾

本回放弃了前几回的一个隐含假设：产品市场之间、要素市场之间、产品市场和要素市场之间是相互独立的，主要介绍了一般均衡的概念、一般均衡解的存在性、一般均衡解优劣的判断标准，帕累托最优标准的三个条件，完全竞争市场和帕累托最优状态之间的关系，以及帕累托最优标准的局限性等。

首先，介绍了一般均衡的概念；然后指出在极为严格的条件下，使所有市场都实现供需相等的一般均衡解是存在的；其次，为了判断一般均衡解的优劣引入了帕累托最优标准，并给出了满足帕累托最优标准的三个条件；再次，通过福利经济学的两个定理，交代了完全竞争市场与帕累托最优状态之间的关系；最后，介绍了帕累托最优标准的局限性，如最优状态的非唯一性，忽略了公平问题等。大家要记住以下要点：

（1）所有市场都实现了供需相等的均衡，称为一般均衡；在极为严格的条件下，一般均衡解是存在的。

（2）帕累托最优状态是这样一种资源配置状态，在不影响其他人境况的条件下，不可能改善某个人的福利状况；帕累托改进是指在其他人的状况没有变坏的前提下，资源的重新配置至少使一个人的状况变好。

（3）满足帕累托最优状态的资源配置是有经济效率的。

（4）两个消费者无差异曲线的交点所代表的资源配置没有达到帕累托最优状态，无差异曲线的切点所代表的资源配置已经达到交换的帕累托最优状态，交换的帕累托最优条件：两种产品 X 和 Y 对两个消费者 A 和 B 来说，边际替代率是相等的。

（5）两个企业等产量线的交点所代表的要素配置没有达到帕累托最优状态，等产量线的切点所代表的要素配置已经达到生产的帕累托最优状态，生产的帕累托最优条件：即两种要素 L 和 K 对两个企业 C 和 D 来说，边际技术替代率是相等的。

（6）交换和生产的帕累托最优条件：两种产品的边际替代率等于它们的边际转换率。

（7）福利经济学第一定理：在一定的条件下，完全竞争市场的一般均衡结果满足帕累托最优的三个条件。

（8）福利经济学第二定理：在一定的条件下，满足帕累托最优条件的资源配置，从一个恰当的位置出发，可以通过完全竞争市场自动实现。

（9）由于效用可能性曲线并不总是凸向右上方，社会福利函数通常并不存在，所以经济学家们通常无法筛选出唯一的帕累托最优解。

（10）公平与效率的权衡问题是经济学的永恒主题，但帕累托最优标准，忽视了公平问题。

第十回　无形手偏官现身

——市场失灵和微观经济政策

> 智者千虑，必有一失；愚者千虑，必有一得。
>
> ——《晏子春秋》

智者千虑，必有一失。在绝大多数情况下市场都能有效地配置资源。在市场这只"看不见的手"偶尔抖一下的时候，政府这只"看得见的手"就应该有所作为。

本回将主要分析四种主要的市场失灵情形以及相应的微观经济政策，具体包括：第一，不完全竞争导致市场失灵的原因及反垄断政策；第二，外部性导致市场失灵的原因及政府政策；第三，公共物品和公共资源导致搭便车和公地悲剧问题及解决办法；第四，不完全信息导致的逆向选择、道德风险和委托—代理问题。大家有没有注意到这与刚刚讲的福利经济学第一定理成立的条件基本对应。

我们讲第一种情形：不完全竞争。前面我们讲过市场主要分为四类：完全竞争市场、垄断竞争市场、寡头市场和垄断市场。除了完全竞争市场外的三类市场统称为不完全竞争市场。不知道大家是否还记得，不完全竞争市场的需求曲线都向右下方倾斜，并且边际收益曲线在需求曲线的左下方，这使得均衡时不管是盈利、亏损，还是盈亏平衡，均衡价格总是大于边际成本。上回我们在证明完全竞争市场的一般均衡结果满足帕累托最优状态时，其中关键的第三步用到了 $P = MC$ 的均衡条件。现在不完全竞争市场均衡时 $P > MC$，因此，不完全竞争市场的一般均衡结果不再满足帕累托最优状态。换句话说，不完全竞争市场配置资源时会有一定的效率损失，或者说，不完全竞争会导致市场失灵。

以垄断市场为例，如图 10-1 所示，垄断均衡时的价格 P_m 大于边际成本 MC，均衡数量 q_m 小于完全竞争的均衡数量 q^*，会导致大小相当于 $S_{\triangle abc}$ 的社会福利无谓损失。

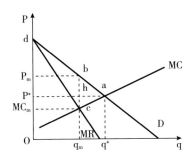

图 10-1　垄断和低效率

另外，垄断还会导致寻租的发生。顾名思义，寻租就是寻找垄断租金的行为。如上图所示，垄断租金大致相当于矩形 $P_m bcMC_m$ 的面积。垄断租金就像唐僧肉，大家都想吃。为了吃到唐僧肉，大家各显神通，找个熟人，送个礼，行个贿啥的，这些行为就是寻租行为。显然，这些行为不会生产出产品，因此配置在这些方面的资源是没有效率的。

此外，垄断还可能导致创新减少和产品质量下降等问题。

综上所述，我们可以得出结论：如果完全放任由不完全竞争市场来配置资源，那么其结果将是无效率的。因此，在这种情况下，政府需要出台一些政策以纠正市场失灵。

以垄断市场为例，根据垄断形成的原因，政府通常采用监管与反垄断政策来纠正垄断市场的失灵问题。具体来说，对于自然垄断行业或其中某个环节的垄断问题采用监管政策，对于其他行业或环节的垄断问题采用反垄断政策。监管分为经济性监管和社会性监管。社会性监管主要包括环境监管、公共场所安全监管和卫生健康监管等。这里单说经济性监管。

目前，典型的自然垄断行业有电信、电力、自来水、民航和邮政等。其中，电信行业的长途电话业务和电力行业的发电业务已经具备了引入竞争的条件。换句话说，这些业务的垄断问题应该由反垄断政策来解决。

目前自然垄断行业的监管问题主要由政府有关部门来负责，比如工信部监管电信行业，国家能源局监管电力行业，等等。

由于垄断带来的主要问题是垄断高价和质量下降等问题，所以政府监管部门主要管自然垄断行业的价格、产品质量和市场进入等方面。比如，价格不能太高，产品质量不能降低，进入市场要审批等。

其他行业的垄断问题通常由反垄断政策来解决。2008 年，我国颁布实施了《中华人民共和国反垄断法》（以下简称《反垄断法》）。我国的反垄断政策主要包括四个方面：垄断协议、滥用市场支配地位、经营者集中（或企业并购）和行政垄断。目前国家反垄断局是反垄断政策的执法机构①。国家反垄断局可以主动调查某个行业或某个企业的垄断问题，企业或个人也可以向执法部门举报企业的垄断问题。另外，企业或个人也可以向有关法院直接起诉某个企业或行业协会。比如，著名的 3Q 大战就打到了最高人民法院。

执法机构或各级法院发现了企业的垄断问题，通常采用结构措施和行为措施以消除垄断造成的或可能造成的不良后果。结构措施主要是维持竞争性的市场结构，行为措施主要是监督、限制垄断行为的发生。

值得提醒的是，垄断本身不是罪！也就是说，如果垄断企业或具有市场支配地位的企业没有《反垄断法》中提到的垄断行为，那么它们不应该遭到白眼。就像我们有时候调侃时所说的：长得丑不是罪，出来吓人就是你的不对了。

---

① 在国家市场监管总局官网上的机构设置里找不到"国家反垄断局"，而是总局下设反垄断执法一司、反垄断执法二司和竞争政策协调司三个司来负责反垄断的相关工作。反垄断执法一司负责垄断协议、滥用市场支配地位以及滥用知识产权排除、限制竞争等反垄断执法工作。反垄断执法二司负责依法对经营者集中行为进行反垄断审查，指导企业在国外的反垄断应诉和合规工作。竞争政策协调司负责统筹推进竞争政策实施，负责反垄断综合协调工作；指导地方开展反垄断工作；牵头拟订反垄断制度措施和指南；组织实施公平竞争审查制度，督促指导各部门和地方开展公平竞争审查工作；负责滥用行政权力排除、限制竞争反垄断执法工作；承担反垄断案件内部法制审核工作；承担竞争政策和反垄断国际合作与交流工作；承担国务院反垄断委员会日常工作。

这部分内容专业性比较强，内容也比较多，讲起来太枯燥，就此打住吧。

接下来我们讲市场失灵的第二种情形：外部性。

到目前为止，不管我们讲产品市场，还是讲要素市场都暗含一个假设条件：一个市场参与者的行为不会产生外部性。这里的外部性不是说市场参与者之间相互没有影响，而是说市场参与者没有承担此影响的经济后果。

根据影响的好坏，外部性分为正外部性和负外部性。正外部性，也称为外部经济，是指某个市场参与者的经济行为给其他市场参与者带来的好处，并且没有收到其他市场参与者的补偿。负外部性，也称为外部不经济，是指某个市场参与者的经济行为给其他市场参与者带来的坏处，并且没有给予其他市场参与者补偿。通俗地说，做了好事没人给钱，做了坏事也没给别人钱。按照外部性产生的环节，分为生产的外部性和消费的外部性。下面我们来逐个解释一下这些外部性。

假设有一天你在一本古书上碰巧发现了杨贵妃的御用香水配方。你如获至宝，立马花重金购置原料给自己配了一瓶。然后擦了点香水出了门。一路上可谓是：

蜂飞蝶舞觅花忙，路人引颈闻余香；徐行漫步神气爽，无人知是贵妃方。

你花钱配的香水，路人闻到香水心旷神怡，没有给你香水钱，这就是消费的正外部性。

如果隔天你又发明了一种韭菜榴莲包，营养健康又美味，为了赶时间你在地铁里吃起了包子，结果是：摩肩人群鸟兽散，掩鼻而逃竖白眼。你吃包子，营养健康了，可你周围的人却遭了殃，你也没给他们赔钱，这就是消费的负外部性。其实，生活中这样的例子还有很多，比如男生宿舍的臭袜子，马路杀手制造的拥堵，随地吐痰，等等。

至于生产的外部性也有很多。比如，你的公司在生产洗笔水时难免会产生污水，假设你为了省钱，直接把污水排到了附近的河流里，结果影响了周围村民的生活。你开公司赚了钱，如果没有因污染给村民进行相应的补偿，那么这就是生产的负外部性。如果和村民达成了赔偿协议，那这就不再是外部性。为啥呢？因为你给其他参与者赔偿了。

对于生产的正外部性，我想到了这样一个例子。假设一只小鸟不知从哪里衔来一颗爱生果的种子，碰巧落在你老家的田地里，后来长成了一片果园。为了多赚钱，你想方设法增加爱生果的产量，可一直没有成功。一天，一个道士打扮的人领着一群蝴蝶来到了你家的果园，告诉你，他的这群离恨蝶可以帮你提高爱生果的产量。你问他要什么回报。他说只要每年让他的爱恨蝶来此饱餐一顿即可。离恨蝶采花时顺带传了粉，提高了爱生果的产量。老道士养离恨蝶可能是为了炼仙丹，属于生产行为，并且他没收你的钱，所以这属于生产的正外部性。

在搞清楚了外部性的分类之后，接下来我们看看外部性为啥会造成市场失灵？

如图 10-2 (a) 所示，当存在正外部性时，由于市场参与者的经济行为给其他参与者带来了好处，所以边际社会收益大于边际私人收益。又由于该市场参与者没有收到其他参与者的补偿，所以它只能根据边际私人收益等于边际私人成本的均衡条件来选择产量，最佳产量为 q。如果将给其他参与者带来的好处考虑进去，根据边际社会收益等于边际私人成本的均衡条件来选择产量，最佳产量为 q*，从图中可以明显看出 q<q*。由此我们可以得出结论：具有正外部性的产品产量小于社会最优产量，所以此时的资源配置是没有效率的。

同理，如图 10-2（b）所示，当存在负外部性时，由于市场参与者的经济行为给其他参与者带来了坏处，所以边际社会成本大于边际私人成本。又由于该市场参与者没有给予其他参与者补偿，所以它只需根据边际私人收益等于边际私人成本的均衡条件来选择产量，最佳产量为 q。如果将给其他参与者带来的损害考虑进去，根据边际私人收益等于边际社会成本的均衡条件来选择产量，最佳产量为 q*，从图中可以明显看出 q>q*。由此我们可以得出结论：具有负外部性的产品产量大于社会最优产量，所以此时的资源配置也是没有效率的。

简而言之，好的东西生产的太少，坏的东西生产的太多，所以存在外部性时的资源配置是没有效率的。

既然外部性的存在会导致资源配置的低效率，那么有关各方应该采取哪些措施来解决外部性带来的市场失灵呢？

目前纠正外部性带来的市场失灵措施主要分为两大类：一类是公共政策，包括直接的和间接的，另一类是私人政策。

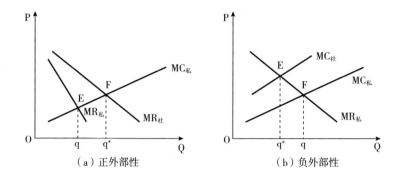

（a）正外部性　　　　　　　　　（b）负外部性

图 10-2　外部性和市场失灵

接下来我们将逐个介绍这些纠正市场失灵的政策。

政府直接管制的公共政策主要是制定排污标准，颁布有关法律法规。比如，当空气中二氧化硫的日均含量达 150 微克/立方米时，企业就不能再向空气中排放二氧化硫。为了鼓励创新，颁布了《专利法》等保护知识产权的法律法规。

如果这些标准制定的比较合理，法律法规的保护力度适当，那么这些政策理论上可以很好地缓解外部性带来的不良后果。比如，解决了负外部性带来的污染问题，保护了人们的创新积极性。可是，现实中制定的标准可能没有那么合理，法律法规的保护力度也不是那么适度。因此，这些政策的实施效果将大打折扣。比如，污染物的排放标准制定得太高，确实解决了污染问题，但是可能会导致大量企业因治污成本太高，不得不退出市场。若污染物的排放标准制定得太低，降低了企业的治污成本，但治污效果可能又收效甚微。

如此看来，政府直接出面管的公共政策有局限性。那么基于市场的政府间接管的公共政策又如何呢？

基于市场的公共政策包括税收或补贴和排污配额两种。

刚刚我们讲过，外部性导致市场失灵的根本原因在于私人成本和社会成本、私人收益和社会收益的不一致性。听到这儿，聪明不绝顶的你估计想到了：如果能找到一种措施使得私人成本和社会成本、私人收益和社会收益一致，那么外部性问题将从根本上得到解决。没错儿！税收或补贴政策就是你们想找的政策。对于正外部性，政府给予市场参与者补贴，补贴额恰好等于社会收益和私人收益的差额。对于负外部性，政府向市场参与者征税，税额也恰好等于社会成本和私人成本的差额。理论上很完美，对不对？可是，现实中社会成本和社会收益很难准确计算出来。这意味着补贴和税收并不总能使得私人收益和社会收益、私人成本和社会成本恰好保持一致，进而降低政策的有效性。比如，征税多了会增加企业成本，征税少了会降低治污效果；补贴多了，增加财政负担，补贴少了，降低激励效果。

如此看来，税收或补贴政策也有不足之处。再来看排污配额政策，这是针对负外部性的。

假如政府综合考虑大气的自我净化能力和环境承载能力，最终确定明年二氧化硫排放总量为250万吨。然后政府按照一定的程序和标准把这个配额分解下去。这样，每个企业就有了自己的排污配额。如果每家企业都严格按照此配额进行排污，那么社会的污染问题将会得到很好的控制。注意，这项政策成功实施的前提是排污总额比较准确，排污配额分配比较合理。否则的话，排污配额太高会降低治污效果，配额太低会增加企业的治污成本。另外，排污配额的分配过程中，还可能产生寻租行为。前面讲过，寻租也会带来效率损失。此外，排污配额分配过程中，也可以产生错配现象，即需要排污配额多的企业分配的配额少，而需要配额少的企业得到的配额多。目前这个问题已经有了解决办法，即排污权交易。排污配额有富裕的企业把排污权或排污配额卖给排污配额短缺的企业。

综上所述，我们可以看出纠正外部性导致市场失灵的公共政策都有这样那样的不足或局限性。

接下来我们看看纠正外部性导致市场失灵的私人政策会不会比公共政策更好。

私人政策也包括两种：一种是企业合并；另一种是企业间的补偿交易。

先来看企业合并情形，比如，洗笔水公司的排污给下游的渔场带来了负外部性。假设你每个月都要和渔场老板谈判赔偿问题，有一天你一怒之下把渔场给买了下来。这样，外部性问题就内部化了。排污多，洗笔水业务利润大，而污水多，养鱼业务的利润小。反过来，排污少，洗笔水业务的利润小，但养鱼业务的利润大。也就是说，企业合并后，为了实现总体利润最大化，你在确定排污量时需要将洗笔水业务的排污给养鱼业务带来的影响考虑进来。

但是，如果你对养鱼不感兴趣，或认为业务跨度太大，担心经营不好，那么企业并购将不会成为你解决外部性的方案。另外，企业并购无法解决消费的外部性，因为两个消费者通常无法合并。啥？两人结婚？你说谁愿意和不洗脚、爱抽烟的男人合并？

最后来看另外一种私人解决方案，即企业间的补偿交易。比如，你的洗笔水公司每年赔渔场多少钱渔场就让你排污，或者，渔场每年给你多少钱让你少排点污水。这种方案可行的前提是财产权是明确的，并且交易成本为零或很小。

科斯定理证明了该种方案的可行性。科斯定理表明，只要财产权是明确的，并且交易成本为零或很小，则无论在开始时将财产权赋予谁，市场均衡的最终结果都是有效率的。

以洗笔水公司和渔场为例，我们来看看科斯定理是怎么回事儿。

假设洗笔水公司排污的边际收益曲线 MR，排污给渔场带来的边际成本曲线 MC 如图 10-3 所示。

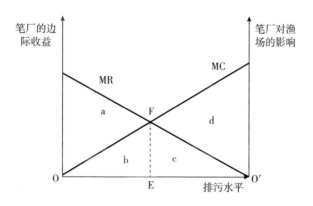

图 10-3　最优排污水平

首先看第一种情形：洗笔水公司有权向河里排污。假设洗笔水公司向河里排污的成本为零，根据边际收益等于边际成本的均衡条件，最优的排污水平为 OO′。此时洗笔水公司的利润等于图中 a+b+c 的面积，渔场的损失为图中 b+c+d 的面积。为了减少损失，渔场的老板向你提出一种解决方案：给你大小相当于图形 c 面积的钱，让你少排 O′E 的污水。你咨询了黄三少后爽快地答应了。为啥呢？我们来看看，这种补偿交易实施后，你们的利润和损失情况。当排污水平为 OE 时，洗笔水公司的利润为图中 a+b 的面积，再加上渔场给的补偿，大小相当于图形 c 的面积，补偿交易后洗笔水公司的利润仍为 a+b+c 的面积。再来看渔场的损失情况。当排污水平为 OE 时，渔场的损失为图中 b 的面积，再加上支付给洗笔水公司的补偿，大小相当于图形 c 的面积，补偿交易后的损失变为图中 b+c 的面积，比交易前减少了大小相当于图形 d 面积的损失。

然后看第二种情形：渔场享有河流清洁权。假设洗笔水公司向河里排污给渔场带来的边际收益为零，根据边际收益等于边际成本的均衡条件，最优的排污水平为 0。此时洗笔水公司的利润等于零，渔场的损失也为零。为了多赚点钱，此时轮到你向渔场的老板提出一种解决方案：给他大小相当于图形 b 面积的钱，让你可以排 OE 的污水。他咨询了黄三少后也爽快地答应了。为啥呢？我们来看看，这种补偿交易实施后，你们的利润和损失情况。当排污水平为 OE 时，洗笔水公司的利润为图中 a+b 的面积，减去支付给渔场的补偿，大小相当于图形 b 的面积，补偿交易后洗笔水公司的利润变为图形 a 的面积，比交易前增加了大小相当于图形 a 的利润。再来看渔场的损失情况。当排污水平为 OE 时，渔场的损失为图中 b 的面积，再加上洗笔水公司给的补偿，大小相当于图形 b 的面积，补偿交易后的损失仍为 0。

综上所述，我们可以得出结论：不管洗笔水公司享有污染权，还是渔场享有清洁权，只要产权是明确的，经过补偿交易后，市场的最终均衡是一样的，也都是有效率的。注意，这里的有效率是对社会整体而言的。对于市场参与者来说，不同的权利配置，结果是很不一样的。比如，权利归洗笔水公司时，洗笔水公司的利润为 a+b+c，渔场的损失为 b+c；权利归渔场时，洗笔水公司的利润变为 a，渔场的损失变为 0。这样，最初的权利分配将变得非常重要。为了争权夺利，寻租行为可能会再次出现。

另外，由于现实中很多产权很难界定，比如空气的清洁权，交易成本往往很高，所以现实中企业间的补偿交易并不总会成功。

总结一下，不管是公共政策，还是私人政策，都不能完美地解决外部性带来的市场失灵问题。它们各有优缺点，现实中可以针对不同的情形选用恰当的纠正措施。

接着讲第三种导致市场失灵的情形：公共物品和公共资源。

到目前为止，我们讲产品的供给、需求和市场均衡。虽然没有明确说明，其实一直暗指私人物品。比如，吃的彩虹拉面、穿的丝缕棉衣、用的洗笔水。不知大家有没有意识到：这些私人物品有两个特点：一是竞争性，比如一碗彩虹拉面摆在你和你的 TA 面前，你多吃一根 TA 就少吃一根；二是排他性，比如，丝缕棉衣谁买谁穿，这就排除了不掏钱买的人。

细心的看官可能会发现,现实中的有些产品没有竞争性。比如,有线电视就不具备竞争性,张三家里装了,不影响李四家里装,也不影响你看电视的清晰度、流畅度和内容的完整性。但是它会排除那些不付费的用户,比如我家没装有线电视就看不了有线电视台的节目。经济学称这类物品为俱乐部物品。

现实中还有些物品没有排他性。比如,晚饭后你散步经常去的免费公园,男女老少谁都可以去,结果公园里人比草密,大家争健身器材,抢休闲座椅。经济学称这类物品为公共资源。

生活中还有一类更特殊的物品,它既没有竞争性也没有排他性,比如国防。只要是中国人,我们每个人都可以享受到国防服务,并且它可以无差别地保卫你我他。也就是说,我们之间不存在竞争性。经济学称这类物品为公共物品①。

公共物品为啥会导致市场失灵呢?这要从公共物品的两个特点说起:一是增加一个使用者的边际成本为零,比如,多一个人享受国防服务,并不会增加国防开支;二是存在"搭便车"现象。这个特点比较重要,我们来解释一下。所谓"搭便车"现象就是某些市场参与者免费使用产品或享受服务的现象。

举个例子,我和我的同事们曾经共用一台打印机,有一天同事们陆续发现打印机需要更换墨盒。大家都知道,更换墨盒是不需要个人出钱的,只是跑个腿儿而已。可是,两天过去了墨盒依旧

---

① 这里指狭义的公共物品。有的经济学教科书将狭义的公共物品(或纯公共物品)、公共资源和俱乐部物品统称为广义的公共物品。

无人更换。这就是典型的"搭便车"现象。大家都期望别人下楼去换，自己等着"搭便车"，因为只要有一个人把墨盒换了，大家就都可以打印了。俗语云：都想坐轿，谁来抬？最终的结果往往是大家都坐不了轿。后来，我实在看不下去了，就跑下楼把墨盒给换了。

总结一下，由于公共物品存在"搭便车"现象，所以公共物品的供给往往不足，甚至无人供给。

为了更好地理解公共物品为啥会导致市场失灵，下面我们借助图形再分析一下。

前面我们讲过，对于私人物品，将个人的需求曲线水平加总便得到市场的需求曲线，如图 10-4（a）所示，当价格等于 P_0 时，市场的总需求量 q_0 等于消费者 A 的消费量 q_A 和消费者 B 的需求量 q_B 相加。

由于公共物品具有非排他性和非竞争性，所以公共物品的市场需求不是个人需求的水平加总，而是垂直加总。比如，假设某个虚拟王国只有郝浩和薛溪两个人，郝浩认为一单位国防服务的价值为 100 元，薛溪认为一单位国防服务的价值为 88 元，那么一单位国防服务的市场价值就是 188 元。看到区别了吧？私人物品是数量相加，公共物品是价格或价值相加。如图 10-4（b）所示，当需求量为 q_0 时，公共物品的价格 P_0 等于消费者 A 支付的价格 P_A 和消费者支付的价格 P_B 相加。

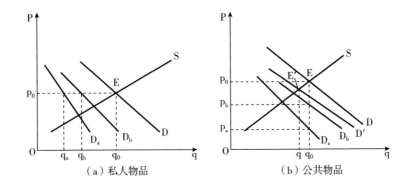

图 10-4　私人物品和公共物品的需求曲线

　　假设大家都是诚实的人，将个人需求垂直加总后得到社会需求，然后根据供需相等的均衡条件，最终得到公共物品的最佳数量为 q_0。问题就出在刚才的假设在现实中往往并不成立。

　　举个例子，假设你家楼下的路灯坏了，需要周围的居民凑钱来修。一楼的张大爷说，我一退休老头儿每天不起早也不贪黑，路灯对我来说没啥用，看在老街坊的面子上，我出 10 块钱吧。其实他每天赶着去公园锻炼身体，起得比鸡都早。三楼的一个小年轻说，我腿脚好，胆子也大，路黑一点也没关系，我也出 10 块钱吧。实际上，他听到狗叫都哆嗦。最终可能是大家都不说实话，迟迟凑不够修路灯的钱。表现在图形上就是，实际的市场需求曲线不是垂直加总后的需求曲线 D，而是向左移动后的需求曲线 D'，与市场供给曲线相交于 E' 点，市场均衡数量变为 q。从图上可以明显看出，q 小于社会最优量 q_0，所以公共物品会导致市场失灵。

　　既然市场无法供给足量的公共物品，这时候政府就要出场了。

注意，政府供给公共物品不代表政府直接生产公共物品。比如，大街上的路灯一般都是政府从生产路灯的私人企业那里采购来的。当然，政府也会直接生产一部分公共物品，比如，国防服务和法律服务等。

现实中，比较难的不是谁来生产公共物品，而是政府应该提供哪些公共物品，每种公共物品的最佳供给量又该如何确定。这些问题的答案我们暂且按下不表。

下面我们接着分析公共资源为啥也会导致市场失灵。

公共资源之所以会导致市场失灵是因为它不具有排他性。公家的羊毛谁都能薅，能多薅，谁会少薅呢？最终的结果就是羊被薅死了。这样的例子还有很多，一个公共牧场，牧民们都可以来放牧。为了自身的利益最大化，每个牧民都养尽可能多的羊，最终草根都被吃光了，结果风一刮，草场变沙漠了，所有的牧民都被迫迁徙。经济学称这些现象为"公地悲剧"。

为了防止"公地悲剧"的发生，通常有两种解决办法：一是变公地为私地，如按照一定的程序和方案把公共牧场分给牧民们，或者把公共牧场交给一个企业或某户牧民来经营；二是政府出台一些法律法规，防止"公地悲剧"的发生，比如，禁止在休渔季节捕鱼。

和刚才一样，现实中难的不是如何防止公地悲剧的发生，而是政府应该保护哪些公地，最佳的保护力度又该如何确定。

这些问题和刚刚按下没表问题的答案都牵涉到经济学中的一种重要主题——公共选择问题。这是一个很大的问题，我们只能简单说一说。不管是提供公共物品，还是保护公共资源，政府都要面临各种决策。比如，提供哪些公共物品，保护哪些公共资源。在这种情况下，往往需要大家来投票，这就是集体选择或公共选择。最常见的集体选择规则就是少数服从多数。具体来说，又分为简单多数，超过半数，超过2/3，超过3/4，等等。还有一票否决规则，也可以说是一致同意规则，只有所有的投票人都同意，一项决策才能通过。比如，联合国安理会的5个常任理事国都有一票否决权。另外，还有一些加权规则，比如领导的1票相当于100票，普通员工的1票就是1票。

集体决策的好处是集思广益，充分利用大家的智慧，坏处是决策成本太高，如一致同意规则下绝大多数决策没法通过。

不知有没有看官发现，公共物品是正外部性的一个特例，因为公共物品的供给行为具有正外部性；公共资源是负外部性一个特例，因为公共资源的消费行为具有负外部性。

现在我们国家规定，公共场所禁止吸烟。可是，有时候我们会发现公共场所仍有人吸烟，周围的人纷纷逃离，为啥没人制止他呢？这是因为制止行为具有外部性，或者说制止行为是一种公共物品。周围的人都等着别人制止，自己搭便车。结果便是众人逃离，吸烟者逍遥自在。显然，限于执法资源，政府很难及时提供类似"制止行为"的公共物品。此时政府可以给予正义之士一定的补偿激励，鼓励私人提供公共物品。特别提醒的是，大家今后要正确利用这部分知识。比如，亲朋好友和同学们之间要主动献出一点爱，别等着搭便车。告诉大家一个秘密：自从学了经济学，我就再也没买过烟花。你要问我为什么，我会悄悄地告诉你：搭便车。每当春节期间，我站在阳台上欣赏绚烂的烟花，心中就感慨知识的重要性！

接下来讲市场失灵的第四种情形：不完全信息和不对称信息

讲到这儿，这门课就快讲完了。大家还记不记得，我们第一次课讲过，除了理性人假设之外，经济学还有一个非常重要的假设——完全信息假设。到目前为止，我们在分析产品市场或要素市场的供给、需求和市场均衡时，都假设市场参与者具有完全信息。我们知道，现实中，由于认识能力的限制市场参与者不可能像神一样啥都知道。也就是说，现实经济中的信息是不完全的，这是绝对意义上的不完全。有的教科书还提到了相对意义上的不完全，是指市场经济体系本身不能生产出足够多的信息。为啥呢？因为与普通商品不同，信息通常不具有竞争性和排他性，也就是说，信息具有公共物品的属性。比如，你辛辛苦苦搞来的香水配方就是一种信息。首先，它不具备竞争性，只要知道配方，大家就可以互不干扰地生产香水，其次，如果你没有做好保密工作，一传十、十传百地传开了，它也就没了排他性。前面我们讲过，公共物品的供给通常是不足的。这就是为啥我们说经济系统本身不能生产出足够信息的原因所在。另外，信息还有一个重要特点，就是它的价值通常很难确定。比如，你的贵妃香水配方到底价值几何？既然信息的价值不好确定，那就很难对信息进行有效配置，即对信息出价最高的人得到信息。比如，一个对香水无感的人却碰巧知道了香水配方。

话说回来，如果你做好了保密工作，那么信息就变成一种很有价值的稀缺资源，能够提高经济主体的效用和利润。像普通商品一样，有些人拥有的信息多，有些人掌握的信息少，这就会产生信息不对称问题。有的教科书认为，接下来要讲的逆向选择问题、道德风险问题，以及委托—代理问题都是由信息不完全引起的。我更倾向于认为是由信息不对称引起的。大家可以体会一下哪种说法更准确一些。

我们首先讲一下信息不对称是如何导致逆向选择问题的。以经典的二手车市场为例，假设二手车市场上有两种质量的车，高质量的车平均价值8000元，低质量的车平均价值4000元。如果信息是对称的，也就是说买家和卖家都知道哪辆车是高质量的，哪辆车是低质量的，那么高质量车的均衡价格为8000元，低质量车的均衡价格为4000元（见图10-5）。这个比较容易理解，这里就不再赘述了。

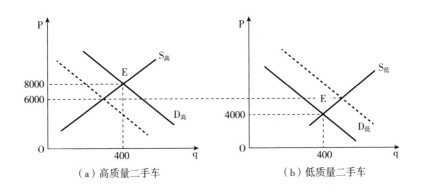

（a）高质量二手车　　　　　　（b）低质量二手车

图10-5　二手车市场的供求均衡

如果信息是不对称的，通常卖家知道车的质量，而买家很难区分出车的质量，所以买家只能认为二手车的平均价值为 6000 元，也就是说买家对高质量车的支付意愿降低了，而对低质量车的支付意愿提高了，表现在图形上就是高质量车的需求曲线左移到虚线的位置，而低质量车的需求曲线右移到虚线的位置。这使得那些价值超过 6000 元的卖家离开市场，不卖了。买家很快也意识到了这一点。于是，买家对高质量车的支付意愿进一步降低，比如说 5000 元，这又导致价格超过 5000 元的二手车主离开市场。以此类推，最终高质量的车主都离开了市场，市场上留下的都是低质量车。这就是著名的劣币驱逐良币定律。低质量车把高质量车逐出了市场。低质量的车先卖出去，而高质量的车后卖出去。这与我们的常识相反，故曰：逆向选择，即先选质量差的，再选质量好的。

换句话说，由于信息不对称的存在，二手车市场无法按照质优价高的原则进行资源配置，所以它会导致效率损失，即市场失灵。

除了二手车市场，现实中很多市场都存在逆向选择问题。比如，保险市场和劳动市场。我们来简单说一说。你年纪轻轻，身体倍儿棒，肯定不会买大病医疗保险，而你楼下年逾八旬的李大爷整天病快快的，他通常会买大病医疗保险。保险公司也知道这种情况。为了赚钱，保险公司通常会提高大病医疗保险的费率，这使得患大病概率比较低的消费者放弃购买保险，继续购买保险的都是患大病概率比较大的。因此，保险公司再一次提高费率，患大病概率相对比较小的消费者再一次离开保险市场。以此类推，最终买保险的人基本上都是患大病或即将患大病的消费者。更重要的是他们最终会支付高昂的保费，保险也就失去了意义。

劳动市场与保险市场类似，由于招聘单位和应聘者之间在应聘者能力方面存在信息不对称，导致招聘单位最终招聘到的都是贡献小于工资的人。这显然是没有效率的。

接着，我们讲信息不对称导致的另外一个问题——道德风险问题。

道德风险是指市场交易中的一方难以观测或监督另一方的行动而导致的风险。通俗地说就是，由市场参与者的不道德行为带来的风险。比如，张三开了一家烟花专卖店，为了降低火灾损失，他买了火灾险。当保险公司来现场考察时，发现仓库的消防通道畅通、灭火器等消防设备一应俱全，仓库还配备了一名专门的安全管理员，保险公司觉得仓库发生火灾的概率比较低，于是和张三签订了一份保险费率比较低的火灾险合同。谁知保险公司人员前脚走，张三后脚就在消防通道上码满了东西，让安全员转了岗。灭火器过期了，也不再更换。张三这些行为显然是不厚道的，或者说是不道德的。但是他并没有违法合同的约定，所以法律拿他没办法。由于张三有了这些不道德的行为，使仓库发生火灾的概率大大增加，进而加大了保险公司的赔偿风险。这就是传说中的道德风险。

除了保险市场，现实中很多市场也存在道德风险。比如，劳动市场。每到毕业季，都能看到学生们打扮得整整齐齐，拿着美轮美奂的简历和经过筛选的成绩单忙着参加各种人才交流会。有些同学一旦签了约，立马现回原形，这活儿嫌累，那活儿嫌脏，工资低了还骂娘。完全没了应聘时的勤快、任劳任怨，还嘴甜的模样。由于这些同学的消极怠工行为在合同中没有约定，所以他们并没有违反劳动合同。因此，这些不道德的行为给公司带来的损失，被称为道德风险。

推而广之，这种签订合同前后不一致的行为给合同一方带来的风险都称为道德风险。

最后我们讲不完全信息导致的委托—代理问题。委托—代理关系是指任何一种涉及不对称信息的交易，拥有信息优势的一方被称为代理人，另一方被称为委托人。

到目前为止，我们一直假设企业的所有者负责经营企业。可是，现实中企业的经营者和所有者往往不是同一个或同一群人。这就有了委托—代理关系。一般是企业的董事长委托 CEO 管理企业。不管 CEO 的工资有多高，本质上他都是一个打工仔，随时有可能被董事会解雇。因此，CEO 的目标是收入最大化。而企业的所有者的目标是我们经常挂在口头上的利润最大化。这样，由于委托人和代理人的目标不一致，便会产生委托—代理问题。问题的关键不在于委托人和代理人的目标不一致，而在于委托人无法观测到代理人的行为。比如，公司经营不善，到底是因为 CEO 没做好呢？还是公司外部环境不好？委托人往往无法区分，因为只有 CEO 自己清楚他有没有全心全意为公司服务。为了让代理人老老实实地替委托人服务，委托—代理理论设计了各种机制来促使代理人按照委托人的意愿行事。比如，股票期权制度。

好了，不对称信息导致的逆向选择、道德风险和委托—代理问题就讲这么多。

接下来我们讲一讲如何解决不对称信息带来的市场失灵问题。

从上面的分析可以看出，逆向选择、道德风险和委托—代理问题产生的根源是信息不对称。因此，解决这些问题的根本之策就是让市场参与者的信息尽可能地对称。这就牵涉到信息的传递问题，即谁来传递信息，应该传递哪些信息。我们来简单说一说。

首先，政府可以定期或不定期发布一些信息，如国家市场监督管理总局定期发布不合格产品名单等信息。

其次，政府强制企业发布一些信息，如强制上市公司定期披露年报、季报和及时披露公司重要事项等。

最后，企业主动发布一些信号，如质保年限和品牌推广。通常承诺质保 3 年的产品比承诺质保 1 年的同类产品质量要高。名牌产品通常比普通产品的质量要高。

另外，除了企业会主动发布一些信息，消费者有时候也会主动发布质量信号。比如，你们努力拼搏得来的各种证书就是证明你们能力的信息。

还剩下最后一个问题。不管是企业还是消费者都不能传递所有的质量信号，一是时间来不及，二是成本太高，那么他们应该传递哪些信号呢？这就牵涉到信息传递的成本和收益问题。不出大家所料，只有传递信息的收益大于成本时，该信息才应该被传递，否则的话，信息再重要也不应该被传递。比如，终身质保的承诺肯定比质保 3 年的承诺更能传递出产品质量高的信息。但是，多承诺几十年质保的收益显然小于成本，所以现实中很少有企业承诺终身质保，道理就在这儿。

行文至此，本书就大结局了。非常感谢各位看官的一路陪伴，默默的点赞，还有偶尔的发言……希望本书是你们学习经济学的起点，事业成功的开端，幸福人生的工具篮。

要点回顾

本回主要讲了市场失灵的四种情形：不完全竞争、外部性、公共物品和公共资源，以及不对称信息。介绍了每种情形下市场配置资源为什么会失灵，如何纠正市场失灵等内容。

首先以垄断市场为例考察不完全竞争市场的市场失灵问题，如垄断会带来社会福利的无谓损失和寻租行为，并介绍了防止垄断产生和消除垄断后果的监管政策和反垄断政策；其次考察了外部性可能带来的市场失灵问题，如具有正外部性的产品供给的太少，而具有负外部性的产品供给的又太多，并给出纠正外部性的公共政策和私人政策；再次考察了公共物品和公共资源可能带来的市场失灵问题，如因公共物品存在免费"搭便车"问题使得无人愿意提供公共物品，因滥用公共资源而产生的"公地悲剧"问题，并给出了公共物品的提供和公共资源的保护建议；最后考察了不完全信息可能带来的市场失灵问题，如逆向选择、道德风险和委托—代理等，并给出了相应的纠正政策。大家要记住这些要点：

（1）不完全竞争市场的资源配置结果不再满足帕累托最优标

准的三个条件，或者说，是缺乏效率的。

（2）纠正垄断带来的市场失灵的政策主要有监管政策和反垄断政策。监管政策主要包括价格监管、数量监管、投资监管和进入监管等，主要适用于自然垄断行业；反垄断政策主要包括垄断协议、滥用市场支配地位、企业并购和行政垄断四个方面，适用于除自然垄断以外的行业。

（3）外部性分为正外部性和负外部性，生产的外部性和消费的外部性。

（4）当存在正外部性时，社会收益小于私人收益，产量小于社会最优产量；当存在负外部性时，社会成本大于私人成本，产量大于社会最优产量。因此，外部性的存在使得资源配置没有效率。

（5）纠正外部性带来的市场失灵的政策主要有公共政策和私人政策。公共政策包括政府直接管的政策（如制定排污标准）和基于市场的间接管的政策（如税收或补贴、排污配额），私人政策包括企业合并和企业间的补偿交易（科斯定理）。

（6）公共物品没有竞争性，也没有排他性；公共资源有竞争性，没有排他性；俱乐部物品没有竞争性，有排他性；私人物品既有竞争性也有排他性。

（7）公共物品的特征：增加一个使用者的边际成本为0，存在"搭便车"现象，这使得公共物品的供给小于社会最优数量；公共物品通常由政府提供，其中小部分由政府直接生产（如国防、法律），绝大部分由政府从私企采购。

（8）公共资源由于没有排他性，通常会导致"公地悲剧"，为了防止"公地悲剧"发生，政府通常会出台相关政策。

（9）不完全信息包括绝对意义上的不完全（认知能力不足）和相对意义上的不完全（经济系统的供给不足），不对称信息是指市场参与者占有信息的多寡不同。

（10）不对称信息通常会带来逆向选择、道德风险和委托—代理等问题；逆向选择是由于信息不对称导致选择行为异常，先选择低质量产品，后选择高质量产品；道德风险是由于信息不对称导致交易后某一方的不"道德"行为给另一方带来的风险。

（11）纠正不对称信息带来的市场失灵问题的根本之策是让市场参与者的信息尽可能对称；信息传递的途径包括政府直接发布信息、政府强制企业发布信息、企业主动发布信息和消费者主动发布信息。

跋

我从小就有一个梦想，就是长大后要写一本像小说一样好看的课本。之所以有如此清奇的宏愿，是因为我最好的小学同学由于痴迷于武侠小说而中途辍学。长大后才发现，写书不是一件容易的事儿，把枯燥的知识写得津津有味那更是难上加难。于是乎，我像大多数人一样假装忘记了当初立下的誓言。时间长了，事情多了，我还真把这事儿给忘了。

2020 年春节期间，由于特殊形势学生无法按时返校上课，学校通知我们立即准备网络教学。我清楚地记得学校当时给我们提供了三种选择：第一种是利用慕课等网络资源，辅以在线答疑解惑；第二种是像平时上课一样进行网络直播；第三种就是录制视频并传到网络平台。

开学前，我上网搜了搜网络资源，有的慕课时间不合适，有的慕课内容不合适。并不是说这些课讲得不好，而是说它们不太符合我的偏好。之所以没有选择直播的方式，并不是因为我长得谦虚，怕吓着学生，而是因为我担心直播效果不好，学生们听不懂，以至于影响后续课程的学习。说实话，我选择第三条道路，也是因为低估了这条道路的艰辛。本来我以为这门课讲了八九年，知识点已经比较熟悉，只需要把 PPT 美化一下，问题应该不大。后来我发现，我错得很严重，很彻底！不说了，说多了都是泪。如果上天再给我一次机会，我可能会犹豫要不要选择第三条道路。

由于我平时讲话比较快，思维跳跃比较大，更重要的是要让同学们观看视频不枯燥，有画面感，所以我特意把讲稿写得通俗易懂，力求语言风趣幽默。120 多个日夜，我每天像打仗一样，写讲稿、录视频、剪视频、传视频……最终积累了约 22 万字的讲稿。

俗语云：有心栽花花不开，无心插柳柳成荫。谁承想我传到 B 站的视频竟然深受广大网友的好评，也意外得到领导和同事们的肯定和表扬。备受鼓舞的我一时兴起，准备把讲稿整理出版。2021 下半年我花了大约两个月的时间重新整理了讲稿，并补画了近百个图表。出版经费尚未筹集到，一纸公文着实给我浇了个透心凉。大意是已经出版马克思主义理论研究和建设工程教材的课程必须采用该教材，其他教材一律停用。百般无奈中我把它束之高阁，不，悄悄地把它隐藏在电脑的某个文件夹中。

2023 年 10 月的某一天，我不知道哪根筋出了毛病，突然又想到了儿时的宏愿，顿时也开了悟：不忘初心——让课本像小说一样精彩，管它能不能成为指定教材。

由于我对传统文化比较感兴趣，除了在书中杜撰了一些故事，瞎编了几首打油诗，这次我把"章"改成"回"，并把每一回的主标题变成一句诗，还在每一回的篇头引用了古籍章句，以彰显浓浓的中国风。

　　说句实在话，这本书只是梦想照进现实的第一步。它还有些粗糙。它看起来有点像小说，读起来有些许评书味，实际上它包含主流教科书的绝大多数内容。

　　一个怪胎，不知诸君爱不爱？